Risikoverteilung beim Missbrauch
von Zahlungsinstrumenten
in Deutschland und der VR China

Europäische Hochschulschriften Recht

European University Studies in Law

Publications Universitaires Européennes de Droit

Band/Volume **6244**

Xinkuan Sun

Risikoverteilung beim Missbrauch von Zahlungsinstrumenten in Deutschland und der VR China

PETER LANG

Bibliografische Information der Deutschen Nationalbibliothek
Die Deutsche Nationalbibliothek verzeichnet diese Publikation in der Deutschen Nationalbibliografie; detaillierte bibliografische Daten sind im Internet über http://dnb.d-nb.de abrufbar.

Zugl.: Heidelberg, Univ., Diss., 2020.

D 16
ISSN 0531-7312
ISBN 978-3-631-82980-6 (Print)
E-ISBN 978-3-631-85211-8 (E-PDF)
E-ISBN 978-3-631-85212-5 (EPUB)
E-ISBN 978-3-631-85213-2 (MOBI)
DOI 10.3726/b18282

Peter Lang – Berlin · Bern · Bruxelles · New York · Oxford · Warszawa · Wien

Diese Publikation wurde begutachtet.

www.peterlang.com

Vorwort

Die vorliegende Arbeit wurde im Sommersemester 2020 von der Juristischen Fakultät der Ruprecht-Karls-Universität Heidelberg als Dissertation angenommen. Rechtsprechung und Schrifttum befinden sich auf dem Stand von Februar 2020. Das Zivilgesetzbuch der VR China wurde am 28. Mai 2020 verabschiedet und wird seit dem 1. Januar 2021 angewandt. Die Arbeit basiert auf der Rechtslage vor dem Zivilgesetzbuch der VR China. Auf die relevanten Vorschriften des Zivilgesetzbuchs der VR China wird durch die Entsprechungstabelle im Anhang hingewiesen.

Mein ganz herzlicher Dank gebührt zuerst meinem hochgeehrten Doktorvater Herrn Prof. Dr. Christoph A. Kern. Er hat mich in den letzten Jahren in großzügigster Weise gefördert und unterstützt. Sowohl in fachlicher als auch in menschlicher Hinsicht wird er mir stets ein Vorbild sein. Mein großer Dank gilt des Weiteren Herrn Prof. Dr. Andreas Piekenbrock für die zügige Erstellung des Zweitgutachtens. Herrn Prof. Dr. Stefan J. Geibel danke ich für die Leitung meiner mündlichen Doktorprüfung.

Die Arbeit ist am Institut für Ausländisches und Internationales Privat- und Wirtschaftsrecht in der Heidelberger Augustinergasse entstanden. Für die stetige Hilfsbereitschaft und die Gastfreundlichkeit danke ich meinen Kolleginnen und Kollegen am Institut, insbesondere Dr. Christian Uhlmann und Lisa Fritz. Für das sorgfältige Korrekturlesen der Arbeit danke ich Tim-Niklas Zimmer.

Großen Dank schulde ich weiterhin Prof. Dr. Kaixiang Liu, Prof. Dr. Shuanggen Zhang, Prof. Dr. Yunsong Ge, Prof. Dr. Defeng Xu, Prof. Dr. Zhewei Liu, Prof. Dr. Zhijie Yuan, Prof. Dr. Hao Li, Prof. Dr. Hui Huang, Assistant Prof. Dr. Yin Jin und Assistant Prof. Dr. Jian He.

China Scholarship Council danke ich für das vierjährige Stipendium, welches meine Promotion in Heidelberg ermöglicht hat.

Schließlich danke ich von Herzen meiner Großmutter und meinen Eltern, die mich jederzeit liebevoll und bedingungslos unterstützt haben.

Peking, im Januar 2021

Xinkuan Sun

Inhaltsübersicht

Inhaltsverzeichnis

Abkürzungsverzeichnis

a. A.	anderer Ansicht
ABl.	Amtsblatt
Abs.	Absatz
AcP	Archiv für die civilistische Praxis
a. F.	alte Fassung
AG	Amtsgericht
AGB	Allgemeine Geschäftsbedingungen
Alt.	Alternative
Anm.	Anmerkung
Anm. d. Verf.	Anmerkung durch den Verfasser
AO	Abgabenordnung
AOVG	Amtsblatt des Obersten Volksgerichts der VR China
Art.	Artikel
AT	Allgemeiner Teil
ATM	Automatic Teller Machine
ATZR	Allgemeiner Teil des Zivilrechts der VR China
Aufl.	Auflage
BaFin	Bundesanstalt für Finanzdienstleistungsaufsicht
Bankkarten-Entwurf	Bestimmungen des Obersten Volksgerichts zu einigen Fragen der Behandlung von zivilen Streitfällen zu Bankkarten (Konsultationsentwurf)
BeckOGK	beck-online. GROSSKOMMENTAR
BeckRS	Beck-Rechtsprechung
Begr.	Begründer
BGB	Bürgerliches Gesetzbuch
BGBl.	Bundesgesetzblatt
BGH	Bundesgerichtshof
BGHZ	Amtliche Sammlung der Entscheidungen des Bundesgerichtshofs in Zivilsachen
Bio.	Billion(en)
BKA	Bundeskriminalamt
BKR	Zeitschrift für Bank- und Kapitalmarktrecht
BSI	Bundesamt für Sicherheit in der Informationstechnik
BT-Drs.	Bundestags-Drucksache
bzw.	beziehungsweise

CEO	Chief Executive Officer
CISG	United Nations Convention on Contracts for the International Sale of Goods
CNY	Chinese Yuan (Renminbi, RMB)
d. h.	das heißt
DB	Der Betrieb
ders.	derselbe
dies.	dieselbe(n)
DNS	Domain Name System
DuD	Datenschutz und Datensicherheit
EBA	European Banking Authority
E-Commerce-Gesetz	E-Commerce-Gesetz der VR China
EG	Europäische Gemeinschaft
EGBGB	Einführungsgesetz zum Bürgerlichen Gesetzbuche
E-Geld	Elektronisches Geld
EPC	European Payments Council
ESMA	European Securities and Markets Authority
EU	Europäische Union
EuGH	Europäischer Gerichtshof
EwiR	Entscheidungen zum Wirtschaftsrecht
f.	folgende
ff.	folgende (Pl.)
FG	Festgabe
Fn.	Fußnote
FS	Festschrift
GwG	Geldwäschegesetz
GWR	Gesellschafts- und Wirtschaftsrecht
Hervorh. d. Verf.	Hervorhebung durch den Verfasser
HGB	Handelsgesetzbuch
HKK	Historisch-kritischer Kommentar
h. L.	herrschende Lehre
h. M.	herrschende Meinung
Hrsg.	Herausgeber
HS	Halbsatz
IBAN	International Bank Account Nummer
i. d. R.	in der Regel
i. H. v.	in Höhe von
IP	Internet Protocol
i. S. d.	im Sinne des/r

iTAN	Indizierte Transaktionsnummer
i. V. m.	im Verbindung mit
i. w. S.	im weiteren Sinne
JR	Juristische Rundschau
JURA	Juristische Ausbildung
jurisPR-BKR	juris PraxisReport Bank- und Kapitalmarktrecht
JuS	Juristische Schulung
JZ	Juristenzeitung
Kap.	Kapitel
K&R	Kommunikation und Recht
LG	Landgericht
lit.	littera
LMK	Kommentierte BGH-Rechtsprechung (Fortführung der „Kommentierten BGH-Rechtsprechung Lindenmaier-Möhring“)
MDR	Monatsschrift für Deutsches Recht
Mio.	Million(en)
MMR	Multimedia und Recht
mTAN	Mobile TAN
MüKo	Münchener Kommentar
MVG	Mittleres Volksgericht (China)
m. w. N.	mit weiteren Nachweisen
n. F.	neue Fassung
NJW	Neue Juristische Wochenschrift
NJW-RR	NJW-Rechtsprechungs-Report, Zivilrecht
Nr.	Nummer
OLG	Oberlandesgericht
OVG	Oberstes Volksgericht der VR China
PboC	People's Bank of China
PECL	Principles of European Contract Law
PICC	UNIDROIT Principles of International Commercial Contracts
PIN	Persönliche Identifikationsnummer
POS	Point of Sale
PSD1	Payment Services Directive 2007/64/EG (Richtlinie 2007/64/EG des Europäischen Parlaments und des Rates vom 13. November 2007 über Zahlungsdienste im Binnenmarkt, zur Änderung der Richtlinien 97/7/EG, 2002/65/EG, 2005/60/EG und 2006/48/EG sowie zur Aufhebung der Richtlinie 97/5/EG, ABl. EU Nr. L 319/1 vom 5.12.2007)

PSD2	Payment Services Directive 2015/2366/EU (Richtlinie (EU) 2015/2366 des Europäischen Parlaments und des Rates vom 25. November 2015 über Zahlungsdienste im Binnenmarkt, zur Änderung der Richtlinien 2002/65/EG, 2009/110/EG und 2013/36/EU und der Verordnung (EU) Nr. 1093/2010 sowie zur Aufhebung der Richtlinie 2007/64/EG, ABl. EU Nr. L 337/35 vom 23.12.2015)
RabelsZ	Rabels Zeitschrift für ausländisches und internationales Privatrecht
Renminbi-Konto-VwMethode	Verwaltungsmethode der Renminbi-Bankverrechnungskonten (Nr. 5 [2003] der PBoC, bekanntgemacht von der PBoC am 10.04.2003 und angewendet seit dem 01.09.2003)
RG	Reichsgericht
RGZ	Entscheidungen des Reichsgerichts in Zivilsachen
Rn.	Randnummer
RTS 2018/389	Delegierte Verordnung (EU) 2018/389 der Kommission vom 27. November 2017 zur Ergänzung der Richtlinie (EU) 2015/2366 des Europäischen Parlaments und des Rates durch technische Regulierungsstandards für eine starke Kundenauthentifizierung und für sichere offene Standards für die Kommunikation, ABl. EU Nr. L 69/23 vom 13.3.2018
S.	Satz, Seite(n)
s.	siehe
SEPA	Single Euro Payments Area
SMS	Short Message Service
sog.	sogenannte(n/r)
TAN	Transaktionsnummer
UAbs.	Unterabsatz
UNIDROIT	International Institute for the Unification of Private Law
Urt.	Urteil
USB	Universial Serial Bus
v.	von(m)

VersR	Versicherungsrecht (Zeitschrift)
VG	Vertragsgesetz der VR China, Volksgericht (China)
vgl.	vergleiche
Vorbem.	Vorbemerkung
VR	Volksrepublik
VuR	Verbraucher und Recht
WM	Wertpapier-Mitteilungen
WuB	Entscheidungsanmerkungen zum Wirtschafts- und Bankrecht
ZAG	Zahlungsdiensteaufsichtsgesetz
z. B.	zum Beispiel
ZBB	Zeitschrift für Bankrecht und Bankwirtschaft
ZchinR	Zeitschrift für Chinesisches Recht
ZfRV	Zeitschrift für Europarecht, Int. Privatrecht & Rechtsvergleichung
ZGB	Zivilgesetzbuch
ZHR	Zeitschrift für das gesamte Handelsrecht und Wirtschaftsrecht
ZIP	Zeitschrift für Wirtschaftsrecht
ZZP	Zeitschrift für Zivilprozess

Einleitung

Im heutigen wirtschaftlichen und alltäglichen Leben ist die bargeldlose Zahlung sowohl in Deutschland[1] als auch in der VR China[2] eine sehr verbreitete Zahlungsart. Mit dem bargeldlosen Zahlungsverkehr geht jedoch auch das Missbrauchsrisiko, welches nicht vollständig verhindert werden kann, einher. In Deutschland bildet die Risikoverteilung beim Missbrauch im bargeldlosen Zahlungsverkehr seit langem einen Gegenstand der rechtswissenschaftlichen Untersuchung.[3] Im geltenden Recht fungieren §§ 675u f. BGB, die Art. 73 f. der zweiten EU-Zahlungsdiensterichtlinie (PSD2)[4] umsetzen, als einheitliche und spezielle Regelungen für die Risikoverteilung im Missbrauchsfall im bargeldlosen Zahlungsverkehr.

In der VR China fehlen jedoch spezielle Regelungen, die mit §§ 675u f. BGB vergleichbar sind. Die chinesische Rechtsprechung hat mithin auf die allgemeinen zivilrechtlichen Regelungen zurückzugreifen, um das Missbrauchsrisiko zwischen dem Kunden und seiner Bank zu verteilen.[5] Allerdings ist diese Rechtspraxis bei näherer Betrachtung schwerwiegenden Schwächen ausgesetzt.[6] Bezüglich der relevanten Gesetzgebung hat der chinesische Gesetzgeber durch das seit 1. Januar 2019 anzuwendende E-Commerce-Gesetz spezielle Regelungen für die Risikoverteilung im Missbrauchsfall geschaffen, die nur für die elektronische Zahlung im Rahmen von E-Commerce-Transaktionen gelten.[7] Wenn eine

---

1 Vgl. für die Zahlungsverkehrsstatistik in Deutschland: *Deutsche Bundesbank*, Zahlungsverkehrs- und Wertpapierabwicklungsstatistiken in Deutschland 2014–2018 (Stand: Juli 2019), Tabelle 6a, 6b, 7a, 7b, abrufbar unter <https://www.bundesbank.de/resource/blob/603736/e69442785bb13522a4e3fe71000aa6fc/mL/zvs-daten-data.pdf> (zuletzt überprüft am 14.02.2020).

2 Vgl. für den Stand des bargeldlosen Zahlungsverkehrs in der VR China unten Kap. 3 A. I.

3 Vgl. etwa die im Jahre 2001 erschienene Monographie von *Langenbucher*, Die Risikozuordnung im bargeldlosen Zahlungsverkehr.

4 Richtlinie (EU) 2015/2366 des Europäischen Parlaments und des Rates vom 25. November 2015 über Zahlungsdienste im Binnenmarkt, zur Änderung der Richtlinien 2002/65/EG, 2009/ 110/EG und 2013/36/EU und der Verordnung (EU) Nr. 1093/2010 sowie zur Aufhebung der Richtlinie 2007/64/EG, ABl. EU Nr. L 337/35 vom 23.12.2015.

5 Vgl. für die chinesische Rechtsprechung unten Kap. 3 B. I.

6 Vgl. unten Kap. 3 C. I. 4.

7 Vgl. unten Kap. 3 D. I.

elektronische Zahlung außerhalb von E-Commerce-Transaktionen vorgenommen wird, greifen wieder die allgemeinen zivilrechtlichen Regelungen, so dass die Regelungen für die Risikoverteilung im Missbrauchsfall fragmentiert sind.

Ziel der Arbeit ist es, die geltenden chinesischen Regelungen für die Risikoverteilung im Missbrauchsfall im bargeldlosen Zahlungsverkehr zu klären und Verbesserungsvorschläge herauszuarbeiten. Dazu kann das deutsche Recht einen wichtigen Beitrag leisten. Das deutsche Recht hat die Entwicklung des modernen chinesischen (Zivil-)Rechts bereits in bedeutendem Maße beeinflusst, indem nicht nur die deutschen zivilrechtlichen Regelungen,[8] sondern auch die deutsche juristische Methodenlehre[9] in China rezipiert werden. Dieser Tradition folgend kann man begründet hoffen, dass auch die Untersuchung des deutschen Rechts im Rechtsbereich des bargeldlosen Zahlungsverkehrs zur Fortentwicklung des chinesischen Rechts beitragen kann.

Die ersten zwei Kapitel sind den deutschen Regelungen gewidmet. Das erste Kapitel dient als Grundlage für die Risikoverteilung beim Missbrauch von Zahlungsinstrumenten im deutschen Recht. Unter anderen wird die Autorisierung, die eine zentrale Rolle im bargeldlosen Zahlungsverkehr spielt, erörtert. Anschließend wird im zweiten Kapitel auf die deutschen materiell-rechtlichen Regelungen für die Risikoverteilung im Missbrauchsfall eingegangen. Das Risikoverteilungssystem im deutschen Recht wird im Wesentlichen durch die Unterscheidung zwischen dem Aufwendungsersatzanspruch und dem Schadensersatzanspruch des Zahlungsdienstleisters geprägt. Die Frage, ob die chinesische Rechtsprechung und das geltende chinesische Recht ebenfalls dieses Merkmal teilen, bildet den Schwerpunkt des dritten Kapitels. Zudem werden in diesem Kapitel auch die relevanten Regelungen im jüngst erlassenen chinesischen E-Commerce-Gesetz diskutiert. Das vierte Kapital fasst die Probleme des chinesischen Rechts bezüglich der Risikoverteilung im Missbrauchsfall zusammen und versucht, Verbesserungsvorschläge für den Entwurf der Interpretationen des Obersten Volksgerichts der VR China, welcher möglicherweise als Grundlage für die zukünftigen chinesischen Regelungen für die Risikoverteilung beim Missbrauch von Zahlungsinstrumenten dienen kann, zu unterbreiten. Die Arbeit schließt mit einer Zusammenfassung der Ergebnisse.

---

8 Vgl. *Bu, Yuanshi*, in: dies. (Hrsg.), Deutsche und europäische Elemente des chinesischen Rechts, S. 1 ff.

9 Vgl. *Shen, Weixing*, in: Bu (Hrsg.), Juristische Methodenlehre in China und Ostasien, S. 105 ff.

Schließlich ist auf die Terminologie der „Zahlungsinstrumente" hinzuweisen. Während § 1 Abs. 20 ZAG eine Legaldefinition des Zahlungsinstruments enthält,[10] findet man keine vergleichbare gesetzliche Definition im chinesischen Recht. Für den Zweck der vorliegenden Arbeit wird im Rahmen des chinesischen Rechts auch der Begriff des Zahlungsinstruments i. S. d. § 1 Abs. 20 ZAG verwendet, jedoch nur zu beschreibenden Zwecken. Da die Zahlungsinstrumente i. S. d. § 1 Abs. 20 ZAG in der Praxis vielfältige Ausgestaltungsformen darstellen, ist eine Beschränkung des Untersuchungsgegenstands notwendig. Die vorliegende Arbeit beschränkt sich im Wesentlichen auf die Risikoverteilung beim Missbrauch von Zahlungskarten und des Online-Bankings. Das E-Geld-Geschäft i. S. d. § 1 Abs. 2 S. 2 ZAG und der Zahlungsauslösedienst i. S. d. § 1 Abs. 33 ZAG fallen grundsätzlich nicht unter den Untersuchungsgegenstand der vorliegenden Arbeit und werden erst dann erörtert, wenn dies erforderlich ist.

10 Vgl. unten Kap. 1 B. I. 1. a).

Kapitel 1 Autorisierung der Zahlungsvorgänge und Missbrauch von Zahlungsinstrumenten in Deutschland

A. Die Autorisierung der Zahlungsvorgänge im Zahlungsdienstevertrag

I. Der Zahlungsdienstevertrag und der Zahlungsvorgang

Die Grundlage für die Rechtsbeziehung zwischen dem Zahler und seinem Zahlungsdienstleister bildet der Zahlungsdienstevertrag, bei welchem zwischen dem Einzelzahlungsvertrag (§ 675f Abs. 1 BGB) und dem Zahlungsdiensterahmenvertrag (§ 675f Abs. 2 BGB) zu unterscheiden ist. Der Einzelzahlungsvertrag dient dazu, nur *einen Zahlungsvorgang* auszuführen (§ 675f Abs. 1 BGB).[11] Im Gegensatz dazu ist Gegenstand des Zahlungsdiensterahmenvertrags die Ausführung *mehrerer Zahlungsvorgänge*;[12] er schließt in der Regel auch die Führung des Zahlungskontos als eine Hauptpflicht des Zahlungsdienstleisters ein (§ 675f Abs. 2 S. 1 BGB).[13]

Die Hauptflicht des Einzelzahlungsvertrags sowie des Zahlungsdiensterahmenvertrags bildet die Ausführung des Zahlungsvorgangs. Gemäß § 675f Abs. 4 S. 1 BGB, der Art. 4 Nr. 5 PSD2 umsetzt, ist Zahlungsvorgang „jede Bereitstellung, Übermittlung oder Abhebung eines Geldbetrags, unabhängig von der zugrunde liegenden Rechtsbeziehung zwischen Zahler und Zahlungsempfänger." Unter Geldbetrag versteht man Banknoten und Münzen, Giralgeld oder E-Geld[14] (Art. 4 Nr. 25 PSD2). Die Bereitstellung des Geldbetrags bedeutet „die Zurverfügungstellung von Geldbeträgen"[15], worunter sowohl die Gutschrift von

---

11 S. MüKoBGB/*Casper*, § 675f Rn. 6; Staudinger/*Omlor*, § 675f Rn. 7.

12 S. MüKoBGB/*Casper*, § 675f Rn. 6; Staudinger/*Omlor*, § 675f Rn. 8.

13 S. MüKoBGB/*Casper*, § 675f Rn. 6; Staudinger/*Omlor*, § 675f Rn. 8.

14 Gemäß Art. 2 Nr. 2 der Richtlinie 2009/110/EG bezeichnet E-Geld „jeden elektronisch – darunter auch magnetisch – gespeicherten monetären Wert in Form einer Forderung gegenüber dem Emittenten, der gegen Zahlung eines Geldbetrags ausgestellt wird, um damit Zahlungsvorgänge im Sinne des Artikels 4 Nummer 5 der Richtlinie 2007/64/EG *(nun Art. 4 Nr. 5 PSD2, Anm. d. Verf.)* durchzuführen, und der auch von anderen natürlichen oder juristischen Personen als dem E-Geld-Emittenten angenommen wird."

Buchgeld als auch die Ein- und Auszahlung fallen.[16] Bei der Übermittlung des Geldbetrags handelt es sich nur um Buchgeld, weil „der gewerbsmäßige Transport von Banknoten und Münzen einschließlich ihrer Entgegennahme, Bearbeitung und Übergabe" deutlich vom Begriff der Zahlungsdienste ausgenommen wird (§ 2 Abs. 1 Nr. 3 ZAG).[17] Dabei stellt die Übermittlung des Geldbetrags auf die „Umbuchung von Buchgeld von einem Zahlungskonto auf ein anderes"[18] ab und schließt verschiedene Zahlungsweisen wie etwa die Überweisung, die Lastschrift sowie die Kartenzahlung ein.[19] Die Abhebung des Geldbetrags betrifft üblicherweise die Barauszahlung.[20]

Bei dem Begriff des Zahlungsvorgangs ist hervorzuheben, dass er sich nur als ein tatsächlicher Vorgang darstellt.[21] Die Wirksamkeit eines Zahlungsvorgangs hängt von der Zustimmung des Zahlers ab (§ 675j Abs. 1 S. 1 BGB). Dies ist im Folgenden näher zu verdeutlichen.

II. Die Autorisierung der Zahlungsvorgänge und der Zahlungsauftrag

1. *Allgemeines über die Autorisierung*

Wenn der Zahlungsdienstleister einen Zahlungsvorgang ausführt, besteht sein primäres Anliegen darin, dass seine Aufwendungen vom Zahler ausgeglichen werden. Nach § 675u S. 1 BGB entsteht der Aufwendungsersatzanspruch des Zahlungsdienstleisters nur, wenn der Zahlungsvorgang autorisiert wird. Durch Autorisierung ist der Zahlungsvorgang gegenüber dem Zahler wirksam (§ 675j Abs. 1 S. 1 BGB), was den Aufwendungsersatzanspruch des

15 S. nur BeckOGK/*Foerster*, 15.4.2019, BGB § 675f Rn. 66.

16 S. MüKoBGB/*Casper*, § 675f Rn. 50; BeckOGK/*Foerster*, 15.4.2019, BGB § 675f Rn. 66.

17 S. MüKoBGB/*Casper*, § 675f Rn. 50; BeckOGK/*Foerster*, 15.4.2019, BGB § 675f Rn. 67; Langenbucher/Bliesener/Spindler/*Herresthal*, Kapitel 2 § 675f Rn. 81.

18 MüKoBGB/*Casper*, § 675f Rn. 50; BeckOGK/*Foerster*, 15.4.2019, BGB § 675f Rn. 67; Langenbucher/Bliesener/Spindler/*Herresthal*, Kapitel 2 § 675f Rn. 81.

19 S. MüKoBGB/*Casper*, § 675f Rn. 50; BeckOGK/*Foerster*, 15.4.2019, BGB § 675f Rn. 67; Langenbucher/Bliesener/Spindler/*Herresthal*, Kapitel 2 § 675f Rn. 81.

20 S. MüKoBGB/*Casper*, § 675f Rn. 50; BeckOGK/*Foerster*, 15.4.2019, BGB § 675f Rn. 68; Langenbucher/Bliesener/Spindler/*Herresthal*, Kapitel 2 § 675f Rn. 81.

21 S. MüKoBGB/*Casper*, § 675f Rn. 49; BeckOGK/*Foerster*, 15.4.2019, BGB § 675f Rn. 61; Langenbucher/Bliesener/Spindler/*Herresthal*, Kapitel 2 § 675f Rn. 80; Staudinger/*Omlor*, § 675f Rn. 31.

Zahlungsdienstleisters rechtfertigt.[22] Deshalb spielt die Autorisierung eine zentrale Rolle für den wirksamen Zahlungsvorgang sowie den Aufwendungsersatzanspruch des Zahlungsdienstleisters.

Nach § 675j Abs. 1 S. 1 BGB ist die Autorisierung einer Zustimmung gleichzusetzen. Die Autorisierung wird in der Literatur überwiegend als empfangsbedürftige Willenserklärung qualifiziert.[23] Vereinzelt sieht man darin eine rechtsgeschäftsähnliche Handlung.[24] Dieser Streit ist jedoch in der Praxis fast ohne Belang, weil die Regelungen über die Willenserklärungen jedenfalls zumindest analog auf die Autorisierung anzuwenden sind.[25]

Üblicherweise wird die Autorisierung als Einwilligung erteilt.[26] Aber im Falle einer besonderen Vereinbarung zwischen dem Zahler und seinem Zahlungsdienstleister kann die Autorisierung auch als Genehmigung erteilt werden (§ 675j Abs. 1 S. 2 BGB).[27] Der Wirksamkeitszeitpunkt der Autorisierung ist nicht durch gesetzliche Vorschrift geregelt. Es ist empfehlenswert, § 675n BGB, welcher den Wirksamkeitszeitpunkt des Zahlungsauftrags regelt, auch auf die Autorisierung anzuwenden, unabhängig davon, ob die Autorisierung in Form der Einwilligung oder der Genehmigung erteilt wird.[28]

2. Autorisierung und Zahlungsauftrag

a) Allgemeines über den Zahlungsauftrag

§ 675f Abs. 4 S. 2 BGB definiert den Zahlungsauftrag als

> „jede[n] Auftrag, den ein Zahler seinem Zahlungsdienstleister zur Ausführung eines Zahlungsvorgangs entweder unmittelbar oder mittelbar über einen Zahlungsauslösedienstleister oder den Zahlungsempfänger erteilt."

Bezüglich der Formulierung „Zahlungsauftrag" ist zunächst klarzustellen, dass der Zahlungsauftrag keinesfalls einen Auftrag im Sinne des § 662 BGB darstellt,

---

22 Dies entspricht auch dem Gedanken, dass der durch § 670 BGB vorgesehene Aufwendungsersatzanspruch die Erforderlichkeit der Aufwendung voraussetzt, welche die Weisung des Auftraggebers immer erfüllt (s. MüKoBGB/*Schäfer*, § 670 Rn. 24).

23 S. nur MüKoBGB/*Jungmann*, § 675j Rn. 12 m. w. N.; grundsätzlich auch Palandt/*Sprau*, § 675j Rn. 3.

24 Z. B. MüKoBGB/*Casper*, 6. Aufl., § 675j Rn. 6.

25 S. MüKoBGB/*Casper*, 6. Aufl., § 675j Rn. 6; *Sorg*, Die zivilrechtliche Haftung im bargeldlosen Zahlungsverkehr, S. 150; Palandt/*Sprau*, § 675j Rn. 3.

26 S. MüKoBGB/*Jungmann*, § 675j Rn. 23.

27 S. MüKoBGB/*Jungmann*, § 675j Rn. 26.

28 Ebenso *Sorg*, Die zivilrechtliche Haftung im bargeldlosen Zahlungsverkehr, S. 155 f.

sondern nur als eine Weisung im Sinne des § 665 BGB anzusehen ist.[29] Wenn es sich beim Zahlungsdienstevertrag um einen Einzelzahlungsvertrag handelt, ist der Zahlungsauftrag als ein Bestandteil in diesem enthalten.[30]

Die Definition des Zahlungsauftrags macht klar, dass der Zahlungsdienstleister verpflichtet ist, einen Zahlungsvorgang nur dann durchzuführen, wenn ihm ein Zahlungsauftrag erteilt wird. Sobald dem Zahlungsdienstleister aber ein Zahlungsauftrag zugeht, hat er grundsätzlich eine Ausführungspflicht,[31] es sei denn, dass die Ausführungsbedingungen im Zahlungsdiensterahmenvertrag nicht erfüllt sind oder ein Verstoß gegen sonstige Rechtsvorschriften vorliegt (§ 675o Abs. 2 BGB).[32] Diese allgemeine Ausführungspflicht des Zahlungsdienstleisters lässt sich zwar bereits aus dem Zahlungsdienstevertrag ableiten (§ 675f Abs. 1, Abs. 2 S. 1 BGB),[33] sie wird jedoch erst durch einen Zahlungsauftrag, der die zur Ausführung eines Zahlungsvorgangs notwendigen Informationen wie etwa den Zahlungsbetrag sowie -empfänger enthält, konkretisiert.[34]

b) Verhältnis des Zahlungsauftrags zur Autorisierung

Das Verhältnis des Zahlungsauftrags zur Autorisierung bedarf näherer Betrachtung. Diesbezüglich geht *Köndgen* davon aus, dass dem Zahlungsauftrag eine Verpflichtungswirkung und der Autorisierung eine Ermächtigungswirkung zugemessen werde.[35] Während die Verpflichtungswirkung den Zahlungsdienstleister verpflichte, den Zahlungsvorgang auszuführen, stehe ihm durch die Ermächtigungswirkung das Verfügungsrecht zu, das Konto des Zahlers im Zusammenhang mit der Aufwendung zu belasten.[36] Dieser Zweiteilung ist

---

29 S. MüKoBGB/*Casper*, § 675f Rn. 52; *Einsele*, Bank- und Kapitalmarktrecht, § 6 Rn. 113; *Köndgen*, JuS 2011, 481, 485 f.; Staudinger/*Omlor*, § 675f Rn. 34. Zur Beziehung des Zahlungsauftrags zum Einzelzahlungsvertrag MüKoBGB/*Casper*, § 675f Rn. 13; BeckOGK/*Foerster*, 15.4.2019, BGB § 675f Rn. 14.

30 S. MüKoBGB/*Casper*, § 675f Rn. 18 m. w. N.

31 Vgl. MüKoBGB/*Jungmann*, § 675o Rn. 10; Staudinger/*Omlor*, § 675o Rn. 3.

32 Vgl. MüKoBGB/*Jungmann*, § 675o Rn. 13 ff.; Staudinger/*Omlor*, § 675o Rn. 5 ff.

33 S. MüKoBGB/*Jungmann*, § 675o Rn. 10; Staudinger/*Omlor*, § 675o Rn. 3.

34 Vgl. *Köndgen*, JuS 2011, 481, 485 („Konkretisierung der Rahmenverpflichtung").

35 S. *Köndgen*, JuS 2011, 481, 486. In diese Richtung auch MüKoBGB/*Casper*, § 675f Rn. 55; Staudinger/*Omlor*, § 675f Rn. 33. Diese Zweiteilung von *Köndgen* geht auf *Canaris* zurück (s. *Köndgen*, JuS 2011, 481, 486, Fn. 55), s. *Canaris*, Bankvertragsrecht, Rn. 322 („… begründet der Überweisungsauftrag für den Angewiesenen nicht nur eine Ermächtigung zur Leistung, sondern auch eine Verpflichtung.").

36 S. MüKoBGB/*Casper*, § 675f Rn. 55; *Köndgen*, JuS 2011, 481, 486.

zwar insoweit zuzustimmen, als sie die Funktion des Zahlungsauftrags klar von der der Autorisierung unterscheidet. Es stellt sich jedoch die Frage, wie man die Rechtsfigur des Zahlungsauftrags und die der Autorisierung im Rahmen der Funktionszweiteilung dogmatisch miteinander vereinbaren kann. Obwohl überwiegend anerkannt wird, dass der Zahlungsauftrag normalerweise auch eine Autorisierung beinhaltet,[37] gibt es im Detail verschiedene dogmatische Konstruktionen.

Es wird vertreten, dass die Autorisierung als ein Bestandteil des Zahlungsauftrags angesehen werden sollte, weil der Zahlungsauftrag zum einen in der Regel eine Autorisierung enthält, zum anderen aber auch eine weitere Weisung zur Ausführung des Zahlungsvorgangs.[38] Demgegenüber sind der Zahlungsauftrag und die Autorisierung nach einer anderen Auffassung zwar zwei „verschiedene Rechtsgeschäfte",[39] aber nur „dogmatische Zwillinge"[40] oder „zwei Seiten derselben Medaille"[41]. In der Tat ist dies insbesondere dann so, wenn die Autorisierung als vorherige Einwilligung erteilt wird, denn die Autorisierung wird in diesem Fall immer zeitgleich mit dem Zahlungsauftrag erteilt.[42] Wenn die Autorisierung jedoch unter einer vorherigen Vereinbarung zwischen dem Zahler und dem Zahlungsdienstleister als nachträgliche Zustimmung (Genehmigung) erteilt wird, dann fällt sie nicht unbedingt mit dem Zahlungsauftrag zusammen,[43] etwa wenn der Zahler bei fehlendem oder fehlerhaftem Zahlungsauftrag den Zahlungsvorgang genehmigt.[44]

---

37 S. MüKoBGB/*Casper*, § 675f Rn. 56; *Köndgen*, JuS 2011, 481, 486; Staudinger/*Omlor*, § 675f Rn. 33; Palandt/*Sprau*, § 675f Rn. 19.

38 Vgl. Staudinger/*Omlor*, § 675f Rn. 33 (Autorisierung als „Minus" zum Zahlungsauftrag); Palandt/*Sprau*, § 675f Rn. 19.

39 S. *Köndgen*, JuS 2011, 481, 486, der diese Differenzierung aber als „überflüssige konstruktive Duplizierung" ansieht.

40 BeckOGK/*Köndgen*, 1.9.2018, BGB § 675j Rn. 22.

41 MüKoBGB/*Casper*, § 675f Rn. 55. Dieselbe „Medaille" ist demnach die Weisung, welche die Grundlage des Zahlungsauftrags bildet und die Verpflichtungswirkung sowie die Ermächtigungswirkung aufzeigt, s. MüKoBGB/*Casper*, § 675f Rn. 56.

42 Eindeutig MüKoBGB/*Casper*, 6. Aufl., § 675j Rn. 10; BeckOGK/*Köndgen*, 1.9.2018, BGB § 675j Rn. 22.

43 S. MüKoBGB/*Casper*, 6. Aufl., § 675j Rn. 10; *Haertlein*, ZZP 130 (2017), 357, 363, Fn. 26. Es ist jedoch fraglich, ob im Fall einer nachträglichen Autorisierung auch ein Zahlungsauftrag (ausdrücklich oder konkludent) gleichzeitig erteilt wird, dazu vgl. MüKoBGB/*Casper*, 6. Aufl., § 675j Rn. 10.

44 S. BeckOGK/*Köndgen*, 1.9.2018, BGB § 675j Rn. 26. Zwar setzt die Zulässigkeit der Genehmigung eine vorherige Vereinbarung zwischen Zahler und seinem

B. Erteilung der Autorisierung mittels eines Zahlungsinstruments

I. Das Zahlungsinstrument

Wie die Autorisierung zu erteilen ist, hängt von der Vereinbarung zwischen dem Zahler und dem Zahlungsdienstleister ab (§ 675j Abs. 1 S. 3 BGB). Im Vordergrund steht jedoch die Autorisierung mittels eines Zahlungsinstruments (§ 675j Abs. 1 S. 4 BGB), was in der Praxis ganz üblich ist. Im Folgenden soll das Zahlungsinstrument näher erörtert werden, um sowohl seine Funktionen als auch die etwaigen Probleme aufzuzeigen.

1. *Der Begriff des Zahlungsinstruments*

a) Definition

§ 1 Abs. 20 ZAG, der Art. 4 Nr. 14 PSD2 umsetzt, definiert Zahlungsinstrument als

> „jedes personalisierte Instrument oder Verfahren, dessen Verwendung zwischen dem Zahlungsdienstnutzer und dem Zahlungsdienstleister vereinbart wurde und das zur Erteilung eines Zahlungsauftrags verwendet wird."

Während das Verfahren unkörperlich ist, versteht man unter „Instrument" einen verkörperten Gegenstand.[45] Als Beispiele für das Zahlungsinstrument sind „Telefonbanking mit Passwort, Online-Banking mit SMS-TAN oder TAN-Generator, der Einsatz von Karten mit PIN oder Unterschrift sowie Verfahren des berührungslosen (Nahfelderkennung) oder des auf einen maschinell lesbaren Code basierenden Bezahlens" ausdrücklich in der Begründung des Umsetzungsgesetzes der PSD2 genannt.[46] Ferner dient das Zahlungsinstrument zur Erteilung eines Zahlungsauftrags; mithin wird das elektronische Lastschriftverfahren insofern ausgeschlossen,[47] als nach der sogenannten

---

Zahlungsdienstleister voraus (§ 675j Abs. 1 S. 2 BGB), es wird jedoch auch anerkannt, dass der Zahler bei Fehlen einer solchen Vereinbarung ausnahmsweise einem unwirksamen Zahlungsvorgang nachträglich zustimmen darf, s. MüKoBGB/*Casper*, 6. Aufl., § 675j Rn. 13; MüKoBGB/*Jungmann*, § 675j Rn. 30; BeckOGK/*Köndgen*, 1.9.2018, BGB § 675j Rn. 28.

45 S. Casper/Terlau/*Casper*, ZAG, § 1 Rn. 57; BeckOGK/*Köndgen*, 1.9.2018, BGB § 675j Rn. 40.

46 S. BT-Drs. 18/11495, S. 110 f.

47 S. BT-Drs. 18/11495, S. 111.

Genehmigungstheorie[48] kein Zahlungsauftrag erteilt wird.[49] Im SEPA-Lastschriftverfahren wird jedoch auch ein Zahlungsauftrag erteilt.[50]

Nach dem Wortlaut des § 1 Abs. 20 ZAG muss das Zahlungsinstrument „personalisiert“ sein. Um dieses Element zu verstehen, ist es hilfreich, die zwei anderen Figuren, nämlich „Authentifizierung“ und „personalisierte Sicherheitsmerkmale“, heranzuziehen. Ziel ist es zu beurteilen, ob die „Personalisierung“ im Sinne von § 1 Abs. 20 ZAG mit den „personalisierten Sicherheitsmerkmalen“ gleichzusetzen ist, und falls dies verneint wird, ob die personalisierten Sicherheitsmerkmale „konstitutiver oder nur fakultativer Bestandteil“[51] des Zahlungsinstruments sind.

b) *Zahlungsinstrument* versus *Zahlungsauthentifizierungsinstrument*

Der Begriff der „Authentifizierung“ wird an anderer Stelle ausführlich erläutert.[52] Im vorliegenden Zusammenhang genügt es, darauf hinzuweisen, dass anstelle des Begriffs „Zahlungsinstrument“ in Art. 4 Nr. 23 PSD1[53] der deutsche Gesetzgeber bei Umsetzung der PSD1 die beiden Begriffe „Zahlungsinstrument“ und „Authentifizierung“ aus Art. 4 Nr. 19 PSD1 kombinierte und den neuen Begriff „Zahlungsauthentifizierungsinstrument“ in § 1 Abs. 5 ZAG a. F. schuf. Damit wollte der deutsche Gesetzgeber klarmachen, dass die Authentifizierung mit personalisierten Sicherheitsmerkmalen das Kernelement des Zahlungsinstruments bildet.[54] Im Anschluss an diese Gesetzesbegründung wird

---

48 Ausführlich zur Genehmigungstheorie sowie zum Streit zwischen Genehmigungstheorie und Ermächtigungstheorie *Langenbucher*, Die Risikozuordnung im bargeldlosen Zahlungsverkehr, S. 186 ff.

49 Dazu ausdrücklich BT-Drs. 16/11613, S. 36; Casper/Terlau/*Casper*, ZAG, § 1 Rn. 61 m. w. N.; *Mack*, Die „rechtsscheinbare“ Autorisierung von Zahlungsvorgängen, S. 148.

50 MüKoBGB/*Jungmann*, § 675j Rn. 56; *Mack*, Die „rechtsscheinbare“ Autorisierung von Zahlungsvorgängen, S. 136 f.

51 BeckOGK/*Köndgen*, 1.9.2018, BGB § 675j Rn. 47.

52 Vgl. ausführlich unten Kap. 1 C.

53 Richtlinie 2007/64/EG des Europäischen Parlaments und des Rates vom 13. November 2007 über Zahlungsdienste im Binnenmarkt, zur Änderung der Richtlinien 97/7/EG, 2002/65/EG, 2005/60/EG und 2006/48/EG sowie zur Aufhebung der Richtlinie 97/5/EG, ABl. EU Nr. L 319/1 vom 5.12.2007.

54 S. BT-Drs. 16/11613, S. 36: „Charakteristisch für ein Zahlungsinstrument ist mithin die Authentifizierung des Zahlungsvorgangs, d. h. die Erteilung eines Zahlungsauftrages unter Verwendung eines personalisierten Sicherheitsmerkmals.“

in der Literatur überwiegend vertreten, dass das personalisierte Sicherheitsmerkmal zumindest im deutschen Recht ein unabdingbarer Bestandteil eines Zahlungsinstruments ist.[55]

Dennoch ist der Begriff des Zahlungsauthentifizierungsinstruments mit der Umsetzung der PSD2 weggefallen. In Anlehnung an Art. 4 Nr. 14 PSD2 wendet § 1 Abs. 20 ZAG jetzt auch den Begriff des „Zahlungsinstruments“ an. Einerseits sollte dies zur Vollharmonisierung der PSD2 dienen.[56] Andererseits macht die Einführung der „starken Kundenauthentifizierung“[57] in der PSD2 es entbehrlich, das Zahlungsinstrument noch an die Authentifizierung zu koppeln, weil es bei der Authentifizierung nicht mehr auf das zur Erteilung eines Zahlungsauftrags verwendete Zahlungsinstrument ankommt.[58]

2. *Personalisierte Sicherheitsmerkmale als Bestandteil des Zahlungsinstruments?*

a) Wortlaut

Personalisierte Sicherheitsmerkmale sind „personalisierte Merkmale, die der Zahlungsdienstleister einem Zahlungsdienstnutzer zum Zwecke der Authentifizierung bereitstellt“ (§ 1 Abs. 25 ZAG, Art. 4 Nr. 31 PSD2). Mit dem Wegfall des Begriffs des „Zahlungsauthentifizierungsinstruments“ streiten bessere Gründe dafür, dass der Begriff des Zahlungsinstruments das Vorliegen eines personalisierten Sicherheitsmerkmals, welches zur Authentifizierung dient, nicht mehr voraussetzt.[59] Die personalisierten Sicherheitsmerkmale werden an keiner Stelle in die Definition des Zahlungsinstrument oder Zahlungsauthentifizierungsinstruments in Art. 4 Nr. 23 PSD1, Art. 4 Nr. 14 PSD2, § 1 Abs. 5 ZAG a. F. sowie § 1 Abs. 20 ZAG einbezogen.[60] Diese Auffassung wird ferner durch die Formulierungsänderung bezüglich des Begriffs der Authentifizierung in der

---

55 S. Casper/Terlau/*Casper*, ZAG, § 1 Rn. 57; *Casper*/*Pfeifle*, WM 2009, 2343, 2344; MüKoBGB/*Jungmann*, 7. Aufl., § 675j Rn. 39; Langenbucher/Bliesener/Spindler/*Langenbucher*, Kapitel 3 § 675j Rn. 23; Schimansky/Bunte/Lwowski/*Maihold*, § 55 Rn. 40; *Oechsler*, WM 2010, 1381 f.; a. A. Staudinger/*Omlor*, § 675c Rn. 18; *Omlor*, GPR 2014, 282, 283.

56 S. BT-Drs. 18/11495, S. 110.

57 Vgl. ausführlich unten Kap. 1 C. II.

58 S. BT-Drs. 18/11495, S. 110; MüKoBGB/*Jungmann*, § 675j Rn. 39.

59 *Jungmann*, ZBB 2020, 1, 2; Staudinger/*Omlor*, § 675c Rn. 16; Palandt/*Sprau*, § 675j Rn. 6 f. m. w. N.

60 Dieses Argument nennt bereits Staudinger/*Omlor*, § 675c Rn. 18.

PSD2 bestärkt. Während die Formulierung „einschließlich *seiner* [nämlich des Zahlungsinstruments, Anm. d. Verf.] personalisierten Sicherheitsmerkmale" in Art. 4 Nr. 19 PSD1 und § 675w S. 2 BGB a. F. den Eindruck erweckt, dass die personalisierten Sicherheitsmerkmale einen Bestandteil des Zahlungsinstruments bilden, grenzen jetzt sowohl Art. 4 Nr. 29 PSD2 als auch § 1 Abs. 23 ZAG die Verwendung des Zahlungsinstruments ausdrücklich von „*der Verwendung* der personalisierten Sicherheitsmerkmale" ab.[61] Dies deutet darauf hin, dass das Zahlungsinstrument und die personalisierten Sicherheitsmerkmale nebeneinander stehen können. Obwohl § 675w S. 2 BGB die Formulierung „einschließlich *seiner* personalisierten Sicherheitsmerkmale"[62] fortsetzt, ist diese Formulierung entsprechend der Gesetzesbegründung[63] mit einer Unterscheidung zwischen Zahlungsinstrument und Authentifizierung auszulegen.[64] Im Übrigen ist es eine andere Frage, ob man bei Verwendung eines Zahlungsinstruments tatsächlich auch zugleich die personalisierten Sicherheitsmerkmale verwendet.[65]

b) Verschiedene Funktion des Zahlungsinstruments und der Authentifizierung

Die Trennung zwischen Zahlungsinstrument und Authentifizierung lässt sich weiter durch die verschiedenen Funktionen der beiden Rechtsfiguren erklären. Sowohl Art. 4 Nr. 14 PSD2 als auch § 1 Abs. 20 ZAG stellen klar, dass das Zahlungsinstrument „zur Erteilung eines Zahlungsauftrags" dient. Durch den Zahlungsauftrag werden die zur Ausführung eines Zahlungsvorgangs erforderlichen Informationen angegeben, um die Ausführungspflicht des Zahlungsdienstleisters, welche bereits im Rahmen des Einzelzahlungsvertrags oder des Zahlungsdiensterahmenvertrags besteht, zu konkretisieren. Nach dem Grundsatz der Relativität der Schuldverhältnisse[66] muss sich die Ausführungspflicht des Zahlungsdienstleisters deshalb an einer bestimmten Person orientieren.

---

61 Hervorh. d. Verf. Auch in diese Richtung BeckOGK/*Köndgen*, 1.9.2018, BGB § 675j Rn. 47. Unglücklicherweise wird diese Abgrenzung nicht vollständig verwirklicht, da Art. 69 Abs. 2 PSD2 wieder zur Formulisierung „*seine* [Hervorh. d. Verf.] personalisierten Sicherheitsmerkmale" zurückkehrt.

62 Hervorh. d. Verf.

63 S. BT-Drs. 18/11495, S. 110.

64 Unzutreffend insoweit *Mack*, Die „rechtsscheinbare" Autorisierung von Zahlungsvorgängen, S. 139.

65 Unzutreffend insoweit *Mack*, Die „rechtsscheinbare" Autorisierung von Zahlungsvorgängen, S. 140 Fn. 31.

66 S. *Medicus/Lorenz*, Schuldrecht AT, Rn. 30.

Gerade in diesem Sinne ist das Element der „Personalisierung" in Art. 4 Nr. 14 PSD2 sowie § 1 Abs. 20 ZAG auszulegen.[67] Mit anderen Worten lässt die Nutzung eines Zahlungsinstruments den Zahlungsdienstleister wissen, mit wem er in einem Rechtsverhältnis steht. In diesem Sinne hat das Zahlungsinstrument eine „Erkennungsfunktion".

Anders als die Erkennungsfunktion des Zahlungsinstruments dient die Authentifizierung gemäß Art. 4 Nr. 29 PSD2 sowie § 1 Abs. 23 ZAG primär zur Überprüfung der „Identität eines Zahlungsdienstnutzers oder de[r] berechtigte[n] Verwendung eines bestimmten Zahlungsinstruments, einschließlich der Verwendung der personalisierten Sicherheitsmerkmale des Nutzers." Wenn jemand einen Zahlungsauftrag mittels eines Zahlungsinstruments erteilt, hat er gleichzeitig auch seine Identitätsinformation angegeben. Es kann aber nicht automatisch festgestellt werden, ob diese Identitätsbehauptung wirklich zutreffend ist. Deshalb muss der Zahlungsdienstleister überprüfen, ob derjenige, der das Zahlungsinstrument nutzt, tatsächlich der berechtigte Nutzer ist. Nur so kann die Sicherheit des bargeldlosen Zahlungsverkehrs gewährleistet werden. In diesem Sinne hat die Authentifizierung eine „Überprüfungsfunktion".[68] Schon die Gesetzesbegründung macht klar, dass die Erfüllung der Überprüfungsfunktion nicht unbedingt von dem Zahlungsinstrument abhängen muss.[69] Deshalb ist es vorzugwürdig, diese zwei Figuren getrennt zu begreifen.[70]

II. Erteilung der Autorisierung mittels einer Zahlungskarte

Durch Vereinbarung zwischen dem Zahler und dem Zahlungsdienstleister kann die Autorisierung mittels eines Zahlungsinstruments erfolgen (§ 675j Abs. 1 S. 4 BGB). Unter den Zahlungsinstrumenten sind Zahlungskarten und Online-Banking in der Praxis weit verbreitet. Im Folgenden ist zunächst auf die Zahlungskarten einzugehen, bei denen zwischen Debitkarte und Kreditkarte unterschieden wird.

67 Eindeutig BeckOGK/*Köndgen*, 1.9.2018, BGB § 675j Rn. 43. Der EuGH neigt jedoch zu der Ansicht, dass der Begriff der „Personalisierung" mit dem der „personalisierten Sicherheitsmerkmale" gleichbedeutend sei, EuGH WM 2015, 813, 815 Rn. 33; dazu *Omlor*, GPR 2014, 282, 283.

68 Dahingehend auch MüKoBGB/*Jungmann*, § 675j Rn. 40 f.

69 S. BT-Drs. 18/11495, S. 110.

70 Dahingehend bereits MüKoBGB/*Jungmann*, 7. Aufl., § 675j Rn. 38.

1. *Debitkarte*

Die Debitkarte ist eine „von der Bank ausgegebene girocard“,[71] mit der die bargeldlose Zahlung sowie die Bargeldabhebung an Geldautomaten und andere Funktionen genutzt werden können. Die Autorisierung erscheint in verschiedener Form, je nachdem, wie die Debitkarte angewendet wird.

a) *Girocard-System*

Das Girocard-System[72], auch electronic-cash-System[73] oder Point-of-Sale-System (POS-System oder POS-Verfahren)[74] genannt, macht die bargeldlose Zahlung mit der Debitkarte an automatisierten Kassen möglich. Bei der Zahlung steckt der Karteninhaber die Debitkarte in das girocard-Terminal (ec-Terminal) ein und gibt dann die PIN ein. Das girocard-Terminal übermittelt die Kartendaten und die PIN verschlüsselt an das Autorisierungssystem des kartenemittierenden Instituts, das überprüft, ob die Kartendaten und die PIN richtig sind, ob die Karte gesperrt wurde und ob der Verfügungsrahmen der Debitkarte überschritten wird. Je nachdem, ob das Autorisierungssystem des kartenemittierenden Instituts eine positive Antwort gibt, wird die Zahlung des Karteninhabers entweder autorisiert oder nicht.[75] Im Fall der Autorisierung erteilt das kartenausgebende Institut dem Händler ein Zahlungsversprechen, welches teils als Garantie[76], aber überwiegend als abstraktes Schuldversprechen oder Schuldanerkenntnis eingeordnet wird.[77]

Juristisch gesehen erteilt der Karteninhaber einen Zahlungsauftrag im Sinne des § 675f Abs. 4 S. 2 BGB, wenn er eine Anfrage durch Eingabe der Debitkarte

---

71 Nr. A. I der Bedingungen für die girocard (Debitkarte) (Fassung 14. September 2019).

72 Auch girocard-Verfahren genannt, *Mack*, Die „rechtsscheinbare“ Autorisierung von Zahlungsvorgängen, S. 99. Diese Terminologie entspricht Nr. A. I. 1. b) der Bedingungen für die girocard (Debitkarte) (Fassung 14. September 2019).

73 S. *Einsele*, Bank- und Kapitalmarktrecht, § 6 Rn. 185.

74 S. Staudinger/*Omlor*, Vorbem. zu §§ 675c–676c Rn. 205.

75 Zur Funktionsweise des girocard-Systems s. auch *Einsele*, Bank- und Kapitalmarktrecht, § 6 Rn. 185; MüKoHGB/*Haertlein*, Bankvertragsrecht, E Rn. 238; Langenbucher/Bliesener/Spindler/*Herresthal*, Kapitel 7 § 675f Rn. 43 f.

76 Vgl. Kümpel/Mülbert/Früh/Seyfried/*Werner*, Rn. 4.726–4.728.

77 S. *Einsele*, Bank- und Kapitalmarktrecht, § 6 Rn. 194 f.; Staub/*Grundmann*, 3. Teil Rn. 353; MüKoHGB/*Haertlein*, Bankvertragsrecht, E Rn. 253; Langenbucher/Bliesener/Spindler/*Herresthal*, Kapitel 7 § 675f Rn. 53; Schimansky/Bunte/Lwowski/*C. Koch*, § 68 Rn. 11–13; Staudinger/*Omlor*, Vorbem. zu §§ 675c–676c Rn. 210.

sowie der PIN an das Autorisierungssystem richtet.[78] Hier liegt auch eine Autorisierung des Karteninhabers vor.[79]

b) *Elektronisches Lastschriftverfahren*

Das frühere elektronische Lastschriftverfahren mit Debitkarte ist seit 1. Februar 2016 in die SEPA-Lastschrift integriert.[80] Bei dem elektronischen Lastschriftverfahren gibt der Karteninhaber zunächst die Debitkarte in das Kassenterminal des Händlers ein. Von dem Kassenterminal ausgelesen werden die auf der Karte gespeicherten Daten, aber nicht einschließlich des Verfügungsrahmens des Karteninhabers oder der möglichen Sperrdatei.[81] Dann wird ein Lastschriftbeleg zur Unterzeichnung des Karteninhabers erzeugt. Unterschreibt der Karteninhaber diesen, erteilt er einen Zahlungsauftrag sowie die Autorisierung.[82] Deshalb liegt hier auch eine Vorautorisierung vor.[83] Im Unterschied zum girocard-System wird keine PIN im elektronischen Lastschriftverfahren eingegeben.[84]

c) *Geldautomatensystem*

Mit der Debitkarte kann der Karteninhaber an Geldautomaten Bargeld abheben und gegebenenfalls auch einzahlen. Die Bargeldabhebung ist sowohl an institutseigenen als auch an institutsfremden Geldautomaten möglich. Rechtliche Grundlage für die Nutzung der Debitkarte an institutsfremden Geldautomaten ist Nr. 3 der Vereinbarung über das deutsche Geldautomaten-System. Demnach verpflichten sich die an das deutsche Geldautomatensystem angeschlossenen Zahlungsdienstleister, die von ihnen betriebenen Geldautomaten allen Inhabern von Karten zur Verfügung zu stellen.[85]

---

78 S. *Einsele*, Bank- und Kapitalmarktrecht, § 6 Rn. 188; MüKoHGB/*Haertlein*, Bankvertragsrecht, E Rn. 246; Staudinger/*Omlor*, Vorbem. zu §§ 675c–676c Rn. 209.

79 S. *Einsele*, Bank- und Kapitalmarktrecht, § 6 Rn. 188; BeckOGK/*Köndgen*, 1.9.2018, BGB § 675j Rn. 76.

80 S. *Einsele*, Bank- und Kapitalmarktrecht, § 6 Rn. 208 Fn. 620; BeckOGK/*Köndgen*, 15.11.2018, BGB § 675c Rn. 71.3.

81 Vgl. MüKoBGB/*Casper*, § 675f Rn. 130; *Einsele*, Bank- und Kapitalmarktrecht, § 6 Rn. 209.

82 Vgl. *Einsele*, Bank- und Kapitalmarktrecht, § 6 Rn. 209; BeckOGK/*Köndgen*, 1.9.2018, BGB § 675j Rn. 80.

83 So bereits seit 9.7.2012, s. BeckOGK/*Köndgen*, 1.9.2018, BGB § 675j Rn. 79.

84 Vgl. MüKoBGB/*Casper*, § 675f Rn. 130; BeckOGK/*Köndgen*, 15.11.2018, BGB § 675c Rn. 71.

85 S. Nr. 3 der Vereinbarung über das deutsche Geldautomaten-System (Fassung Januar 2011).

Bei Nutzung der Geldautomaten steckt der Karteninhaber die Debitkarte in die Geldautomaten ein. Dann wählt er die Abhebungsfunktion und gibt die PIN sowie den gewünschten Geldbetrag ein. Bei erfolgreicher Auszahlung wird sodann zunächst die Debitkarte zurückgegeben und schließlich wird das Bargeld ausgezahlt.

Wenn es sich um eine Bargeldabhebung an institutseigenen Geldautomaten handelt, erteilt der Karteninhaber mit dem Einsatz der Debitkarte sowie der Eingabe der PIN einen Zahlungsauftrag im Sinne des § 675f Abs. 4 S. 2 BGB gegenüber dem kartenausgebenden Institut.[86] Bei Bargeldabhebung an institutsfremden Geldautomaten wird das fremde Institut als Erfüllungsgehilfe des kartenausgebenden Instituts angesehen.[87] Dabei wird der Zahlungsauftrag des Karteninhabers vom fremden Institut als Bote an das kartenausgebende Institut weitergeleitet.[88] Durch Eingabe der Debitkarte sowie der PIN erteilt der Karteninhaber auch die Autorisierung der Bargeldabhebung als Einwilligung.[89]

d) Kontaktlose Zahlungen

Bei den sog. kontaktlosen Zahlungen braucht der Kunde nicht die Debitkarte in das Terminal zu stecken. Stattdessen hält der Kunde die Debitkarte kurzzeitig an das Terminal, damit die Karte und das Terminal mithilfe der Technologie der Nahfeldkommunikation (Near Field Communication)[90] und des auf der Karte installierten Chips kommunizieren, und sodann erfolgt die Zahlung. Dabei muss der Kunde weder unterschreiben noch die PIN eingeben. Die Beträge der kontaktlosen Zahlungen sind jedoch begrenzt.[91]

---

86 S. *Einsele*, Bank- und Kapitalmarktrecht, § 6 Rn. 216; Schimansky/Bunte/Lwowski/*Maihold*, § 54 Rn. 31; a. A. MüKoHGB/*Haertlein*, Bankvertragsrecht, E Rn. 192 ff.

87 S. *Einsele*, Bank- und Kapitalmarktrecht, § 6 Rn. 220; Schimansky/Bunte/Lwowski/*Maihold*, § 54 Rn. 35; a. A. MüKoHGB/*Haertlein*, Bankvertragsrecht, E Rn. 233 (eine schuldrechtliche Vertragsbeziehung zwischen dem Karteninhaber und dem fremden Institut).

88 S. BeckOGK/*Köndgen*, 1.9.2018, BGB § 675j Rn. 76; Schimansky/Bunte/Lwowski/*Maihold*, § 54 Rn. 35.

89 S. BeckOGK/*Köndgen*, 1.9.2018, BGB § 675j Rn. 76; Schimansky/Bunte/Lwowski/*Maihold*, § 54 Rn. 40.

90 Dazu näher *Schütte*, DuD 2014, 20.

91 Beispielsweise beträgt der Höchstbetrag bei den Sparkassen derzeit 25 Euro, abrufbar unter <https://www.sparkasse.de/unsere-loesungen/privatkunden/karten/girocard-kontaktlos.html> (zuletzt überprüft am 12.09.2019).

2. *Kreditkarte*

Bei Kreditkarten ist zwischen Kundenkreditkarten und Universalkreditkarten zu unterscheiden. Im ersten Fall ist der Kartenemittent zugleich auch der Zahlungsempfänger und die Kundenkreditkarten sind nur bei dem Kartenemittenten zu verwenden; deshalb handelt es sich dabei um eine Zweipersonenbeziehung.[92] Dagegen ist die Verwendung der Universalkreditkarten nicht auf ein bestimmtes Unternehmen beschränkt, sondern bei verschiedenen Vertragsunternehmen möglich,[93] weil die Vertragsunternehmen durch den sogenannten Rahmenvertrag oder Akquisitionsvertrag mit dem Kartenemittenten zur Akzeptanz der Kreditkarten verpflichtet sind.[94] Deshalb handelt es sich hierbei um eine Dreipersonenbeziehung.[95] Die folgende Untersuchung der Kreditkarten beschränkt sich auf die Universalkreditkarten.

a) Präsenzgeschäft

Die Kreditkarten können sowohl im Präsenz- als auch im Distanzgeschäft genutzt werden. Im Präsenzgeschäft legt der Karteninhaber zunächst dem Vertragsunternehmen die Kreditkarte vor, lässt sie sodann durch sein Terminal auslesen und unterzeichnet schließlich den vom Terminal erzeugten Leistungsbeleg.[96] Hierbei wird die Autorisierung mit dem Einsatz der Kreditkarte und der Unterschrift im Wege der Einwilligung erteilt.[97] Bei Einsatz der Kreditkarte an Kassenterminals kann statt der Unterzeichnung des Leistungsbelegs die PIN eingegeben werden.[98] Hierin liegt ebenfalls eine Autorisierung im Wege der Einwilligung.[99]

---

92 Vgl. MüKoBGB/*Casper*, § 675f Rn. 115; *Einsele*, Bank- und Kapitalmarktrecht, § 6 Rn. 231; Schwintowski/*Hofmann*, Bankrecht, Kapitel 10 Rn. 8.

93 S. *Einsele*, Bank- und Kapitalmarktrecht, § 6 Rn. 231; Schwintowski/*Hofmann*, Bankrecht, Kapitel 10 Rn. 8.

94 S. *Einsele*, Bank- und Kapitalmarktrecht, § 6 Rn. 233; Schwintowski/*Hofmann*, Bankrecht, Kapitel 10 Rn. 35; Langenbucher/Bliesener/Spindler/*Jungmann*, Kapitel 6 Vorbem. vor §§ 675f ff. Rn. 37; Staudinger/*Omlor*, Vorbem. zu §§ 675c–676c Rn. 173.

95 S. MüKoBGB/*Casper*, § 675f Rn. 115; *Einsele*, Bank- und Kapitalmarktrecht, § 6 Rn. 233; Schwintowski/*Hofmann*, Bankrecht, Kapitel 10 Rn. 8. Demgegenüber geht *Herresthal* (ZBB 2019, 353, 354 ff.) von einem Vier- bzw. Fünf-Parteien-System aus.

96 Vgl. BeckOGK/*Köndgen*, 15.11.2018, BGB § 675c Rn. 85.

97 S. MüKoBGB/*Casper*, 6. Aufl., § 675j Rn. 31; MüKoBGB/*Jungmann*, § 675j Rn. 59; BeckOGK/*Köndgen*, 1.9.2018, BGB § 675j Rn. 81; Staudinger/*Omlor*, § 675j Rn. 4.

98 Beispielhaft s. I. 3 (1) S. 1 Nr. 2 der „Bedingungen für die Kreditkarten" der Deutschen Bank (Stand 10. September 2019).

99 S. MüKoBGB/*Jungmann*, § 675j Rn. 59; *Mack*, Die „rechtsscheinbare" Autorisierung von Zahlungsvorgängen, S. 144.

b) *Distanzgeschäft*

aa) *Karteninformationen*

Die Kreditkarten werden heute auch im Distanzgeschäft[100] wie etwa dem E-Commerce zunehmend genutzt. Statt die Kreditkarte vorzulegen und den Leistungsbeleg zu unterschreiben, teilt der Karteninhaber dem Vertragsunternehmen hierbei lediglich die Kreditkarteninformationen – „die Kreditkartennummer, das Verfallsdatum und die auf der Rückseite der Karte abgedruckte Prüfzahl“[101] – mit. Nach h. L. sind diese Kreditkarteninformationen nicht als personalisierte Sicherheitsmerkmale anzusehen.[102] Durch Weitergabe der Kreditkarteninformationen erteilt der Karteninhaber aber ebenfalls eine Autorisierung.[103]

bb) *3D Secure-Verfahren*

In der Praxis wurde auch das sog. 3D Secure-Verfahren[104] entwickelt, bei dem ein zusätzliches Authentifizierungselement wie etwa ein Passwort zur Autorisierung im Distanzgeschäft erforderlich ist.[105] Ein charakteristisches Beispiel dafür ist das 3D Secure-Verfahren bei der Deutschen Bank. Die Authentifizierung kann per photoTAN-App oder per mobileTAN erfolgen. Zur Authentifizierung per mobileTAN wird der Kunde aufgefordert, eine Mobiltelefonnummer zum Empfang von SMS über das Online-Banking zu hinterlegen.[106] Bei zukünftigen

---

100 Meistens auch „Mail-Order-Verfahren“ genannt, vgl. MüKoBGB/*Casper*, § 675f Rn. 117; BeckOGK/*Köndgen*, 15.11.2018, BGB § 675c Rn. 88. Der Ansicht *Macks* nach schließe das Distanzgeschäft „das Mailorder-, das Telefonorder- sowie das Internetordergeschäft“ ein, vgl. Mack, Die „rechtsscheinbare“ Autorisierung von Zahlungsvorgängen, S. 146.

101 *Oechsler*, WM 2010, 1381; gegebenenfalls könnte auch der Name des Karteninhabers verlangt werden, s. BeckOGK/*Köndgen*, 1.9.2018, BGB § 675j Rn. 82.

102 Vgl. MüKoBGB/*Casper*, 6. Aufl., § 675j Rn. 28, 31; *Casper*/*Pfeifle*, WM 2009, 2343, 2344; MüKoBGB/*Jungmann*, § 675j Rn. 63; BeckOGK/*Köndgen*, 1.9.2018, BGB § 675j Rn. 82; *Scheibengruber*, BKR 2010, 15, 18; Palandt/*Sprau*, § 675j Rn. 7; a. A. *Oechsler*, WM 2010, 1381, 1382; Gebauer/Wiedmann/*Schinkels*, Zivilrecht unter europäischem Einfluss, Kapitel 16 Rn. 31.

103 MüKoBGB/*Jungmann*, § 675j Rn. 64; *ders.*, ZBB 2020, 1. 2; BeckOGK/*Köndgen*, 1.9.2018, BGB § 675j Rn. 82.

104 In der Praxis sind die Verfahren „Mastercard SecureCode“ bei MasterCard und „Verified by Visa“ bei Visa verbreitet.

105 S. MüKoBGB/*Jungmann*, § 675j Rn. 62; BeckOGK/*Köndgen*, 1.9.2018, BGB § 675j Rn. 83.

106 S. Nr. 2.2.b der Sonderbedingungen für das 3D Secure-Verfahren bei Karten-Online-Transaktionen der Deutschen Bank (Stand: 11. September 2019).

Online-Transaktionen empfängt der Kunde ein Passwort per SMS, das er zur Autorisierung der Transaktion in seine Online-Banking-Eingabemaske, auf die er weitergeleitet wird, eintippt.[107] Im 3D Secure-Verfahren wird das Passwort zweifellos als personalisiertes Sicherheitsmerkmal eingeordnet.[108]

III. Erteilung der Autorisierung mittels Online-Bankings

1. Online-Banking und PIN/TAN-Verfahren

Trotz der verbreiteten Verwendung des Online-Bankings wird dessen Begriff nicht einheitlich definiert.[109] Für den Zweck dieser Arbeit erfolgt das Online-Banking mittels elektronischer Zugangsmedien ohne unmittelbare Anwesenheit des Zahlungsdienstleisters und -nutzers unter Ausschluss des Telefon-Bankings.[110] Beim Online-Banking wird der Zahlungsauftrag sowie die Autorisierung heute üblicherweise durch das PIN/TAN-Verfahren erteilt und ausgeführt. Die Kundenerkennung und die PIN ermöglichen den Zahlungsdienstnutzer, Zugang zum Online-Banking-Portal zu haben. Um einen Zahlungsauftrag sowie eine Autorisierung zu erteilen, muss der Zahlungsdienstnutzer weiter die vom Zahlungsdienstleister bereitgestellte TAN eingeben. In der Praxis erscheint die TAN in verschiedenen Formen.

2. Erscheinungsform der TAN

a) Das einfache TAN- und iTAN-Verfahren

Das einfache TAN- und das iTAN-Verfahren (indizierte TAN-Verfahren) werden zusammen als „listenbasierte TAN-Verfahren“[111] bezeichnet, denn den beiden Verfahren liegt eine von dem Zahlungsdienstleister vorab ausgegebene TAN-Liste zugrunde. Zur Erteilung des Zahlungsauftrags sowie der Autorisierung muss der Zahlungsdienstnutzer nach Aufforderung des Zahlungsdienstleisters bei jeder Transaktion eine TAN aus der TAN-Liste eingeben. Beim

---

107 S. Nr. 4.b der Sonderbedingungen für das 3D Secure-Verfahren bei Karten-Online-Transaktionen der Deutschen Bank (Stand: 11. September 2019).

108 Vgl. Schwintowski/*Hofmann*, Bankrecht, Kapitel 10 Rn. 25; Langenbucher/Bliesener/Spindler/*Jungmann*, Kapitel 6 Vorbem. vor §§ 675f ff. Rn. 13a; BeckOGK/*Köndgen*, 1.9.2018, BGB § 675j Rn. 83.

109 Dazu ausführlich Langenbucher/Bliesener/Spindler/*Herresthal*, Kapitel 5 A, Rn. 1 ff.

110 Ähnlich Langenbucher/Bliesener/Spindler/*Herresthal*, Kapitel 5 A, Rn. 6.

111 S. *Hoffmann/Haupert/Freiling*, ZHR 181 (2017), 780, 796.

einfachen TAN-Verfahren genügt eine beliebige TAN aus der Liste.[112] Beim iTAN-Verfahren wird jedoch die TAN fortlaufend nummeriert. Hierbei muss der Zahlungsdienstnutzer auf Verlangen des Zahlungsdienstleisters eine durch die fortlaufende Nummerierung bestimmte TAN eingeben.[113]

b) *Das smsTAN-Verfahren*

Beim smsTAN-Verfahren (auch mTAN- oder mobileTAN-Verfahren genannt) kommt ein Gerät wie z. B. ein Mobiltelefon zum Empfang der SMS des Zahlungsdienstleisters zur Anwendung. Das Mobiltelefon darf „nicht gleichzeitig für das Online-Banking genutzt werden,“[114] deshalb kommt hierbei ein zweites Gerät zum Einsatz.[115] Nachdem der Zahlungsdienstnutzer sich in das Online-Banking-Portal eingeloggt und die zur Erteilung des Zahlungsauftrags erforderlichen Daten eingegeben hat, schickt der Zahlungsdienstleister ihm die TAN einschließlich der für die Transaktion wichtigen Informationen per SMS an dessen Mobiltelefon.[116] Nach Überprüfung der Transaktionsinformationen gibt der Zahlungsdienstnutzer die PIN beim Online-Banking-Portal ein. Dadurch wird der Zahlungsauftrag erteilt und der Zahlungsvorgang autorisiert.

c) *Das pushTAN- und photoTAN-Verfahren*

Beim pushTAN-[117] und photoTAN-Verfahren[118] installiert der Zahlungsdienstnutzer auf seinem Smartphone eine Applikation (App) zur Erzeugung sowie zum Empfang der TAN. Beide Verfahren sind mithin „App-basierte

---

112 S. *Hoeren/Kairies*, ZBB 2015, 35; *Hoffmann/Haupert/Freiling*, ZHR 181 (2017), 780, 796; *Mack*, Die „rechtsscheinbare“ Autorisierung von Zahlungsvorgängen, S. 151.

113 S. Langenbucher/Bliesener/Spindler/*Herresthal*, Kapitel 5 A, Rn. 58; *Hoffmann/Haupert/Freiling*, ZHR 181 (2017), 780, 796; *Mack*, Die „rechtsscheinbare“ Autorisierung von Zahlungsvorgängen, S. 152; Schimansky/Bunte/Lwowski/*Maihold*, § 55 Rn. 12.

114 Nr. 7.2 (2) der „Bedingungen für den Zugang zur DB Privat- und Firmenkundenbank AG über elektronische Medien“ (Fassung 11.09.2019); s. auch *Mack*, Die „rechtsscheinbare“ Autorisierung von Zahlungsvorgängen, S. 152; Schimansky/Bunte/Lwowski/*Maihold*, § 55 Rn. 14.

115 S. *Hoffmann/Haupert/Freiling*, ZHR 181 (2017), 780, 797.

116 S. BGHZ 208, 331 = BGH NJW 2016, 2024, 2025; *Hoffmann/Haupert/Freiling*, ZHR 181 (2017), 780, 797; *M. Koch*, Missbrauch von Zahlungsauthentifizierungsinstrumenten, S. 75; *Mack*, Die „rechtsscheinbare“ Autorisierung von Zahlungsvorgängen, S. 152; Schimansky/Bunte/Lwowski/*Maihold*, § 55 Rn. 14.

117 So bezeichnet bei der Sparkasse.

118 So bezeichnet bei der Deutschen Bank.

TAN-Verfahren".[119] Nachdem der Zahlungsdienstnutzer den Zahlungsauftrag in Gang gesetzt hat, wird eine TAN beim pushTAN-Verfahren direkt in der App generiert. Um die TAN zu sehen, muss sich der Zahlungsdienstnutzer mit einem Passwort in die App einloggen. Dann gibt er die TAN beim Online-Banking-Portal ein, damit der Zahlungsauftrag erteilt und der Zahlungsvorgang autorisiert wird.[120] Im Unterschied dazu wird beim photoTAN-Verfahren nach Ingangsetzung des Zahlungsauftrags zunächst ein optischer Code im Online-Banking-Portal erzeugt. Der Zahlungsdienstnutzer fotografiert den Code mit der Kamera seines Smartphones und dann wird eine TAN in der App generiert.[121]

Die oben genannten traditionellen beim Online-Banking genutzten Verfahren sind beim Mobile-Banking insoweit modifiziert, als die „Banking-App zur Eingabe der Transaktion und eine Authentifizierungs-App zu deren Bestätigung"[122] auf demselben Smartphone installiert wird, so dass statt zwei Geräten (PC und Smartphone) nur das einzige Gerät Smartphone zur Anwendung kommt.[123] Beim photoTAN-Verfahren im Mobile-Banking braucht der Zahlungsdienstnutzer nicht mehr den optischen Code im Online-Banking-Portal zu fotografieren, sondern die TAN wird wie im pushTAN-Verfahren direkt in der Authentifizierungs-App generiert.

d) Das chipTAN-Verfahren

Beim chipTAN-Verfahren[124], auch Smart-TAN-(plus-)[125] oder eTAN-Verfah-

119 So bezeichnet von *Hoffmann/Haupert/Freiling*, ZHR 181 (2017), 780, 798.

120 So die Funktionsweise bei der Sparkasse. Hier kommen zwei Geräte (PC und Smartphone) zur Anwendung, dies aber übersieht Schimansky/Bunte/Lwowski/*Maihold*, § 55 Rn. 16.

121 So die Funktionsweise bei der Deutschen Bank; s. auch *M. Koch*, Missbrauch von Zahlungsauthentifizierungsinstrumenten, S. 76; *Mack*, Die „rechtsscheinbare" Autorisierung von Zahlungsvorgängen, S. 154.

122 *Hoffmann/Haupert/Freiling*, ZHR 181 (2017), 780, 799.

123 S. *Hoffmann/Haupert/Freiling*, ZHR 181 (2017), 780, 799; speziell beim pushTAN-Verfahren s. Schimansky/Bunte/Lwowski/*Maihold*, § 55 Rn. 16. Die beiden Apps könnten auch in eine integriert werden (s. *Hoffmann/Haupert/Freiling*, ZHR 181 (2017), 780, 799), was jedoch in der Praxis noch nicht üblich ist.

124 S. *Hoeren/Kairies*, ZBB 2015, 35; *Hoffmann/Haupert/Freiling*, ZHR 181 (2017), 780, 800; *M. Koch*, Missbrauch von Zahlungsauthentifizierungsinstrumenten, S. 75.

125 S. Langenbucher/Bliesener/Spindler/*Herresthal*, Kapitel 5 A, Rn. 58; *Mack*, Die „rechtsscheinbare" Autorisierung von Zahlungsvorgängen, S. 153.

ren[126] genannt, kommt ein spezielles Chipkartenterminal (ein Kartenlesegerät mit Display) als TAN-Generator zur Anwendung. Mithilfe des TAN-Generators kann die TAN für die bestimmte Transaktion entweder mit dem Verfahren der optischen Datenübertragung oder mit einem manuellen Verfahren generiert werden.[127] Beide Verfahren gehen von der Eingabe der Transaktionsdaten im Online-Banking-Portal und dem Einlegen der Chipkarte (Debitkarte) in den TAN-Generator aus. Wenn man sodann das Verfahren der optischen Datenübertragung auswählt, muss man den TAN-Generator an den PC-Bildschirm auf die Grafik halten (sog. Flickering), bis die Transaktionsdaten wie z. B. IBAN, Kontonummer oder Betrag auf dem Display angezeigt werden. Nach Prüfung und Bestätigung dieser wird eine TAN erzeugt. Als Alternative zur Nutzung des TAN-Generators kann man auch das manuelle Verfahren auswählen. Normalerweise wird hierbei zunächst ein Code auf dem PC-Bildschirm erzeugt. Nach Eingabe des Codes sowie weiterer Daten wie IBAN oder der Kontonummer oder des Betrags in den TAN-Generator wird sodann die TAN generiert. Nach Eingabe der TAN auf dem Online-Banking-Portal vergleicht das Online-Banking-System sie mit der von diesem System selbst errechneten TAN und im übereinstimmenden Fall führt das System die Transaktion durch.[128]

C. Die Authentifizierung

I. Allgemeines

§ 1 Abs. 23 ZAG, welcher Art. 4 Nr. 29 PSD2 wörtlich umsetzt, definiert die Authentifizierung als

> „ein Verfahren, mit dessen Hilfe der Zahlungsdienstleister die Identität eines Zahlungsdienstnutzers oder die berechtigte Verwendung eines bestimmten Zahlungsinstruments, einschließlich der Verwendung der personalisierten Sicherheitsmerkmale des Nutzers, überprüfen kann."

---

126 S. Langenbucher/Bliesener/Spindler/*Herresthal*, Kapitel 5 A, Rn. 58; *M. Koch*, Missbrauch von Zahlungsauthentifizierungsinstrumenten, S. 75; Schimansky/Bunte/Lwowski/*Maihold*, § 55 Rn. 18 f.

127 Einen guten Überblick über die Funktionsweise des chipTAN-Verfahrens gibt das LG Darmstadt, BKR 2014, 480; s. auch *M. Koch*, Missbrauch von Zahlungsauthentifizierungsinstrumenten, S. 75 f.; *Mack*, Die „rechtsscheinbare" Autorisierung von Zahlungsvorgängen, S. 153 f.

128 S. LG Darmstadt, BKR 2014, 480; *Mack*, Die „rechtsscheinbare" Autorisierung von Zahlungsvorgängen, S. 154.

Diese Definition macht deutlich, dass die Authentifizierung zur Überprüfung der Identität des Zahlungsdienstnutzers oder der berechtigten Verwendung des Zahlungsinstruments dient. Die Funktion der Authentifizierung lässt sich vor dem Hintergrund des elektronischen Geschäftsverkehrs besser verstehen. Im Internet, etwa bei eBay oder Facebook, kommuniziert man in der Regel mit einem Account.[129] Bei bestimmten Geschäften hat man ein Interesse, die Identität der hinter dem Account stehenden Person festzustellen und deren Korrektheit zu überprüfen. Im bargeldlosen Zahlungsverkehr dient das Zahlungskonto als Grundlage der Ausführung der Zahlungsvorgänge (§ 1 Abs. 17 ZAG, Art. 4 Nr. 12 PSD2).[130] Deshalb hat der Zahlungsdienstleister ein Interesse daran, die Identität des Kontoinhabers festzustellen und zu überprüfen. Sowohl bei der Kontoeröffnung als auch bei weiteren Zahlungsvorgängen ist die Authentifizierung von Bedeutung.[131]

1. Authentifizierung bei Kontoeröffnung

Aus steuerlichen Gründen (§ 154 Abs. 1 AO) sowie aufgrund der Geldwäschebekämpfung (§ 2 Abs. 1 Nr. 3, § 10 Abs. 1 Nr. 1 sowie Abs. 3 Nr. 1 GwG) ist der Zahlungsdienstleister verpflichtet, die Identität des Kontoinhabers bei der Eröffnung des Zahlungskontos zu überprüfen.[132] Aus zivilrechtlicher Sicht kann der Zahlungsdienstleister mit der Identitätsüberprüfung seinen Vertragspartner bestimmen,[133] damit die Sicherheit der dauerhaften Rechtsbeziehung zwischen dem Zahlungsdienstleister und seinem Kunden gewährleistet wird. Die Authentifizierung der Identität kann auf verschiedene Weise durchgeführt werden. Wichtige Ansätze zur Authentifizierung sind etwa der gültige amtliche Ausweis bei natürlichen Personen und der Auszug aus dem Handels- oder Genossenschaftsregister bei juristischen Personen.[134] Anhand solcher Dokumente wird die Identität des

---

129 S. *Hajut*, Handeln unter fremder Identität, S. 43; *Meyer*, Identität und virtuelle Identität natürlicher Personen im Internet, S. 32 f.

130 S. BeckOGK/*Köndgen*, 15.11.2018, BGB § 675c Rn. 46.

131 Zu dieser Zweistufigkeit der Authentifizierung für allgemeine Accounts bereits *Hajut*, Handeln unter fremder Identität, S. 49 f.

132 S. Langenbucher/Bliesener/Spindler/*Müller-Christmann*, Kapitel 1 Rn. 135; ausführlich Schwintowski/*Schwintowski*, Bankrecht, Kapitel 7 Rn. 72 ff.; nur für das Online-Banking *Mack*, Die „rechtsscheinbare" Autorisierung von Zahlungsvorgängen, S. 149 f.

133 S. Schwintowski/*Schwintowski*, Bankrecht, Kapitel 7 Rn. 71.

134 Weitere Ansätze in § 12 Abs. 1, Abs. 2 GwG.

Vertragspartners des Zahlungsdienstleisters überprüft und deren Korrektheit bestätigt. Die Identitätsüberprüfung bei Kontoeröffnung legt auch die Grundlage für die künftige Authentifizierung bei weiteren Zahlungsvorgängen.

2. *Authentifizierung bei weiteren Zahlungsvorgängen*

Bei der Kontoeröffnung wird in der Praxis üblicherweise zwischen dem Zahler und dem Zahlungsdienstleister die Nutzung eines Zahlungsinstruments, etwa der Zahlungskarte oder des Online-Bankings, vereinbart, damit der Zahler künftig den Zahlungsauftrag und die Autorisierung eines Zahlungsvorgangs mit dem Zahlungsinstrument erteilen kann. Vereinbart werden insbesondere die personalisierten Sicherheitsmerkmale, mit deren Hilfe der Zahlungsdienstleister die Identität des Zahlungsdienstnutzers oder die berechtigte Nutzung des Zahlungsinstruments überprüfen kann (§ 1 Abs. 25 ZAG, Art. 4 Nr. 31 PSD2). In Bezug auf die personalisierten Sicherheitsmerkmale hat der Zahlungsdienstnutzer eine Sorgfaltspflicht zur Abwehr des unbefugten Zugriffs (§ 675l Abs. 1 S. 1 BGB); zusätzlich wird in der Praxis üblicherweise eine Geheimhaltungspflicht des Zahlungsdienstnutzers durch die Sonderbedingungen vorgesehen.[135] Dadurch wird sichergestellt, dass die personalisierten Sicherheitsmerkmale ausschließlich dem Zahlungsdienstnutzer zur Verfügung stehen. Bei einem bestimmten Zahlungsvorgang kann der Zahlungsdienstleister dann durch die Überprüfung der personalisierten Sicherheitsmerkmale davon ausgehen, dass derjenige, der mit denselben personalisierten Sicherheitsmerkmalen einen Zahlungsauftrag erteilt, der Kontoinhaber oder zur Verwendung des Zahlungsinstruments berechtigt ist.

II. Starke Kundenauthentifizierung

Eine wichtige Änderung der PSD2[136] ist die Einführung der Anforderung einer starken Kundenauthentifizierung bei bestimmten Zahlungsvorgängen (Art. 97 Abs. 1 PSD2, § 55 Abs. 1 S. 1 ZAG). Dieses Erfordernis wird durch eine delegierte Verordnung der EU-Kommission flankiert und konkretisiert, die die technischen Regulierungsstandards für die starke Kundenauthentifizierung detailliert bestimmt (Art. 98 Abs. 4 UAbs. 2 PSD2). Diese insgesamt 38 Artikel umfassende delegierte Verordnung (im Folgenden RTS 2018/389 genannt)[137] wurde von der

---

135 Z. B. Nr. A. II. 7.3 der Bedingungen für die girocard (Debitkarte) (Fassung 14. September 2019).

136 So auch *Böger*, in: Bankrechtstag 2016, S. 193, 256.

137 Delegierte Verordnung (EU) 2018/389 der Kommission vom 27. November 2017 zur Ergänzung der Richtlinie (EU) 2015/2366 des Europäischen Parlaments und des Rates

EU-Kommission erlassen und gilt seit dem 14. September 2019[138] (Art. 38 Abs. 2 RTS 2018/389).

1. Konstruktion der starken Kundenauthentifizierung

Nach § 1 Abs. 24 ZAG, der Art. 4 Nr. 30 PSD2 umsetzt, setzt die starke Kundenauthentifizierung zum einen die Vertraulichkeit der Authentifizierungsdaten und zum anderen die Wahrung bestimmte Erfordernisse durch die Authentifizierungselemente voraus.[139] Beide Voraussetzungen sind in der RTS 2018/389 näher geregelt.

a) Kategorien der Authentifizierungselemente und konkrete Anforderungen

Die Elemente der drei Grundkategorien, mit deren Hilfe die Authentifizierung durchgeführt werden kann, sind Wissen, Besitz und Inhärenz.

aa) Wissen

Das Wissenselement bezieht sich auf etwas, das nur der Nutzer weiß (§ 1 Abs. 24 Nr. 1 ZAG). Ein Beispiel dafür ist die PIN der Zahlungskarte oder des Online-Bankings. Die Schwäche dieser Kategorie Wissen besteht darin, dass es nicht mehr zuverlässig ist, sobald das Wissen von einem unbefugten Dritten erlangt wird. Zur Minderung dieses Risikos sollen die Zahlungsdienstleister gemäß Art. 6 Abs. 1 RTS 2018/389 Maßnahmen ergreifen, damit die Wissenselemente nicht von Unbefugten aufgedeckt oder diesen gegenüber offengelegt werden. Während konkrete Maßnahmen wie etwa Länge, Komplexität, Ablaufzeit und die Verwendung nicht wiederholbarer Zeichen bezüglich der Wissenselemente im Entwurf der EBA noch aufgezählt werden,[140] wurden diese spezifischen Merkmalen letztlich gestrichen, weil ansonsten die Neutralität der Technologie

---

durch technische Regulierungsstandards für eine starke Kundenauthentifizierung und für sichere offene Standards für die Kommunikation, ABl. EU Nr. L 69/23 vom 13.3.2018.

138 Art. 30 Abs. 3 und 5 gelten seit dem 14. März 2019 (Art. 38 Abs. 3 RTS 2018/389).

139 So auch BeckOGK/*Hofmann*, 1.4.2019, BGB § 675v Rn. 99 f.

140 S. *EBA*, Consultation Paper on the draft Regulatory Technical Standards specifying the requirements on strong customer authentication and common and secure communication under PSD2, S. 31 (Art. 3 Abs. 1).

sowie die künftige Innovation gefährdet werden könnte.[141] Stattdessen wird nur in den Erwägungsgründen auf die Maßnahmen wie etwa „Länge und Komplexität" hingewiesen.[142] Art. 6 Abs. 2 RTS 2018/389 geht über die statischen Anforderungen an die Wissenselemente in Abs. 1 hinaus und fordert, dass die Zahlungsdienstleister für die Verwendung der Wissenselemente auch risikomindernde Maßnahmen zur Geheimhaltung treffen sollen.

bb) Besitz

Das zweite Element – Besitz – beschreibt etwas, das nur der Nutzer besitzt (§ 1 Abs. 24 Nr. 2 ZAG). Die Zahlungskarte und der chipTAN-Generator gehören zu dieser Kategorie. Gemäß Art. 7 RTS 2018/389 sollen die Zahlungsdienstleister Maßnahmen ergreifen, damit die Besitzelemente nicht von Unbefugten verwendet oder nachgebildet werden. Aufgrund der technologischen Neutralität und Innovation[143] werden die im Entwurf näher geregelten spezifischen Maßnahmen wie etwa „Algorithmusspezifikationen, Schlüssellänge und Informationsentropie"[144] nur noch als Beispiele in den Erwägungsgründen gegeben.[145]

cc) Inhärenz

Das letzte Element ist die Kategorie Inhärenz, also etwas, das der Nutzer ist (§ 1 Abs. 24 Nr. 3 ZAG). Dieses Element wird auch als „Sein" bezeichnet und enthält unter anderem die biometrischen Merkmale wie etwa den Fingerabdruck.[146] In Anbetracht der technologischen Neutralität und Innovation hat die EBA abgelehnt, detaillierte Anforderungen an die Qualität der Inhärenzelemente

---

141 S. *EBA*, Final Report Draft Regulatory Technical Standards on Strong Customer Authentication and common and secure communication under Article 98 of Directive 2015/2366 (PSD2), S. 58 (Nr. 16), 60 (Nr. 22).

142 Erwägungsgrund 6 S. 1 RTS 2018/389; BeckOGK/*Hofmann*, 1.4.2019, BGB § 675v Rn. 110.

143 S. *EBA*, Final Report Draft Regulatory Technical Standards on Strong Customer Authentication and common and secure communication under Article 98 of Directive 2015/2366 (PSD2), S. 60 f. (Nr. 22).

144 S. *EBA*, Consultation Paper on the draft Regulatory Technical Standards specifying the requirements on strong customer authentication and common and secure communication under PSD2, S. 31 (Art. 4 Abs. 1).

145 Erwägungsgrund 6 S. 1 RTS 2018/389.

146 S. *Borges/Schwenk/Stuckenberg/Wegener*, Identitätsdiebstahl und Identitätsmissbrauch im Internet, S. 40 f.; *Hajut*, Handeln unter fremder Identität, S. 53.

zu stellen.[147] Stattdessen sind in Art. 8 RTS 2018/389 nur abstrakte Maßnahmen vorgesehen. Nach der Anforderung des Art. 8 Abs. 1 S. 1 RTS 2018/389 müssen die Zahlungsdienstleister risikomindernde Maßnahmen treffen, um die Aufdeckung der Inhärenzelemente durch Unbefugte zu verhindern. Denkbare Maßnahmen sind etwa „Algorithmusspezifikationen, biometrischer Sensor und Funktionen für den Schutz biometrischer Templates".[148]

Zur Funktionsfähigkeit der Inhärenzelemente sind in der Regel Zugangsgeräte und eine Zugangssoftware erforderlich, die dem Lesen der Inhärenzelemente dienen.[149] Dazu sieht Art. 8 Abs. 1 S. 2 RTS 2018/389 die Mindestanforderung vor, dass diese Zugangsgeräte und Zugangssoftware nur mit sehr geringer Wahrscheinlichkeit einen Unbefugten als Zahler authentifizieren dürfen. Zudem sind gemäß Art. 8 Abs. 2 RTS 2018/389 „Maßnahmen zu treffen, die sicherstellen, dass diese Geräte und die Software bei einem unbefugten Zugriff auf sie die unbefugte Verwendung der Elemente nicht zulassen."

b) Voraussetzungen der starken Kundenauthentifizierung

aa) Zwei Kategorien der Authentifizierungselemente

Die starke Kundenauthentifizierung setzt eine Authentifizierung voraus, die mindestens zwei Authentifizierungselemente der Kategorien Wissen, Besitz oder Inhärenz verwendet (§ 1 Abs. 24 ZAG, Art. 4 Nr. 30 PSD2). Wegen des unklaren Wortlauts des Gesetzes stellt sich die Frage, ob die herangezogenen zwei Elemente aus verschiedenen Kategorien bestehen müssen.[150] Vereinzelt wird dies verneint.[151] Denn zum einen fordere Art. 4 Nr. 30 PSD2 dies nicht.[152] Zum anderen könnte dies den Sicherheitsgrad nicht unbedingt erhöhen, weil die Authentifizierungselemente aus verschiedenen Kategorien nicht unbedingt sicherer als die aus derselben Kategorie seien.[153] Dieses Argument beruht auf

---

147 S. *EBA*, Final Report Draft Regulatory Technical Standards on Strong Customer Authentication and common and secure communication under Article 98 of Directive 2015/2366 (PSD2), S. 60 f. (Nr. 22), 62 f. (Nr. 27 f.).

148 Erwägungsgrund 6 S. 1 RTS 2018/389.

149 S. die Vorgehensweise des Fingerabdrucks als ein Beispiel, *Borges/Schwenk/Stuckenberg/Wegener*, Identitätsdiebstahl und Identitätsmissbrauch im Internet, S. 41 f.; BeckOGK/*Hofmann*, 1.4.2019, BGB § 675v Rn. 112.

150 Vgl. *Borges*, ZBB 2016, 249, 256.

151 S. *Hoffmann*, VuR 2016, 243, 249; BeckOGK/*Hofmann*, 1.4.2019, BGB § 675v Rn. 100; MüKoHGB/*Linardatos*, Bankvertragsrecht, G Rn. 26.

152 S. *Hoffmann*, VuR 2016, 243, 249.

153 S. BeckOGK/*Hofmann*, 1.4.2019, BGB § 675v Rn. 100.

dem Gedanken, dass die Kategorie Besitz die geringste Zuverlässigkeit biete,[154] weshalb eine „Kombination aus Besitz und Wissen“ nicht sicherer als „zwei Elemente aus der Kategorie Wissen“ sei.[155]

Andere Stimmen in der Literatur[156] sowie die EBA vertreten jedoch eine andere Meinung. Nach einer offizieller Stellungnahme der EBA sollen die zwei Elemente aus verschiedenen Kategorien bestehen,[157] also „zwei Elemente aus zwei verschiedenen Kategorien“.[158]

bb) Unabhängigkeit der Authentifizierungselemente

Für die starke Kundenauthentifizierung wird weiter verlangt, dass die zwei Authentifizierungselemente voneinander unabhängig sein sollen, was so definiert wird, dass „die Nichterfüllung eines Kriteriums die Zuverlässigkeit der anderen nicht in Frage stellt“ (§ 1 Abs. 24 ZAG, Art. 4 Nr. 30 PSD2). Demnach muss man völlig verschiedenen Aufwand investieren, um die zwei Authentifizierungselemente zu überwinden.[159] Zur Gewährleistung dieser Unabhängigkeit fordert Art. 9 Abs. 1 RTS 2018/389 zunächst Maßnahmen durch die Zahlungsdienstleister, die die Unabhängigkeit bezüglich „Technologie, Algorithmen und Parametern“ sicherstellen. Wie dieses prinzipielle Erfordernis in der Praxis zu erreichen ist, bleibt abzuwarten.

Ein besonderes Anliegen der EBA besteht darin, das Unabhängigkeitserfordernis auch bei der Anwendung eines Mehrzweckgeräts durchzusetzen.[160] Die Mehrzweckgeräte im vorliegenden Zusammenhang sind Geräte wie etwa ein Tablet oder ein Mobiltelefon, „die sowohl für die Erteilung der Anweisung zur Ausführung der Zahlung als auch für den Authentifizierungsprozess verwendet

---

154 S. BeckOGK/*Hofmann*, 1.4.2019, BGB § 675v Rn. 101.

155 S. BeckOGK/*Hofmann*, 1.4.2019, BGB § 675v Rn. 100.

156 S. *Jungmann*, ZBB 2020, 1, 3; Palandt/*Sprau*, § 675v Rn. 10.

157 S. *EBA*, Opinion of the European Banking Authority on the implementation of the RTS on SCA and CSC, S. 7 (Nr. 33).

158 *EBA*, Opinion of the European Banking Authority on the implementation of the RTS on SCA and CSC, S. 7 (Nr. 34: „two elements from two different categories“); *dies.*, Opinion of the European Banking Authority on the elements of strong customer authentication under PSD2, S. 10 (Nr. 44).

159 S. *Hoffmann*, VuR 2016, 243, 249; BeckOGK/*Hofmann*, 1.4.2019, BGB § 675v Rn. 114.

160 S. *EBA*, Discussion Paper on future Draft Regulatory Technical Standards on strong customer authentication and secure communication under the revised Payment Services Directive (PSD2), S. 13 (Nr. 32), 14 (question 4); ein ähnliches Anliegen verfolgt *Hoffmann*, VuR 2016, 243, 249.

werden können."[161] Ein konkretes Beispiel hierfür ist das Mobile-Banking, dessen zwei Apps, also zur Erteilung des Zahlungsauftrags und zur Authentifizierung, auf demselben Smartphone installiert sind. Die beiden Apps könnten nicht mehr sicher sein, sofern das Smartphone durch Schadsoftware missbraucht wird.[162] Bezüglich dieser Gefahr wird von den Zahlungsdienstleistern verlangt, Sicherheitsmaßnahmen zur Minderung des Missbrauchsrisikos der Mehrzweckgeräte zu ergreifen (Art. 9 Abs. 2 RTS 2018/389), welche in Art. 9 Abs. 3 RTS 2018/389 näher konkretisiert werden.[163]

cc) Vertraulichkeit und Integrität der Authentifizierungsdaten

(1) Allgemeine Anforderungen

Ein weiteres Erfordernis für die starke Kundenauthentifizierung besteht im Schutz der Vertraulichkeit der Authentifizierungsdaten (§ 1 Abs. 24 ZAG, Art. 4 Nr. 30, 97 Abs. 3 PSD2), mit dem Ziel, dass die Authentifizierungsdaten dem unbefugten Dritten unbekannt bleiben[164] und der etwaige Missbrauch verhindert wird.[165] Die Authentifizierungsdaten beziehen sich vor allem auf die personalisierten Sicherheitsmerkmale und Authentifizierungscodes[166] (Art. 22 Abs. 1 RTS 2018/389). Die detaillierten Schutzmaßnahmen werden in der RTS 2018/389 geregelt.

Es wird allgemein gefordert, dass die Zahlungsdienstleister „in jeder Phase der Authentifizierung" „die Vertraulichkeit und die Integrität" der Authentifizierungsdaten gewährleisten sollen (Art. 22 Abs. 1 RTS 2018/389). An die Maßnahmen werden konkrete Anforderungen gestellt. Bei der Anzeige der personalisierten Sicherheitsmerkmale sollen diese verschleiert werden; zudem sollen sie bei ihrer Eingabe[167] nicht vollständig lesbar sein (Art. 22 Abs. 2 lit. a RTS

---

161 Erwägungsgrund 6 S. 2 RTS 2018/389; für den Computer als Mehrzweckgerät BeckOGK/*Hofmann*, 1.4.2019, BGB § 675v Rn. 114.

162 S. *Hoffmann*, VuR 2016, 243, 249.

163 S. auch BeckOGK/*Hofmann*, 1.4.2019, BGB § 675v Rn. 115.

164 S. BeckOGK/*Hofmann*, 1.4.2019, BGB § 675v Rn. 99.

165 S. *Hoffmann*, VuR 2016, 243, 249.

166 Der Authentifizierungscode ist in Art. 4 RTS 2018/389 ausführlich geregelt und im Folgenden (Kap. 1 C. II. 4) näher zu beleuchten.

167 Dieses Erfordernis gilt nur für die Phase der Eingabe der personalisierten Sicherheitsmerkmale, weil es nicht für jede Phase (z. B. die Übermittlung des einmaligen Passworts) geeignet ist; zur Entstehungsgerichte *EBA*, Final Report Draft Regulatory Technical Standards on Strong Customer Authentication and common and secure communication under Article 98 of Directive 2015/2366 (PSD2), S. 97 (Nr. 99).

2018/389). Sofern „die personalisierten Sicherheitsmerkmale im Datenformat“ erfolgen, dürfen sie bzw. „das kryptografische Material“, das zu ihrer Verschlüsselung dient, „nicht im Klartext“ gespeichert werden (Art. 22 Abs. 2 lit. b RTS 2018/389).[168] Zudem sollen die Zahlungsdienstleister die unbefugte Offenlegung des geheimen kryptografischen Materials verhindern (Art. 22 Abs. 2 lit. c RTS 2018/389) und den Prozess zur Verwaltung des erforderlichen kryptografischen Materials vollständig dokumentieren (Art. 22 Abs. 3 RTS 2018/389). Bezüglich der Verarbeitung sowie der Weiterleitung der Authentifizierungsdaten sind die verbreitet anerkannten und strengen Branchenstandards einzuhalten (Art. 22 Abs. 4 RTS 2018/389).

(2) Anforderungen in verschiedenen Phasen

Parallel zu den allgemeinen Anforderungen sind konkrete Schutzmaßnahmen in den verschiedenen Phasen der Authentifizierung vorgesehen. Die erste Phase betrifft die Erstellung der personalisierten Sicherheitsmerkmale. Dabei soll die Erstellung „in einer sicheren Umgebung“ erfolgen (Art. 23 UAbs. 1 RTS 2018/389). Falls die personalisierten Sicherheitsmerkmale vor der Bereitstellung an den Zahlungsdienstnutzer abhanden kommen oder kopiert werden, sollen die Zahlungsdienstleister zur Verhinderung der unbefugten Nutzung risikomindernde Maßnahmen treffen (Art. 23 UAbs. 2 RTS 2018/389).

Die zweite Phase bezieht sich auf die Verbindung oder die Zuordnung der personalisierten Sicherheitsmerkmale mit dem Zahlungsdienstnutzer (Art. 24 RTS 2018/389). Unglücklicherweise wird diese Phase in der deutschen Fassung als „Identitätsüberprüfung des Zahlungsdienstnutzers“ bezeichnet, was insoweit missverständlich sein könnte, als die Identitätsüberprüfung des Zahlungsdienstnutzers das Ziel der Authentifizierung bildet (Art. 4 Nr. 29 PSD2), während sich die Verbindung oder die Zuordnung der personalisierten Sicherheitsmerkmale mit dem Zahlungsdienstnutzer nur als eine Phase der Authentifizierung darstellt. Diese Auslegung wird weiter von der klaren Formulierung „association with the payment service user“ in der englischen Fassung untermauert. Dafür spricht auch die Formulierung „zugeordnet“ in Art. 24 Abs. 1 sowie „Verknüpfung“ in Art. 26 RTS 2018/389, die jeweils dem Wort „associated“ bzw. „association“ in der englischen Fassung entspricht. Aus Sicht der systematischen Stimmigkeit trifft dies auch zu, denn durch diese Auslegung deckt Art. 24 RTS

168 Zur Entstehungsgerichte *EBA*, Final Report Draft Regulatory Technical Standards on Strong Customer Authentication and common and secure communication under Article 98 of Directive 2015/2366 (PSD2), S. 98 (Nr. 102).

2018/389 zusammen mit anderen Vorschriften (Art. 23, 25, 26, 27 RTS 2018/389) alle Phase der Authentifizierung ab.

Die personalisierten Sicherheitsmerkmale, die Authentifizierungsgeräte und die Software sollen dem Zahlungsdienstnutzer ausschließlich und auf sichere Weise zugeordnet werden (Art. 24 Abs. 1 RTS 2018/389). Diese Zuordnung soll „in sicheren Umgebungen" erfolgen, vorausgesetzt jedoch, dass die Zahlungsdienstleister für sie verantwortlich sind (Art. 24 Abs. 2 lit. a RTS 2018/389). Dazu zählen „die Geschäftsräume des Zahlungdienstleisters, die von diesem bereitgestellte Internetumgebung oder ähnliche sichere Websites, die vom Zahlungsdienstleister und seinen Geldautomatendiensten verwendet werden" (Art. 24 Abs. 2 lit. a RTS 2018/389). Falls die Zahlungsdienstleister nicht für den Prozess dieser Zuordnung verantwortlich sind, sollen sie die Risiken im Zusammenhang mit den „Geräten und zugrunde liegenden Komponenten" berücksichtigen (Art. 24 Abs. 2 lit. a RTS 2018/389). Findet die Zuordnung „über einen Fernzugang" statt, muss eine starke Kundenauthentifizierung durchgeführt werden (Art. 24 Abs. 2 lit. b RTS 2018/389).

Bei der dritten Phase handelt es sich um die „Bereitstellung der personalisierten Sicherheitsmerkmale, der Authentifizierungsgeräte und der Software an den Zahlungsdienstnutzer", welche „auf sichere Weise" unter Berücksichtigung des Missbrauchsrisikos bei Abhandenkommen und unbefugter Kopie vorgenommen werden soll (Art. 25 Abs. 1 RTS 2018/389). Dazu sollen die Zahlungsdienstleister entsprechende Maßnahmen treffen, um die Rechtmäßigkeit des Zahlungsdienstnutzers und die Authentizität der Authentifizierungssoftware, die über das Internet zur Verfügung gestellt wird, zu gewährleisten (Art. 25 Abs. 2 lit. a, b RTS 2018/389). Stellen die Zahlungsdienstleister die Merkmale „der personalisierten Sicherheitsmerkmale, der Authentifizierungsgeräte oder der Software" „außerhalb der Geschäftsräume des Zahlungsdienstleisters oder über einen Fernzugang" bereit, soll gewährleistet werden, dass nur maximal ein Merkmal auf dem gleichen Bereitstellungsweg abhanden kommen kann (Art. 25 Abs. 2 lit. c i RTS 2018/389). Außerdem ist eine Aktivierung erforderlich, bevor diese Merkmale verwendet werden können (Art. 25 Abs. 2 lit. c ii RTS 2018/389). „Vor der erstmaligen Verwendung" soll die Aktivierung in der Umgebung erfolgen, wie es in Art. 24 RTS 2018/389 erforderlich ist (Art. 25 Abs. 2 lit. d RTS 2018/389).

Zudem gilt es zu beachten, dass die oben beschriebenen Anforderungen für die jeweilige Phase auf die „Verlängerung oder die erneute Aktivierung der personalisierten Sicherheitsmerkmale" entsprechende Anwendung finden (Art. 26 RTS 2018/389).

Die Anforderungen an die letzte Phase werden der Vernichtung, der Deaktivierung und dem Widerruf „der personalisierten Sicherheitsmerkmale, der Authentifizierungsgeräte und der Software“ gewidmet. Die Zahlungsdienstleister sollen die Verfügbarkeit der effektiven Mechanismen sicherstellen und des Weiteren gewährleisten, dass die Vernichtung, die Deaktivierung und der Widerruf auf sichere Weise durchgeführt werden können (Art. 27 lit. a RTS 2018/389), dass „die sichere Wiederverwendung eines Geräts oder der Software“ vor ihrer Wiederverwendung „festgelegt, dokumentiert und implementiert“ wird (Art. 27 lit. b RTS 2018/389) und dass die „Informationen in Bezug auf die personalisierten Sicherheitsmerkmale, die in den Systemen und Datenbanken des Zahlungsdienstleisters oder gegebenenfalls in öffentlichen Datenarchiven gespeichert sind“, deaktiviert oder widerrufen werden können (Art. 27 lit. c RTS 2018/389).

2. *Anwendungsbereich der (dynamischen) starken Kundenauthentifizierung*

a) *Anwendungsbereich der starken Kundenauthentifizierung*

§ 55 Abs. 1 S. 1 ZAG, der Art. 97 Abs. 1 PSD2 umsetzt, sieht drei Fallgruppen vor, in denen der Zahlungsdienstleister eine starke Kundenauthentifizierung verlangen muss. Diese drei Fallgruppen sind jeweils näher zu beleuchten.

aa) *Online-Zugriff auf das Zahlungskonto durch den Zahler*

Die erste Fallgruppe regelt die Konstellation, in welcher „der Zahler online auf sein Zahlungskonto zugreift“ (§ 55 Abs. 1 S. 1 Nr. 1 ZAG, Art. 97 Abs. 1 lit. a PSD2). Unter dem Begriff des „Zugriffs auf das Zahlungskonto“ fallen vor allem die Fälle, in denen „sich der Zahler beim Zahlungskonto anmeldet, um die Zahlungskontoinformationen zu erhalten.“[169] Nach Ansicht der EBA bezeichnet „online“ „den Aufbau einer Verbindung, die den Nachrichtenaustausch zwischen dem Gerät und dem Netzwerk, in dem die Zahlungskontoinformationen gespeichert sind, erleichtert.“[170]

---

169 S. *EBA*, Discussion Paper on future Draft Regulatory Technical Standards on strong customer authentication and secure communication under the revised Payment Services Directive (PSD2), S. 12 (Nr. 27 i).

170 S. *EBA*, Discussion Paper on future Draft Regulatory Technical Standards on strong customer authentication and secure communication under the revised Payment Services Directive (PSD2), S. 12 (Nr. 27 i); *Terlau*, ZBB 2016, 122, 131.

bb) *Auslösung eines elektronischen Zahlungsvorgangs durch den Zahler*

Die zweite Fallgruppe bezieht sich auf die Auslösung eines elektronischen Zahlungsvorgangs durch den Zahler (§ 55 Abs. 1 S. 1 Nr. 2 ZAG, Art. 97 Abs. 1 lit. b PSD2). Unter „elektronisch" sind alle Zahlungsvorgänge zu verstehen, die mithilfe „elektronischer Plattformen und Geräte" abgewickelt werden, mit Ausnahme von „papiergestützte[n] Zahlungsvorgänge[n] oder Bestellungen per Post oder Telefon."[171] Zusätzlich muss der Zahlungsvorgang durch den Zahler ausgelöst werden. Zwar wird die Terminologie der „Auslösung des Zahlungsvorgangs" mehrfach im Gesetz verwendet,[172] doch fehlt es ihr an einer gesetzlichen Definition. Ungeachtet der Schwierigkeit einer genauen Definition besteht weitgehende Einigkeit darüber, dass die Auslösung des Zahlungsvorgangs nicht der „Erteilung oder Abgabe des Zahlungsauftrags" gleichgestellt werden darf.[173] Vielmehr richtet sich die Auslösung des Zahlungsvorgangs nach dem „Anstoß der Ausführung des Zahlungsvorgangs".[174] Betrachtet man den Urheber der Auslösung des Zahlungsvorgangs anhand der gesetzlichen Vorgaben, lassen sich die verschiedenen Zahlungsverfahren in vier Arten einordnen: Die Auslösung des Zahlungsvorgangs *durch den Zahler selbst* (Beispiel: Überweisung), *durch den Zahler über einen Zahlungsauslösedienstleister*[175], *durch den Zahlungsempfänger* (Beispiel: Lastschrift) und schließlich *über den Zahlungsempfänger*

---

171 S. Erwägungsgrund 95 S. 3 PSD2; *Terlau*, ZBB 2016, 122, 132.

172 Z. B. §§ 675p Abs. 2 S. 1, 675s Abs. 2 S. 1, 675x Abs. 1 S. 1, 675y Abs. 1 bis Abs. 4 BGB.

173 Vgl. *Sorg*, Die zivilrechtliche Haftung im bargeldlosen Zahlungsverkehr, S. 73 ff.; Palandt/*Sprau*, § 675f Rn. 15; *Terlau*, jurisPR-BKR 2/2016 Anm. 1 III Nr. 1, lit. b, lit. cc; a. A. *Jungmann*, ZBB 2020, 1, 4; MüKoHGB/*Linardatos*, Bankvertragsrecht, G Rn. 29.

174 S. Palandt/*Sprau*, § 675f Rn. 15; vgl. auch *Sorg*, Die zivilrechtliche Haftung im bargeldlosen Zahlungsverkehr, S. 76 („Auslösehandlung kann daher jede sonstige Erklärung oder Handlung sein, die den Zahlungsvorgang kausal in Gang setzt."); *Terlau*, jurisPR-BKR 2/2016 Anm. 1 III Nr. 1, lit. b, lit. cc (Die Auslösung des Zahlungsvorgangs „bedeutet, alles von Seiten des Zahlers Erforderliche zu tun, um den kontoführenden Zahlungsdienstleister zur Durchführung des Zahlungsvorgangs zu veranlassen."); *Terlau*, ZBB 2016, 122, 132.

175 Gemäß § 1 Abs. 1 S. 1 Nr. 1 i. V. m. S. 2 Nr. 7 ZAG sind Zahlungsauslösedienstleister „Unternehmen, die gewerbsmäßig oder in einem Umfang, der einen in kaufmännischer Weise eingerichteten Geschäftsbetrieb erfordert," Zahlungsauslösedienste erbringen. Gemäß § 1 Abs. 33 ZAG ist Zahlungsauslösedienst (wohl fehlerhaft als Zahlungsauslösungsdienst bezeichnet) „ein Dienst, bei dem auf Veranlassung des Zahlungsdienstnutzers ein Zahlungsauftrag in Bezug auf ein bei einem anderen Zahlungsdienstleister geführtes Zahlungskonto ausgelöst wird."

(Beispiel: Kartenzahlung).[176] Unter den Anwendungsbereich von § 55 Abs. 1 S. 1 Nr. 2 ZAG, Art. 97 Abs. 1 lit. b PSD2 fallen sowohl der durch den Zahler selbst ausgelöste Zahlungsvorgang (z. B. Überweisung), als auch der durch den Zahler über den Zahlungsempfänger ausgelöste (z. B. Kartenzahlung),[177] jedoch nicht der durch den Zahlungsempfänger selbst ausgelöste (z. B. Lastschrift).[178] Die Auslösung des Zahlungsvorgangs durch den Zahler über einen Zahlungsauslösedienstleister wird durch § 55 Abs. 3 S. 1 ZAG (Art. 97 Abs. 4 S. 1) speziell geregelt.[179]

cc) *Die über einen Fernzugang vorgenommene missbrauchsanfällige Handlung durch den Zahler*

Schließlich ist die starke Kundenauthentifizierung des Zahlungsdienstleisters erforderlich, wenn „der Zahler über einen Fernzugang eine Handlung vornimmt, die das Risiko eines Betrugs im Zahlungsverkehr oder anderen Missbrauchs beinhaltet" (§ 55 Abs. 1 S. 1 Nr. 3 ZAG, Art. 97 Abs. 1 lit. c PSD2). Die erste Voraussetzung, der Tatbestand des „Fernzugangs" wird nicht gesetzlich definiert. Der Auffassung der EBA nach handelt es um das Internet oder Geräte, die die Fernkommunikation ermöglichen können.[180] Hierbei sollen also Fernkommunikationsmittel i. S. d. Art. 4 Nr. 34 PSD2[181] zur Anwendung kommen. Die zweite Voraussetzung besteht darin, dass die vom Zahler vorgenommene

176 S. Palandt/*Sprau*, § 675f Rn. 15.

177 S. *EBA*, Final Report Draft Regulatory Technical Standards on Strong Customer Authentication and common and secure communication under Article 98 of Directive 2015/2366 (PSD2), S. 7 (Nr. 13). *Jungmann* (ZBB 2020, 1, 4) und *Linardatos* (MüKoHGB/*ders.*, Bankvertragsrecht, G Rn. 29) vertreten eine Gegenauffassung, wenn die Kreditkarte im Präsenzverfahren verwendet wird und der Zahler „auf einem Stück Papier" unterschreibt.

178 S. *BaFin*, Anwendung der Starken Kundenauthentifizierung bei Lastschriften im Internet (17.04.2019), abrufbar unter (https://www.bafin.de/SharedDocs/Veroeffentlichungen/DE/Verbrauchermitteilung/weitere/2019/meldung_190417_PSD2_ZAG_Kundenauthentifizierung.html) (zuletzt überprüft am 16.02.2020); *EBA*, Final Report Draft Regulatory Technical Standards on Strong Customer Authentication and common and secure communication under Article 98 of Directive 2015/2366 (PSD2), S. 7 (Nr. 13).

179 Dazu näher *Terlau*, jurisPR-BKR 2/2016 Anm. 1 IV Nr. 3, lit. a.

180 S. *EBA*, Discussion Paper on future Draft Regulatory Technical Standards on strong customer authentication and secure communication under the revised Payment Services Directive (PSD2), S. 12 (Nr. 27 iii).

181 Dies wird nicht im ZAG umgesetzt.

Handlung „das Risiko eines Betrugs im Zahlungsverkehr oder anderen Missbrauchs beinhalte[n]“ muss. Die von der EBA gegebenen Beispiele sind die Aktivierung oder Deaktivierung der Zahlungsfunktionalitäten, die Änderung der vertrauenswürdigen oder blockierten Empfänger, die Erstellung des Verfügungslimits oder die Erzeugung einer virtuellen Karte sowie die Änderung der missbrauchsanfälligen Daten.[182]

b) Anwendungsbereich der dynamischen starken Kundenauthentifizierung

Löst der Zahler einen elektronischen *Fern*zahlungsvorgang aus, hat der Zahlungsdienstleister eine spezielle starke Kundenauthentifizierung durchzuführen. Zusätzlich zu den allgemeinen Anforderungen an die starke Kundenauthentifizierung erfordert dies ein *dynamisches Merkmal*, dass ein bestimmter Zahlungsvorgang bei der Authentifizierung „mit einem bestimmten Betrag und einem bestimmten Zahlungsempfänger“ verknüpft werden soll (§ 55 Abs. 2 ZAG, Art. 97 Abs. 2 PSD2). Im vorliegenden Zusammenhang wird diese spezielle starke Kundenauthentifizierung als *dynamische starke Kundenauthentifizierung* bezeichnet.[183]

Die Anwendung des § 55 Abs. 2 ZAG (Art. 97 Abs. 2 PSD2) setzt das Vorliegen elektronischer Fernzahlungsvorgänge voraus. Bei dem Fernzahlungsvorgang handelt es sich um „einen Zahlungsvorgang, der über das Internet oder mittels eines Geräts, das für die Fernkommunikation verwendet werden kann, ausgelöst wird“ (§ 1 Abs. 19 ZAG, Art. 4 Nr. 6 PSD2). Gegen diesen weiten Begriff wird vorgebracht, dass er bei dieser Auslegung mit dem „elektronischen Zahlungsvorgang“ i. S. d. Art. 97 Abs. 1 lit. b PSD2 (§ 55 Abs. 1 Nr. 2 ZAG) gleichbedeutend wäre.[184] Unter Heranziehung des Zwecks des Art. 97 Abs. 2 PSD2 (§ 55 Abs. 2 ZAG), dass aufgrund des missbrauchsanfälligen Kommunikationsmittels der Fernzahlungsvorgänge ein höheres Schutzniveau durch die dynamische starke Kundenauthentifizierung sichergestellt werden solle,[185] seien

182 S. *EBA*, Discussion Paper on future Draft Regulatory Technical Standards on strong customer authentication and secure communication under the revised Payment Services Directive (PSD2), S. 12 (Nr. 27 iii); *Terlau*, ZBB 2016, 122, 132.

183 Auch „qualifizierte starke Kundenauthentifizierung“ genannt, *Hoffmann*, VuR 2016, 243, 251.

184 S. *Hoffmann*, VuR 2016, 243, 251 f.

185 S. *EBA*, Discussion Paper on future Draft Regulatory Technical Standards on strong customer authentication and secure communication under the revised Payment Services Directive (PSD2), S. 13 (Nr. 34); *Hoffmann*, VuR 2016, 243, 251.

die elektronischen Fernzahlungsvorgänge insoweit einschränkend auszulegen, als die Zahlungen, die „mittels eines speziell für den Zweck der Zahlungsauslösung vom Zahlungsempfänger bereitgestellten Kommunikationsgerätes ausgelöst“ werden, ausgeschlossen sein sollen.[186] Dieser Auslegung ist grundsätzlich zuzustimmen. Dennoch ist der negative Tatbestand insoweit zu erweitern, als die elektronischen Zahlungen, die mittels der vom Zahlungsdienstleister bereitgestellten Kommunikationsgeräte erfolgen, wegen höherer technischer Sicherheit ebenfalls ausgeschlossen sein sollen. Im Ergebnis fallen Internetzahlungen und mobile Zahlungen unter den Begriff der elektronischen Fernzahlungsvorgänge,[187] Kartenzahlungen anhand von Kassenterminals sowie Zahlungsvorgänge mittels Automaten sind jedoch ausgeschlossen.[188]

3. *Ausnahmen von der Anwendung der starken Kundenauthentifizierung*

Das Erfordernis der starken Kundenauthentifizierung bringt den bargeldlosen Zahlungen höhere Sicherheit, könnte sie jedoch auch langsamer und teurer machen. Deshalb wäre es wünschenswert, wenn die erforderlichen Sicherheitsmerkmale „dem Risikoniveau des Zahlungsdienstes“ Rechnung tragen würden.[189] Dazu wird zum einen vorgesehen, dass die Ausnahmen der Anwendung der starken Kundenauthentifizierung von der delegierten Verordnung der EU-Kommission konkret geregelt werden sollen (Art. 98 Abs. 1 lit. b i. V. m. Abs. 4 UAbs. 2 PSD2). Zum anderen werden auch die folgenden Maßstäbe bei der Erarbeitung der Ausnahmen festgelegt: Das Risikoniveau des Zahlungsdienstes, der Betrag und/oder die Periodizität des Zahlungsvorgangs sowie der Zahlungsweg (Art. 98 Abs. 3 PSD2). Auf dieser Grundlage führt die delegierte Verordnung insgesamt neun Ausnahmefälle auf (Art. 10 bis 18 RTS 2018/389).

a) *Zugriff auf die Zahlungskontoinformationen*

Die Pflicht zur starken Kundenauthentifizierung entfällt, wenn der Zahlungsdienstnutzer auf das Zahlungskonto zugreift, um sich nur über den Kontostand und/oder die in den vergangenen 90 Tagen durchgeführten Zahlungsvorgänge zu informieren (Art. 10 Abs. 1 lit. a, b RTS 2018/389). Diese Ausnahme setzt

---

186 S. *Hoffmann*, VuR 2016, 243, 251 f.

187 Erwägungsgrund 95 S. 4 PSD2; *Hoffmann*, VuR 2016, 243, 252.

188 S. *Hoffmann*, VuR 2016, 243, 252; a. A. *Mack*, Die „rechtsscheinbare“ Autorisierung von Zahlungsvorgängen, S. 159.

189 Erwägungsgrund 96 S. 1 PSD2; BeckOGK/*Hofmann*, 1.4.2019, BGB § 675v Rn. 117.

jedoch voraus, dass die Zahlungsdienstleister die entsprechenden Transaktionsüberwachungsmechanismen[190] i. S. d. Art. 2 RTS 2018/389 durchsetzt und keine sensiblen Zahlungsdaten aufgedeckt werden (Art. 10 Abs. 1 RTS 2018/389). Zudem gilt die Ausnahme weder für den erstmaligen Online-Zugriff auf die Informationen noch für den Fall, dass der letzte Zugriff auf Informationen über die Zahlungsvorgänge und die Durchführung der starken Kundenauthentifizierung vor mehr als 90 Tagen erfolgten (Art. 10 Abs. 2 RTS 2018/389).

b) Kontaktlose Zahlungen an der Verkaufsstelle

Um den Vorteilen der kontaktlosen Zahlungen als ein bequemes und schnelles Zahlungsmittel nicht unverhältnismäßig entgegenzuwirken,[191] wird der kontaktlose elektronische Zahlungsvorgang teilweise von der Anwendung der starken Kundenauthentifizierung befreit. Die Transaktionsüberwachungsmechanismen i. S. d. Art. 2 RTS 2018/389 sollen jedoch weiter gelten (Art. 11 RTS 2018/389). Für die Befreiung von der Verwendung der starken Kundenauthentifizierung ist zunächst erforderlich, dass die einzelne Zahlung maximal 50 EUR beträgt (Art. 11 lit. a RTS 2018/389). Weitere Voraussetzungen sind die Obergrenze des Gesamtbetrags *oder* der -anzahl. Seitdem eine starke Kundenauthentifizierung das letzte Mal ausgeführt wurde, darf der Gesamtbetrag 150 EUR *oder* die Gesamtanzahl der Buchungen[192] fünf nicht überschreiten (Art. 11 lit. b, c RTS 2018/389). Es gilt zu beachten, dass das Vorliegen eines Elements der zwei alternativen Obergrenzen, d. h. entweder der Gesamtbetrag oder die Gesamtanzahl, bereits ausreicht.[193] Zum einen weist der Wortlaut „oder" in Art. 11 lit. b RTS 2018/389 deutlich darauf hin. Dafür spricht zum anderen auch die Entstehungsgeschichte. Die Alternative der Gesamtanzahl fand man noch nicht im EBA-Entwurf vom 12. August 2016,[194] vielmehr wurde sie erst im EBA-Entwurf

190 Dazu näher BeckOGK/*Hofmann*, 1.4.2019, BGB § 675w Rn. 27.

191 S. Erwägungsgrund 11 S. 1 RTS 2018/389; *EBA*, Consultation Paper on the draft Regulatory Technical Standards specifying the requirements on strong customer authentication and common and secure communication under PSD2, S. 16 (Nr. 51); vgl. auch BeckOGK/*Hofmann*, 1.4.2019, BGB § 675v Rn. 119.

192 Kritik zum Erfordernis der Höchstanzahl vgl. *Jünemann*, DB 2017, 1952, 1955; BeckOGK/*Hofmann*, 1.4.2019, BGB § 675v Rn. 120.

193 S. *Jungmann*, ZBB 2020, 1, 4; a. A. *Jünemann*, DB 2017, 1952, 1955 (bezüglich des Entwurfs der EBA); BeckOGK/*Hofmann*, 1.4.2019, BGB § 675v Rn. 120.

194 Vgl. Art. 8 Abs. 1 lit. b des Entwurfs vom 12. August 2016 (*EBA*, Consultation Paper on the draft Regulatory Technical Standards specifying the requirements on strong customer authentication and common and secure communication under PSD2, S. 33).

vom 23. Februar 2017 ergänzt[195] mit dem Ziel, dass die Gesamtanzahl eine klare Alternative zum Gesamtbetrag bietet, da die Berechnung des Gesamtbetrags auf Grund der Währungsschwankungen sowie Offline-Transaktionen usw. nicht durchsetzbar sein könnte.[196] Dieser Zweck würde unterlaufen, wenn man den Gesamtbetrag und die Gesamtanzahl als kumulative Voraussetzungen für die Ausnahme der starken Kundenauthentifizierung sehen würde. Ohne Berücksichtigung dieses Zwecks wurde der Wortlaut „oder" jedoch im EU-Kommissionsentwurf gestrichen und die Obergrenze des Gesamtbetrags und die der Gesamtanzahl wurden als kumulative Voraussetzungen vorgesehen.[197] Dieser Änderung stellt sich die EBA klar entgegen. Die EBA macht deutlich, dass die Obergrenze des Gesamtbetrags bzw. die der Gesamtanzahl als alternatives, nicht als kumulatives Erfordernis gelten sollte.[198] Dieselbe Entstehungsgeschichte hat auch die Vorgabe der Kleinbetragszahlungen in Art. 16 RTS 2018/389 erfahren.[199]

---

195 Vgl. Art. 11 des Entwurfs vom 23. Februar 2017 (*EBA*, Final Report Draft Regulatory Technical Standards on Strong Customer Authentication and common and secure communication under Article 98 of Directive 2015/2366 (PSD2), S. 23).

196 S. *EBA*, Final Report Draft Regulatory Technical Standards on Strong Customer Authentication and common and secure communication under Article 98 of Directive 2015/2366 (PSD2), S. 78 f. (Nr. 62).

197 S. Art. 11 in der Fassung des Letter from *Olivier Guersent*, on the Commission intention to amend the draft regulatory technical standards on strong customer authentication and common and secure open standards of communication submitted by the EBA in accordance with Article 98(4) PSD2, S. 14.

198 S. *EBA*, Opinion of the European Banking Authority on the European Commission's intention to partially endorse and amend the EBA's final draft regulatory technical standards on strong customer authentication and common and secure communication under PSD2, S. 11 f.

199 Die Entstehungsgeschichte dieser Vorschrift in chronologischer Reihenfolge: Art. 8 Abs. 2 lit. d des Entwurfs vom 12. August 2016 (*EBA*, Consultation Paper on the draft Regulatory Technical Standards specifying the requirements on strong customer authentication and common and secure communication under PSD2, S. 34); Art. 15 des Entwurfs vom 23. Februar 2017 (*EBA*, Final Report Draft Regulatory Technical Standards on Strong Customer Authentication and common and secure communication under Article 98 of Directive 2015/2366 (PSD2), S. 24); *EBA*, Final Report Draft Regulatory Technical Standards on Strong Customer Authentication and common and secure communication under Article 98 of Directive 2015/2366 (PSD2), S. 78 ff. (Nr. 62); Art. 16 in der Fassung des Letter from *Olivier Guersent*, on the Commission intention to amend the draft regulatory technical standards on strong customer authentication and common and secure open standards of communication submitted by the EBA in accordance with Article 98(4) PSD2, S. 15; *EBA*, Opinion of the European

c) *Zahlungen an unbeaufsichtigten Terminals für Verkehrsnutzungsentgelte und Parkgebühren*

Zahlt der Zahler ein Verkehrsnutzungsentgelt oder eine Parkgebühr an unbeaufsichtigten Terminals, wird die Verwendung der starken Kundenauthentifizierung auch für elektronische Zahlungsvorgänge ausgeschlossen, sofern die Transaktionsüberwachungsmechanismen i. S. d. Art. 2 RTS 2018/389 zur Verfügung stehen (Art. 12 RTS 2018/389). Dies zielt auf die Gewährleistung der Funktionsfähigkeit und Sicherheit des Verkehrs ab.[200] Entsprechend diesem Zweck sollte nur der Zahlungsvorgang bezüglich des Straßenverkehrs unter diese Ausnahmeregelung fallen.[201]

d) *Zahlungsempfänger mit niedrigem Risikoniveau*

Zahlt der Zahler an einen Empfänger, der ein niedriges Risiko birgt, kann das Authentifizierungsverfahren dementsprechend vereinfacht werden (Art. 98 Abs. 3 lit. a PSD2). Aufgrund dieses Gedankens sind einige Fälle vorgesehen, bei denen die starke Kundenauthentifizierung nicht verlangt ist.

Im ersten Fall geht es darum, dass an einen vertrauenswürdigen Empfänger gezahlt wird. Hierbei kann der Zahler bestimmte Personen als vertrauenswürdige Zahlungsempfänger auf eine Liste setzen. Bei der Erstellung sowie der Änderung einer solchen Liste muss der Zahlungsdienstleister eine starke Kundenauthentifizierung durchführen (Art. 13 Abs. 1 RTS 2018/389). Sofern diese Liste erstellt wurde, genügen die allgemeinen Authentifizierungsanforderungen anstelle einer starken Kundenauthentifizierung für die Zahlungsvorgänge an die Empfänger auf der Liste (Art. 13 Abs. 2 RTS 2018/389).

Die zweite Ausnahme bezieht sich auf wiederkehrende Zahlungsvorgänge, d. h. mehrmalige Zahlungen an denselben Zahlungsempfänger mit demselben Betrag.[202] Dabei ist die Ausführung einer starken Kundenauthentifizierung nur für die Erstellung, Änderung oder erstmalige Auslösung einer solchen Serie gefordert (Art. 14 Abs. 1 RTS 2018/389). Für die zukünftigen Zahlungsvorgänge,

---

Banking Authority on the European Commission's intention to partially endorse and amend the EBA's final draft regulatory technical standards on strong customer authentication and common and secure communication under PSD2, S. 11 f.

200 S. Erwägungsgrund 11 S. 2 RTS 2018/389; BeckOGK/*Hofmann*, 1.4.2019, BGB § 675v Rn. 122.

201 S. BeckOGK/*Hofmann*, 1.4.2019, BGB § 675v Rn. 123.

202 S. BeckOGK/*Hofmann*, 1.4.2019, BGB § 675v Rn. 125.

die von dieser Serie umfasst werden, reichen bereits die allgemeinen Authentifizierungsanforderungen aus (Art. 14 Abs. 2 RTS 2018/389).

Im letzten Fall handelt es sich um eine Überweisung an sich selbst. Sofern die Überweisung zwischen denselben natürlichen oder juristischen Personen erfolgt und beide Zahlungskonten von demselben Zahlungsdienstleister geführt werden, entfällt die Verwendung einer starken Kundenauthentifizierung, vorausgesetzt, die Transaktionsüberwachungsmechanismen i. S. d. Art. 2 RTS 2018/389 stehen zur Verfügung (Art. 15 RTS 2018/389).

e) *Kleinbetragszahlungen*

Im Gegensatz zu kontaktlosen Zahlungen an der Verkaufsstelle erfolgen die Kleinbetragszahlungen i. S. d. Art. 16 RTS 2018/389 durch elektronischen Fernzahlungsvorgang. Hierbei kommt die starke Kundenauthentifizierung nicht zur Anwendung, sofern der einzelne Zahlungsbetrag 30 EUR nicht überschreitet und entweder der Gesamtbetrag oder die Gesamtanzahl der Zahlungsvorgänge seit der letzten Ausführung der starken Kundenauthentifizierung 100 EUR bzw. fünf nicht überschreitet.[203]

f) *Zahlungen der Unternehmen über sichere Zahlungsmethoden*

Art. 17 RTS 2018/389 sieht eine spezielle Ausnahme für Zahlungen juristischer Personen vor. Zahlen sie mithilfe „dedizierter Zahlungsprozesse oder -protokolle“, die nur dem Nicht-Verbraucher zugänglich sind, braucht der Zahlungsdienstleister die starke Kundenauthentifizierung nicht auszuführen, vorausgesetzt, die zuständigen Behörden sehen hierin „ein vergleichbares Sicherheitsniveau“ (Art. 17 RTS 2018/389).

g) *Transaktionsrisikoanalyse*

Die letzte Ausnahme bezieht sich auf diejenigen elektronischen Fernzahlungsvorgänge, die auf der Grundlage einer Transaktionsrisikoanalyse nur ein niedriges Risiko aufweisen (Art. 18 Abs. 1 RTS 2018/389). Die Erfordernisse des niedrigen Risikos eines Zahlungsvorgangs werden durch Art. 18 Abs. 2 RTS 2018/389 weiter konkretisiert, der grundsätzlich auf die Betrugsrate einer Zahlungsvorgangsart, die Ausnahmeschwellenwerte und die Echtzeitrisikoanalyse abstellt. Die Skala der Ausnahmeschwellenwerte ist in drei Stufen (100, 200, 500

---

203 Vgl. die obige Analyse bei kontaktlosen Zahlungen an der Verkaufsstelle (Kap. 1 C. II. 3. b)); a. A. BeckOGK/*Hofmann*, 1.4.2019, BGB § 675v Rn. 128.

EUR) unterteilt und für jede Stufe ist eine maximale Betrugsrate für „kartengebundene elektronische Fernzahlungsvorgänge" bzw. „elektronische Überweisungen über einen Fernzugang" entsprechend festgelegt (Tabelle im Anhang der RTS 2018/389). Für den Zahlungsvorgang dürfen weder die Betrugsrate noch die entsprechenden Ausnahmeschwellenwerte überschritten werden (Art. 18 Abs. 2 lit. a, b RTS 2018/389). Außerdem muss die Betrugsrate einer Zahlungsvorgangsart nach der in Art. 19 RTS 2018/389 vorgesehenen Methode berechnet werden. Zudem soll durch eine Echtzeitrisikoanalyse bestimmt werden, dass keine auffälligen Missbrauchsmöglichkeiten vorliegen.[204] Neben der Echtzeitrisikoanalyse erfordert Art. 18 Abs. 3 RTS 2018/389 eine weitere Risikoanalyse, die sich jedoch weitgehend mit der Echtzeitrisikoanalyse überschneidet.[205]

4. *Durchsetzungsverfahren der starken Kundenauthentifizierung*

a) Authentifizierungscode

Für die Durchsetzung der starken Kundenauthentifizierung ist ein einmalig verwendbarer Authentifizierungscode unter Heranziehung der Authentifizierungselemente zu erzeugen (Art. 4 Abs. 1 RTS 2018/389). Auf Grundlage eines Authentifizierungscodes sollen die zugrunde liegenden Authentifizierungselemente nicht errechnet und ein neuer Code nicht generiert werden können (Art. 4 Abs. 2 lit. a, b RTS 2018/389). Zudem soll der Zahlungsdienstleister auch Sicherheitsmaßnahmen zur Verhinderung der Fälschung des Authentifizierungscodes treffen (Art. 4 Abs. 2 lit. c RTS 2018/389).

Für den Prozess der Authentifizierung mittels eines Authentifizierungscodes gelten detailliere Anforderungen. Zunächst soll sichergestellt sein, dass nicht festgestellt werden kann, um welches falsche Authentifizierungselement es sich handelt, falls die „Generierung eines Authentifizierungscodes" nicht erfolgreich ist (Art. 4 Abs. 3 lit. a RTS 2018/389). Außerdem sollen die Kommunikationssitzungen entsprechende Sicherheitsanforderungen erfüllen und nach Authentifizierung „für den Online-Zugriff auf sein Zahlungskonto" darf der Zahler maximal fünf Minuten keine Handlungen vornehmen (Art. 4 Abs. 3 lit. c, d RTS 2018/389). Wenn die Authentifizierungsversuche „innerhalb einer bestimmten Zeitspanne" konsekutiv fünfmal misslungen sind, sollen die Handlungen des Zahlers, die einer starken Kundenauthentifizierung bedürfen, „vorübergehend oder permanent gesperrt werden" (Art. 4 Abs. 3 lit. b RTS 2018/389). Die Dauer

---

204 S. ausführlich Art. 18 Abs. 2 lit. c i–vi RTS 2018/389.

205 S. näher BeckOGK/*Hofmann*, 1.4.2019, BGB § 675v Rn. 133.

einer vorübergehenden Sperrung hängt von den einzelnen Zahlungsdiensten sowie den entsprechenden Risiken ab (Art. 4 Abs. 4 UAbs. 1 RTS 2018/389). Ist die Sperrung dauerhaft, soll der Zahler vorab informiert werden und eine erneute Aktivierung möglich sein (Art. 4 Abs. 4 UAbs. 2, 3 RTS 2018/389).

b) Authentifizierungscode für die dynamische starke Kundenauthentifizierung

An den Authentifizierungscode für die dynamische starke Kundenauthentifizierung stellt Art. 5 RTS 2018/389 zusätzliche Anforderungen. Dabei muss der Zahler über den „Zahlungsbetrag und Zahlungsempfänger" informiert werden (Art. 5 Abs. 1 lit. a RTS 2018/389). Der generierte sowie „vom Zahlungsdienstleister akzeptierte Authentifizierungscode" muss spezifisch auf dem vom Zahler autorisierten „Zahlungsbetrag[206] und Zahlungsempfänger" beruhen (Art. 5 Abs. 1 lit. b, c RTS 2018/389). Falls sich der Zahlungsbetrag oder der Zahlungsempfänger ändern, ist ein neuer Authentifizierungscode erforderlich (Art. 5 Abs. 1 lit. d RTS 2018/389). Darüber hinaus muss sichergestellt werden, dass die Informationen über den „Zahlungsbetrag und Zahlungsempfänger" sowie die dem Zahler bei der Authentifizierung mitgeteilten Informationen vertraulich, authentisch und vollständig gehalten werden (Art. 5 Abs. 2 RTS 2018/389).

D. Missbrauch von Zahlungsinstrumenten

Beim Missbrauch im bargeldlosen Zahlungsverkehr handelt es um die Fälle, in denen ein Dritter ohne Zustimmung des Zahlers einen Zahlungsauftrag widerrechtlich erteilt.[207] Der Missbrauch von Zahlungsinstrumenten lässt sich auch durch eine starke Kundenauthentifizierung nicht vollständig verhindern, da es nur schwer zu erkennen ist, ob derjenige, der die richtigen Authentifizierungselemente beim Authentifizierungsverfahren eingibt, tatsächlich dazu befugt ist. In der Praxis tauchen nicht selten Fälle auf, in denen ein Dritter die Authentifizierungselemente in Besitz nimmt und sie sodann unberechtigt verwendet. Zum

---

206 Die Festlegung des Betrags bei bestimmten Zahlungsvorgängen regelt Art. 5 Abs. 3 RTS 2018/389.

207 Vgl. *Langenbucher*, Die Risikozuordnung im bargeldlosen Zahlungsverkehr, S. 4. Im Rahmen der Zahlungsanweisung unterscheidet *Langenbucher* das Missbrauchsrisiko von dem Erklärungsrisiko, welches sich auf die Erklärungsmängel wie etwa Täuschung, Drohung oder Irrtum bezieht, vgl. *Langenbucher*, Die Risikozuordnung im bargeldlosen Zahlungsverkehr, S. 4; Langenbucher/Bliesener/Spindler/*dies.*, Kapitel 3, § 675j Rn. 9, 11.

Missbrauch der Zahlungsinstrumente kann sich der Dritte zahlreicher Methoden bedienen,[208] die nicht erschöpfend aufgeführt werden können. Daher sollen die nachfolgend dargestellten Szenarien nur dazu dienen, das Verständnis der Missbrauchsmethoden zu erleichtern; sie sollten jedoch nicht als scharf differenzierte Kategorien ausgelegt werden.

I. Weitergabe der Authentifizierungselemente durch den Zahler

1. Bewusste Weitergabe der Authentifizierungselemente durch den Zahler

Ein relativ einfacher und nicht selten vorkommender Weg des Missbrauchs von Zahlungsinstrumenten besteht darin, dass der Zahler die Authentifizierungselemente an einen Dritten schlicht aushändigt und der Dritte sodann widerrechtlich einen Zahlungsvorgang auslöst. Zunächst ist es denkbar, dass der Zahler die Authentifizierungselemente aus verschiedenen Gründen freiwillig und bewusst an einen Dritten, etwa ein Familienmitglied, ausgibt, der sie dann gegen den Willen des Zahlers verwendet. Dies ist sowohl bei den besitzbasierten Authentifizierungselementen wie etwa den Zahlungskarten als auch bei den wissensbasierten, etwa PIN und TAN im Online-Banking, möglich.[209]

2. Weitergabe der Authentifizierungselemente durch den durch Social Engineering getäuschten Zahler

In der Praxis kommen häufig Fälle vor, in denen der Zahler durch sog. Social Engineering getäuscht wird und die Authentifizierungselemente an einen Dritten weitergibt. Charakteristisch für das Social Engineering im Kontext der Zahlungsdienste ist es, dass der Angreifer durch Manipulation von Menschen das Vertrauen des Zahlers erlangt, um vom Zahler die Authentifizierungselemente der Zahlungsinstrumente zu bekommen.[210] Auf Grundlage des Vertrauens gibt der Zahler selbst die Authentifizierungselemente unmittelbar weiter. Zudem kann der Angreifer auch das Social Engineering mit anderen technischen Angriffsmethoden, etwa Phishing, verbinden.[211] Ein Beispiel hierfür ist das

---

208 Vgl. nur *EPC*, 2019 Payment Threats and Fraud Trends Report, S. 17 ff.

209 Vgl. *Müller-Brockhausen*, Haftung für den Missbrauch von Zugangsdaten im Internet, S. 86.

210 Vgl. *EPC*, 2019 Payment Threats and Fraud Trends Report, S. 17; *Müller-Brockhausen*, Haftung für den Missbrauch von Zugangsdaten im Internet, S. 100.

211 Vgl. *Müller-Brockhausen*, Haftung für den Missbrauch von Zugangsdaten im Internet, S. 101.

sog. „Email from a friend",[212] wo das Opfer eine Nachricht mit einem Link von einem Freund erhält, die tatsächlich vom Angreifer gesendet wird und Schadprogramme enthält, deren Klick dem Angreifer Zugriff auf die geheimen Informationen des Opfers ermöglicht.

Eine jüngere Erscheinungsform des „Email from a friend" ist der sog. CEO-Fraud,[213] der in Deutschland bereits mehrfach aufgetreten ist und einen enormen Schaden anrichtet.[214] Typischerweise sendet der Angreifer, der sich als Firmenchef ausgibt und behauptet, im Ausland zu sein, eine E-Mail an einen Mitarbeiter, in welcher dieser aufgefordert wird, umgehend eine Überweisung auf ein ausländisches Konto vorzunehmen, um eine äußerst vertrauliche und dringende Transaktion durchzuführen.[215] Im Gegensatz zum Szenario des Social Engineering gibt der Mitarbeiter beim CEO-Fraud die Authentifizierungselemente in der Regel nicht direkt weiter, sondern löst als Bote oder Vertreter des Firmenchefs oder der Firma den Zahlungsvorgang unmittelbar aus, so dass hierbei eine Täuschung durch einen Dritten i. S. d. § 123 Abs. 2 BGB vorliegen könnte.[216]

II. Abhandenkommen der Authentifizierungselemente oder deren Datenträger

Des Weiteren ist denkbar, dass die Authentifizierungselemente gestohlen, verloren gegangen oder sonst abhanden gekommen sind, was dazu führen könnte, dass der Dritte auf sie zugreift und sie missbräuchlich verwendet. Dies gilt nicht nur für die Zahlungskarten als verkörperte Authentifizierungselemente, sondern auch für die dauerhaften Datenträger, die die nicht verkörperten wissensbasierten Authentifizierungselemente wie etwa PIN oder TAN speichern.

Für die Zahlungskarte treten Fälle auf, in denen sich die Zahlungskarte und die PIN gemeinsam an einem Ort, etwa in der Wohnung, befinden und beide in den Besitz des Diebs kommen.[217] Zudem kommt auch die Konstellation in Betracht, dass die Zahlungskarte unbewacht im Pkw gelassen oder vergessen und

---

212 Dazu *EPC*, 2019 Payment Threats and Fraud Trends Report, S. 18.

213 Dazu ausführlich *EPC*, 2018 Payment Threats and Fraud Trends Report, S. 17.

214 Beispielsweise im Fall des LG Düsseldorf BKR 2019, 154; LG Karlsruhe BKR 2019, 151; vgl. auch *BSI*, Die Lage der IT-Sicherheit in Deutschland 2018, S. 37.

215 LG Düsseldorf BKR 2019, 154; LG Karlsruhe BKR 2019, 151; *Zahrte*, BKR 2019, 126.

216 S. *Zahrte*, BKR 2019, 126, 129.

217 Beispielsweise im Fall des BGH NJW 2001, 286; weitere Bespiele bei MüKoBGB/*Zetzsche*, § 675v Rn. 47.

sodann gestohlen wird.[218] Bezüglich des Online-Bankings ist zwar das Abhandenkommen des Datenträgers, auf dem die Authentifizierungselemente gespeichert werden, auch möglich, indem der Zettel, auf dem die PIN vermerkt wird, die TAN-Liste oder der TAN-Generator verloren oder gestohlen wird. Häufiger tritt der Missbrauch jedoch auf, wenn der Angreifer die personalisierten Sicherheitsmerkmale des Online-Bankings durch technische Methoden erlangt.

III. Technischer Zugriff auf die Authentifizierungselemente

Von zentraler Bedeutung für die Sicherheit des bargeldlosen Zahlungsverkehrs, insbesondere des Online-Bankings, ist es, der Gefahr eines technischen Angriffs vorzubeugen. Angesichts der vielfältigen Erscheinungsformen des technischen Angriffs sollen nachfolgend nur die Bekanntesten skizziert werden.

1. Phishing und Pharming

Phishing i. w. S. bezeichnet alle Arten von internetbasierten Angriffen, die den Zweck der Erlangung vertraulicher Informationen, etwa der Identitätsdaten, des Zahlers verfolgen.[219] Laut einer Statistik wurden von 2013 bis 2017 durchschnittlich 3.832 Phishing-Angriffe beim Online-Banking pro Jahr gemeldet.[220] 2018 wurden insgesamt 723 Phishing-Angriffe beim Online-Banking gemeldet.[221] Bei der näheren Betrachtung des Phishing ist vom sog. klassischen Phishing auszugehen. Dabei schickt der sich als Zahlungsdienstleister ausgebende Angreifer dem Zahlungsdienstnutzer eine E-Mail, die einen Link auf ein Schadprogramm enthält und ihn auffordert, sich durch Klicken auf den Link beim Online-Banking einzuloggen, um etwa technische Probleme zu lösen oder Updates der Software durchzuführen.[222] Beim Klicken auf den Link wird der Zahlungsdienstnutzer auf die Internetseite des Angreifers, welche das

---

218 Beispielsweise im Fall des LG Berlin NJW-RR 2011, 352; dazu ausführlich BeckOGK/*Hofmann*, 1.4.2019, BGB § 675l Rn. 52 ff.

219 S. *Mack*, Die „rechtsscheinbare" Autorisierung von Zahlungsvorgängen, S. 163; *Meyer*, Identität und virtuelle Identität natürlicher Personen im Internet, S. 45; *Müller-Brockhausen*, Haftung für den Missbrauch von Zugangsdaten im Internet, S. 91 m. w. N.

220 S. *BKA*, Cybercrime: Bundeslagebild 2017, S. 23.

221 S. *BKA*, Cybercrime: Bundeslagebild 2018, S. 17.

222 S. *Borges*, NJW 2005, 3313; *Erfurth*, WM 2006, 2198, 2200; *Köbrich*, VuR 2015, 9, 10; *Mack*, Die „rechtsscheinbare" Autorisierung von Zahlungsvorgängen, S. 163 f.; *Müller-Brockhausen*, Haftung für den Missbrauch von Zugangsdaten im Internet, S. 93.

Webdesign des Zahlungsdienstleisters stark nachahmt, geleitet und gibt dort die vertraulichen Daten wie etwa PIN und TAN preis, welche so in die Hände des Angreifers fallen.[223]

Im Gegensatz zum Phishing stellt sich Pharming insoweit als eine weiterentwickelte Angriffsmethode dar, als dass der Angriff ohne Mitwirkung des Zahlungsdienstnutzers erfolgt.[224] Für die Kommunikation im Internet muss jeder Rechner eine eigene IP-Adresse haben, durch die man die Identität des Kommunikationspartner festlegen kann.[225] Da die IP-Adresse regelmäßig in Form von Zahlen erscheint (z. B. 62.157.140.133) und für den Nutzer nur schwer merkbar ist, wird sie durch das Domain Name System (DNS) in leicht erkennbare Domainnamen (z. B. sparkasse.de) übersetzt.[226] Durch verschiedene Angriffsmethoden kann der Zahlungsdienstnutzer bei Aufruf eines bestimmten Domainnamen des Zahlungsdienstleisters auf die IP-Adresse des Angreifers weitergeleitet werden.[227] Sodann werden die vertraulichen Daten, die der Zahlungsdienstnutzer eingibt, wie beim Phishing vom Angreifer erlangt.[228]

2. *Man-in-the-Middle-Angriff*

Als Man-in-the-Middle-Angriff im Rahmen der Zahlungsdienste wird ein Angriff bezeichnet, bei dem sich der Angreifer inmitten der Kommunikation zwischen dem Zahlungsdienstnutzer und dem Zahlungsdienstleister versteckt und als Zahlungsdienstleister gegenüber dem Zahlungsdienstnutzer, als Zahlungsdienstnutzer gegenüber dem Zahlungsdienstleister fungiert.[229] Dieser Angriff ist auf verschiedene Wege durchführbar.[230]

---

223 S. *Borges*, NJW 2005, 3313; *Erfurth*, WM 2006, 2198, 2200; *Köbrich*, VuR 2015, 9, 10; *Mack*, Die „rechtsscheinbare" Autorisierung von Zahlungsvorgängen, S. 163; *Müller-Brockhausen*, Haftung für den Missbrauch von Zugangsdaten im Internet, S. 99.

224 S. *Borges*, NJW 2005, 3313, 3314; *Meyer*, Identität und virtuelle Identität natürlicher Personen im Internet, S. 45; *Müller-Brockhausen*, Haftung für den Missbrauch von Zugangsdaten im Internet, S. 95.

225 S. *Eckert*, IT-Sicherheit, S. 108 f.

226 S. *Eckert*, IT-Sicherheit, S. 109; *Müller-Brockhausen*, Haftung für den Missbrauch von Zugangsdaten im Internet, S. 95.

227 Dazu ausführlich *Eckert*, IT-Sicherheit, S. 136 ff.; Schimansky/Bunte/Lwowski/*Maihold*, § 55 Rn. 31; *Müller-Brockhausen*, Haftung für den Missbrauch von Zugangsdaten im Internet, S. 95 ff.

228 S. *Borges*, NJW 2005, 3313, 3314; *Erfurth*, WM 2006, 2198, 2200; *Mack*, Die „rechtsscheinbare" Autorisierung von Zahlungsvorgängen, S. 165.

229 Vgl. *Borges*, NJW 2005, 3313, 3314; *Eckert*, IT-Sicherheit, S. 432 f.; *M. Koch*, Missbrauch von Zahlungsauthentifizierungsinstrumenten, S. 85; *Mack*, Die „rechtsscheinbare"

Sendet der Zahler durch Online-Banking einen Zahlungsauftrag an den Zahlungsdienstleister, kann der Angreifer diesen Zahlungsauftrag abfangen, ihn durch einen eigenen Zahlungsauftrag ersetzen und sodann den gefälschten Zahlungsauftrag an den Zahlungsdienstleister weiterleiten, welcher dem Generieren der TAN zugrunde liegt.[231] Falls sich das Generieren der TAN wie etwa beim chipTAN-Verfahren auf die Echtzeittransaktion bezieht, werden dem Zahler die geänderten Transaktionsdetails beim Generieren der TAN angezeigt, was ihm ermöglicht, durch Überprüfung der Transaktionsinformationen den Missbrauch zu verhindern.[232] Trotzdem lassen sich mithilfe anderer Methoden wie etwa der Schadsoftware die Überprüfungsmöglichkeiten des Zahlers beim smsTAN-,[233] pushTAN- sowie photoTAN-Verfahren[234] umgehen.

Autorisierung von Zahlungsvorgängen, S. 166; Schimansky/Bunte/Lwowski/*Maihold*, § 55 Rn. 32; *Müller-Brockhausen*, Haftung für den Missbrauch von Zugangsdaten im Internet, S. 103; *Schulte am Hülse/Klabunde*, MMR 2010, 84.

230 Ausführlich dazu Schimansky/Bunte/Lwowski/*Maihold*, § 55 Rn. 33 ff.; *Müller-Brockhausen*, Haftung für den Missbrauch von Zugangsdaten im Internet, S. 103 f.

231 S. *M. Koch*, Missbrauch von Zahlungsauthentifizierungsinstrumenten, S. 85; *Mack*, Die „rechtsscheinbare" Autorisierung von Zahlungsvorgängen, S. 166; Schimansky/Bunte/Lwowski/*Maihold*, § 55 Rn. 32; *Müller-Brockhausen*, Haftung für den Missbrauch von Zugangsdaten im Internet, S. 105.

232 LG Darmstadt BKR 2014, 480, 482 Rn. 44 (chipTAN-Verfahren); vgl. auch *Hoffmann/Haupert/Freiling*, ZHR 181 (2017), 780, 801; *Mack*, Die „rechtsscheinbare" Autorisierung von Zahlungsvorgängen, S. 167; *Müller-Brockhausen*, Haftung für den Missbrauch von Zugangsdaten im Internet, S. 105 f.

233 Vgl. *Hoffmann/Haupert/Freiling*, ZHR 181 (2017), 780, 797 f.; *Müller-Brockhausen*, Haftung für den Missbrauch von Zugangsdaten im Internet, S. 106.

234 Vgl. *Hoffmann/Haupert/Freiling*, ZHR 181 (2017), 780, 799.

Kapitel 2 Die Risikoverteilung beim Missbrauch von Zahlungsinstrumenten in Deutschland

A. Aufwendungsersatzanspruch des Zahlungsdienstleisters durch die Autorisierung des Zahlers

I. Ohne Autorisierung kein Aufwendungsersatzanspruch

§ 675u S. 1 BGB stellt klar, dass dem Zahlungsdienstleister kein Aufwendungsersatzanspruch gegen den Zahler zusteht, wenn der Zahlungsvorgang nicht vom Zahler autorisiert wird. Dies ergibt sich zwar bereits aus der allgemeinen Regelung des Aufwendungsersatzanspruchs gemäß § 670 BGB, welcher nach §§ 675c Abs. 1, 675 Abs. 1 BGB auch für den Zahlungsdienstevertrag entsprechend anwendbar ist.[235] Durch § 675u S. 1 BGB wird jedoch die zentrale Bedeutung der Autorisierung spezifiziert für das Zahlungsdiensterecht klar zum Ausdruck gebracht. In aller Kürze gilt hier der schon von *Omlor* herausgearbeitete Grundsatz: Ohne Autorisierung kein Aufwendungsersatzanspruch.[236]

II. Erstattungsanspruch des Zahlers

Bei Drittmissbrauch des Zahlungsinstruments liegt keine Autorisierung des Zahlers vor; folglich steht dem Zahlungsdienstleister kein Aufwendungsersatzanspruch zu. Wenn jedoch die Aufwendungen, etwa durch Vorschuss gemäß §§ 675c Abs. 1, 669 BGB, bereits ersetzt wurden, hat der Zahlungsdienstleister dem Zahler den Zahlungsbetrag unverzüglich zu erstatten (§ 675u S. 2 BGB).[237] Die Erstattungspflicht des Zahlungsdienstleisters erfolgt entweder durch Rückbuchung, wenn der Zahlungsbetrag dem Zahlungskonto des Zahlers belastet wurde (§ 675u S. 2 Alt. 2 BGB),[238] oder durch Barauszahlung, wenn der Zahler

235 Vgl. Staudinger/*Omlor*, § 675u Rn. 1; MüKoBGB/*Zetzsche*, § 675u Rn. 4 („Ohne Auftrag kein Ersatz der Aufwendungen").

236 *Omlor*, ZIP 2016, 558, 563. Vgl. auch Staudinger/*Omlor*, § 675u Rn. 1.

237 Vgl. Staudinger/*Omlor*, § 675u Rn. 18 f.; Palandt/*Sprau*, § 675u Rn. 4; MüKoBGB/*Zetzsche*, § 675u Rn. 18.

238 Vgl. Staudinger/*Omlor*, § 675u Rn. 19; MüKoBGB/*Zetzsche*, § 675u Rn. 21.

beispielsweise kein Zahlungskonto beim Zahlungsdienstleister unterhält[239] oder sein Zahlungskonto nachträglich gekündigt wurde.[240]

Die Erstattungspflicht des Zahlungsdienstleisters ist grundsätzlich unverzüglich zu erfüllen (§ 675u S. 2 BGB), d. h. ohne schuldhaftes Zögern (§ 121 Abs. 1 S. 1 BGB). Gemäß § 675u S. 3 BGB, der zur Umsetzung des Art. 73 Abs. 1 S. 1 PSD2 neu eingefügt wurde, muss der Zahlungsdienstleister die Erstattungspflicht jedenfalls spätestens bis zum Ende des Geschäftstags erfüllen, der auf den Tag folgt, an welchem dem Zahlungsdienstleister angezeigt wurde, dass der Zahlungsvorgang nicht autorisiert ist, oder er auf andere Weise davon Kenntnis erhalten hat. Dies gilt jedoch nicht, wenn der Zahlungsdienstleister berechtigte Gründe für den Verdacht hat, dass ein Betrug des Zahlers vorliegt, und er der zuständigen Behörde diese Gründe schriftlich mitteilt; dann hat er seine Erstattungspflicht unverzüglich zu prüfen und zu erfüllen, wenn sich der Betrugsverdacht nicht bestätigt (§ 675u S. 4 BGB). In Gestalt einer Bestimmung zur Fälligkeit der Erstattungspflicht werden durch diese Regelung mittelbar die Obliegenheiten des Zahlungsdienstleisters bei Betrugsverdacht näher geregelt; dies macht es dem Zahlungsdienstleister zugleich schwerer, sich gegen die Geltendmachung des Erstattungsanspruchs mit dem Einwand des Betrugs zu verteidigen.

Der Erstattungsanspruch des Zahlers ist ausgeschlossen, wenn er dem Zahlungsdienstleister nicht spätestens 13 Monate nach dem Tag der Belastung mitteilt, dass der Zahlungsvorgang nicht autorisiert wurde (§ 676b Abs. 2 S. 1). Der Fristbeginn setzt jedoch voraus, dass der Zahlungsdienstleister dem Zahler nach Belastung des Kontos oder nach Zugang des Zahlungsauftrags die den Zahlungsvorgang betreffenden Angaben gemäß Art. 248 §§ 7, 10, 14 EGBGB gemacht hat (§ 676b Abs. 2 S. 2 BGB). Damit wird der Zahlungsdienstleister, der ein Interesse am Fristbeginn hat, zur Beachtung der Informationspflichten des Art. 248 EGBGB angehalten.

B. Aufwendungsersatzanspruch des Zahlungsdienstleisters durch Rechtsscheintatbestände

Im Falle des Drittmissbrauchs des Zahlungsinstruments wird der Zahlungsauftrag oder die Autorisierung zwar nicht tatsächlich, jedoch vom Horizont des Zahlungsdienstleisters aus regelmäßig *scheinbar* vom Zahler erteilt, denn die

239 Vgl. Staudinger/*Omlor*, § 675u Rn. 19; MüKoBGB/*Zetzsche*, § 675u Rn. 19.
240 Vgl. Palandt/*Sprau*, § 675u Rn. 5.

erfolgreiche Authentifizierung erweckt den Eindruck, als sei das Zahlungsinstrument vom Zahler eingesetzt worden. Durch die Nutzung des Zahlungsinstruments tritt der Dritte nicht als Vertreter des berechtigten Zahlers auf, sondern handelt so, als ob er selbst der befugte Zahler wäre.[241] Mit anderen Worten tritt der Dritte in diesem Fall nicht *in fremdem Namen*, sondern *unter fremdem Namen* oder *unter fremder Nummer*[242]/*Identität*[243] auf. In diesem Zusammenhang stellt sich die Frage, ob im Fall des Drittmissbrauchs der Zahlungsdienstleister den Aufwendungsersatzanspruch gegen den Zahler unter Rekurs auf das Rechtsscheinprinzip geltend machen kann.

Da das Handeln unter fremdem Namen im Wesentlichen im Rahmen des Rechtsinstituts der Rechtsscheinvollmacht behandelt wird, ist es sinnvoll, zunächst auf die allgemeine Rechtsscheinvollmacht einzugehen. Auf dieser Grundlage kann das Handeln unter fremdem Namen und dessen Anwendbarkeit auf die Fälle des Drittmissbrauchs von Zahlungsinstrumenten näher analysiert werden.

I. Rechtsscheinhaftung und Rechtsscheinvollmacht im Allgemeinen

Trotz des Mangels an allgemeinen gesetzlichen Vorschriften wird die Rechtsscheinhaftung heute als ein eigenes Rechtsinstitut anerkannt.[244] Allgemeine Voraussetzungen für die Rechtsscheinhaftung sind der Rechtsschein als Vertrauenstatbestand, die Zurechenbarkeit der Entstehung des Rechtsscheins zu demjenigen, zu dessen Lasten er wirken soll, und die Schutzwürdigkeit des Vertrauenden.[245] Als wichtige Erscheinungsform der Rechtsscheinhaftung stellt sich

---

241 Der Name des wahren Zahlers/Kontoinhabers wird zwar möglicherweise nicht direkt angegeben, seine Identität kann aber durch die Informationen des Zahlungsinstruments wie etwa die Kundenkennung oder die Kontonummer unmittelbar identifiziert werden, vgl. *M. Koch*, Missbrauch von Zahlungsauthentifizierungsinstrumenten, S. 93.

242 S. *Hanau*, Handeln unter fremder Nummer, S. 1; es wird kritisiert, dass *Hanau* nicht deutlich macht, unter welchen Voraussetzungen eine Nummer einem Namen gleichzustellen ist: *Hajut*, Handeln unter fremder Identität, S. 70, Fn. 7; ähnlicher Zweifel bereits bei *M. Koch*, Missbrauch von Zahlungsauthentifizierungsinstrumenten, S. 93.

243 S. *Hajut*, Handeln unter fremder Identität, S. 69 f. m. w. N.

244 S. *Bork*, BGB AT, Rn. 1538; MüKoBGB/*Schubert*, § 167 Rn. 93 ff.; *Wolf/Neuner*, BGB AT, § 50 Rn. 61 ff.

245 S. *Canaris*, Die Vertrauenshaftung im deutschen Privatrecht, S. 491 ff.; *Wolf/Neuner*, BGB AT, § 10 Rn. 83.

die Rechtsscheinvollmacht dar. Für diese Arbeit von Interesse sind insbesondere § 172 BGB, die Blanketthaftung sowie die Duldungs- und Anscheinsvollmacht.

1. *§ 172 BGB*

Gemäß § 172 Abs. 1 BGB steht es der besonderen Mitteilung einer Bevollmächtigung durch den Vollmachtgeber gleich, wenn der Vollmachtgeber dem Vertreter eine Vollmachtsurkunde ausgehändigt hat und der Vertreter sie dem Dritten vorlegt. Nach h. M. handelt es sich hierbei um eine Rechtsscheinhaftung.[246] Der Rechtsschein liegt in der vom Vollmachtgeber erteilten Vollmachtsurkunde.[247] Die Vollmachtsurkunde ist ein vom Vollmachtgeber unterschriebenes oder mit dem notariell beglaubigten Handzeichen versehenes Schriftstück, das den Bevollmächtigten sowie seinen Vollmachtumfang bezeichnet.[248] Außerdem muss die Vollmachtsurkunde in Urschrift (im Original) oder – bei notariell beurkundeter Vollmacht – in einer Ausfertigung vorgelegt werden.[249] Eine Durchschrift reicht auch aus,[250] eine Abschrift genügt jedoch grundsätzlich nicht.[251] Wenn dem Dritten eine Vollmachtsurkunde vorgelegt wird, darf er auf ihre Richtigkeit vertrauen.[252]

Die Zurechenbarkeit der Vollmachtsurkunde zum Vollmachtgeber folgt aus der Aushändigung der Vollmachtsurkunde.[253] Darunter versteht man die willentliche Übergabe[254] bzw. das bewusste Inverkehrbringen[255] der Vollmachtsurkunde. Verbreitet wird auch das Merkmal „zum Zweck des Gebrauchs“ betont.[256]

---

246 Vgl. *Bork*, BGB AT, Rn. 1526; Palandt/*Ellenberger*, § 172 Rn. 1; MüKoBGB/*Schubert*, § 172 Rn. 1; *Wolf/Neuner*, BGB AT, § 50 Rn. 77 ff.; a. A. *Flume*, AT II, § 49, 2 c; Staudinger/*Schilken*, § 172 Rn. 2.

247 S. *Wolf/Neuner*, BGB AT, § 50 Rn. 77.

248 RGZ 124, 383, 386; BGH NJW 2004, 2736, 2738; Palandt/*Ellenberger*, § 172 Rn. 2; Staudinger/*Schilken*, § 172 Rn. 1.

249 BGHZ 102, 60, 63 = NJW 1988, 697, 698; *Wolf/Neuner*, BGB AT, § 50 Rn. 77.

250 BGH NJW 2006, 1957, 1958 f. Rn. 24 f.; MüKoBGB/*Schubert*, § 172 Rn. 13.

251 BGHZ 102, 60, 63 = BGH NJW 1988, 697, 698; BGH NJW 2006, 1957, 1958 Rn. 24; *Wolf/Neuner*, BGB AT, § 50 Rn. 77.

252 BGH NJW 2006, 1957, 1958 Rn. 24; *Bork*, BGB AT, Rn. 1526.

253 S. *Wolf/Neuner*, BGB AT, § 50 Rn. 78.

254 S. Staudinger/*Schilken*, § 172 Rn. 2; *Wolf/Neuner*, BGB AT, § 50 Rn. 78.

255 S. *Canaris*, Die Vertrauenshaftung im deutschen Privatrecht, S. 38 f.; *Oechsler*, MMR 2011, 631, 632; MüKoBGB/*Schubert*, § 172 Rn. 16.

256 S. Staudinger/*Schilken*, § 172 Rn. 2; MüKoBGB/*Schubert*, § 172 Rn. 16; *Wolf/Neuner*, BGB AT, § 50 Rn. 78; a. A. *Hajut*, Handeln unter fremder Identität, S. 146 ff.

Wenn die Vollmachtsurkunde abhanden gekommen ist, findet § 172 Abs. 1 BGB keine Anwendung.[257] Gleiches gilt, wenn die Urkunde dem Aussteller fahrlässig abhandengekommen ist.[258]

Gemäß § 173 BGB soll nur der gutgläubige Dritte schutzwürdig sein. Trotz des engen Wortlauts wird § 173 BGB seinem Sinn nach weit ausgelegt, so dass nicht nur das Erlöschen der Vollmacht, sondern alle von §§ 170 bis 172 behandelten Fälle umfasst werden.[259] Deshalb muss der Dritte auch gutgläubig sein, um sich auf § 172 Abs. 1 BGB beziehen zu können.[260] Gemäß § 173 BGB ist die Gutgläubigkeit ausgeschlossen, wenn der Dritte die wahre Rechtslage kennt oder fahrlässig nicht kennt (Kennenmüssen, § 122 Abs. 2 BGB).[261]

2. *Blankettmissbrauch*

Im vorliegenden Zusammenhang ist auch der sog. Blankettmissbrauch relevant. Ein Blankett ist eine vom Aussteller unterschriebene Urkunde, die keine vollständige oder überhaupt keine Erklärung enthält, sondern einem anderen (Blankettnehmer) überlassen wird, um diese auszufüllen oder zu ergänzen.[262] Wenn der Blankettnehmer das Blankett entgegen dem Willen des Ausstellers ausgefüllt hat und einem Dritten überbringt, liegt ein Blankettmissbrauch vor.[263] Die rechtliche Behandlung des Blankettmissbrauchs hängt von der rechtlichen Einordnung des Blanketts ab. Diese ist zwar bis heute noch nicht vollständig geklärt,[264] doch sind die Stellvertretungsregeln nach der wohl h. L. und ständigen Rechtsprechung im Wesentlichen analog anwendbar.[265] In Bezug auf den Blankettmissbrauch ist insbesondere § 172 BGB entsprechend anzuwenden.[266]

---

257 BGHZ 65, 13 = NJW 1975, 2101; MüKoBGB/*Schubert*, § 172 Rn. 17 m. w. N.

258 BGHZ 65, 13 = NJW 1975, 2101; MüKoBGB/*Schubert*, § 172 Rn. 17 m. w. N.

259 S. Staudinger/*Schilken*, § 173 Rn. 6 f.; MüKoBGB/*Schubert*, § 173 Rn. 2.

260 S. *Wolf/Neuner*, BGB AT, § 50 Rn. 81.

261 S. Palandt/*Ellenberger*, § 173 Rn. 2; Staudinger/*Schilken*, § 173 Rn. 1 ff.; MüKoBGB/*Schubert*, § 173 Rn. 4.

262 S. *Bork*, BGB AT, Rn. 1642; *Canaris*, Die Vertrauenshaftung im deutschen Privatrecht, S. 54; *Medicus/Petersen*, BGB AT, Rn. 910; MüKoBGB/*Schubert*, § 172 Rn. 2; *Wolf/Neuner*, BGB AT, § 50 Rn. 100.

263 Vgl. *Canaris*, Die Vertrauenshaftung im deutschen Privatrecht, S. 54; Staudinger/*Schilken*, § 172 Rn. 8; *Wolf/Neuner*, BGB AT, § 50 Rn. 103.

264 Ausführlich zum Meinungsstand *Binder*, AcP 207 (2007), 155, 159 ff.

265 Vgl. nur *Binder*, AcP 207 (2007), 155, 165 m. w. N.

266 Vgl. *Bork*, BGB AT, Rn. 1650; Palandt/*Ellenberger*, § 172 Rn. 5; Staudinger/*Schilken*, § 172 Rn. 8; MüKoBGB/*Schubert*, § 172 Rn. 4; *Wolf/Neuner*, BGB AT, § 50 Rn. 103.

Zur näheren Verdeutlichung des Rechtsscheins beim Blankettmissbrauch muss man zwischen offenem und verdecktem Blankett differenzieren.[267] Bei einem offenen Blankett füllt der Blankettnehmer in Anwesenheit des Dritten das Blankett aus.[268] Wenn er das Blankett abredewidrig ausfüllt, erweckt das Innehaben sowie das Ausfüllen des Blanketts den Eindruck, dass der Blankettnehmer zum Ausfüllen berechtigt wäre.[269] Die Unterschrift des Unterzeichners rechtfertigt das Vertrauen des Dritten, dass der Ausfüllende zum Ausfüllen ermächtigt worden ist.[270] Bei einem verdeckten Blankett überbringt der Blankettnehmer dem Geschäftspartner das bereits ausgefüllte Blankett und der Ausfüllvorgang wird dem Dritten nicht bekannt.[271] In diesem Fall verlässt sich der Dritte regelmäßig darauf, dass die Erklärung von dem Aussteller selbst abgegeben wurde, und geht davon aus, dass der Ausfüllende zur Überbringung des Blanketts befugt sei.[272] Die Unterschrift des Ausstellers rechtfertigt wiederum das Vertrauen des Dritten.[273]

Analog § 172 Abs. 1 BGB ist dem Aussteller die Aushändigung des Blanketts zurechenbar,[274] denn mit Aushändigung des Blanketts schafft er das Risiko des Missbrauchs und infolgedessen muss er die Erklärung des Ausfüllenden im Missbrauchsfall gegen sich gelten lassen.[275] Demgegenüber hat der Aussteller nicht für das Abhandenkommen des Blanketts einzustehen.[276] Zudem muss der Geschäftspartner schutzwürdig sein. Dabei ist das Kriterium des § 173 BGB entsprechend heranzuziehen.[277]

---

267 S. *Canaris*, Die Vertrauenshaftung im deutschen Privatrecht, S. 54; *Wolf/Neuner*, BGB AT, § 50 Rn. 100 ff.

268 S. *Canaris*, Die Vertrauenshaftung im deutschen Privatrecht, S. 54; *Wolf/Neuner*, BGB AT, § 50 Rn. 100.

269 S. nur *Canaris*, Die Vertrauenshaftung im deutschen Privatrecht, S. 57 ff.

270 S. *Hajut*, Handeln unter fremder Identität, S. 87 ff.; *Wolf/Neuner*, BGB AT, § 50 Rn. 104.

271 Vgl. *Canaris*, Die Vertrauenshaftung im deutschen Privatrecht, S. 64; *Wolf/Neuner*, BGB AT, § 50 Rn. 105.

272 Vgl. *Canaris*, Die Vertrauenshaftung im deutschen Privatrecht, S. 65; *Wolf/Neuner*, BGB AT, § 50 Rn. 105.

273 S. *Hajut*, Handeln unter fremder Identität, S. 87 ff.

274 Vgl. Staudinger/*Schilken*, § 172 Rn. 8; MüKoBGB/*Schubert*, § 172 Rn. 4.

275 BGHZ 40, 65, 67 ff.

276 S. *Bork*, BGB AT, Rn. 1651; *Canaris*, Die Vertrauenshaftung im deutschen Privatrecht, S. 62.

277 S. *Medicus/Petersen*, BGB AT, Rn. 914.

3. *Duldungsvollmacht*

Nach ständiger Rechtsprechung[278] in Übereinstimmung mit der h. L.[279] liegt eine Duldungsvollmacht vor, „wenn der Vertretene es willentlich geschehen lässt, dass ein anderer für ihn wie ein Vertreter auftritt, und der Geschäftspartner dieses Dulden nach Treu und Glauben dahin versteht und auch verstehen darf, dass der als Vertreter Handelnde zu den vorgenommenen Erklärungen bevollmächtigt ist." Im Gegensatz zur Anscheinsvollmacht kennzeichnet sich die Duldungsvollmacht dadurch, dass der vermeintlich Vertretene das Verhalten des Vertreters kennt und duldet.[280] Ob hierin eine Bevollmächtigung durch schlüssiges Verhalten[281] oder eine Rechtsscheinhaftung[282] zu sehen ist, ist umstritten.[283] Für diese Arbeit genügt es jedoch, im Anschluss an die Rechtsprechung[284] die Duldungsvollmacht als Rechtsscheinhaftung einzuordnen.[285]

Für den Rechtsschein bietet das Auftreten des Handelnden den ersten Anhaltspunkt.[286] Das allein reicht jedoch nicht ohne Weiteres aus. Um den Rechtsschein zu begründen, ist es in der Regel erforderlich, dass sich der Handelnde über einen längeren Zeitraum mehrfach wie ein Vertreter verhält.[287] Nur ausnahmsweise genügt ein erstmaliges Handeln.[288] Des Weiteren muss es dem vermeintlich Vertretenen zurechenbar sein. Bei der Duldungsvollmacht liegt

---

278 BGH NJW 2002, 2325, 2327; NJW-RR 2004, 1275, 1277; NJW 2007, 987, 988 Rn. 19; BGHZ 189, 346 = NJW 2011, 2421, 2422 Rn. 15; BGHZ 202, 158 = NJW 2014, 3150, 3151 Rn. 26.

279 Vgl. *Bork*, BGB AT, Rn. 1549; *Merkt*, AcP 204 (2004), 638, 639; MüKoBGB/*Schubert*, § 167 Rn. 106; *Wolf/Neuner*, BGB AT, § 50 Rn. 84.

280 S. *Canaris*, Die Vertrauenshaftung im deutschen Privatrecht, S. 191; Staudinger/*Schilken*, § 167 Rn. 32.

281 Z. B. *Flume*, AT II, § 49, 3; Staudinger/*Schilken*, § 167 Rn. 29 m. w. N.

282 Z. B. *Bork*, BGB AT, Rn. 1550; *Canaris*, Die Vertrauenshaftung im deutschen Privatrecht, S. 41; *Wolf/Neuner*, BGB AT, § 50 Rn. 84.

283 Überblick über den Meinungsstand s. *Merkt*, AcP 204 (2004), 638, 640 ff. m. w. N.

284 Z. B. BGH NJW 2005, 2985, 2987; weitere Beispiele s. *Canaris*, FG BGH, S. 129, 154 ff.

285 Gleiche Vorgehensweise bei Staudinger/*Schilken*, § 167 Rn. 29b.

286 S. Soergel/*Leptien*, § 167 Rn. 19; *Wolf/Neuner*, BGB AT, § 50 Rn. 86.

287 BGH NJW 2005, 2985, 2987; MüKoBGB/*Schubert*, § 167 Rn. 106; *Wolf/Neuner*, BGB AT, § 50 Rn. 87.

288 OLG Frankfurt WM 2006, 2207, 2208; OLG Hamm NJW 2007, 611, 612; *Bork*, BGB AT, Rn. 1550, 1552; *Canaris*, Die Vertrauenshaftung im deutschen Privatrecht, S. 495; Palandt/*Ellenberger*, § 172 Rn. 9; *Hajut*, Handeln unter fremder Identität, S. 95; *Wolf/Neuner*, BGB AT, § 50 Rn. 87.

die Zurechenbarkeit darin, dass der Vertretene das Verhalten des Handelnden kennt und nicht verhindert.[289] Letztlich muss der Dritte schutzwürdig sein. Dies bedeutet, dass der Dritte gutgläubig sein und Kausalität zwischen Rechtsschein und Handlung des Dritten vorliegen muss.[290]

4. *Anscheinsvollmacht*

Wenn das Handeln des Vertreters dem Vertretenen nicht bekannt ist, liegt keine Duldungsvollmacht vor, aber unter Umständen kann eine Anscheinsvollmacht bestehen. Nach ständiger Rechtsprechung liegt eine Anscheinsvollmacht vor, „wenn der Vertretene das Handeln des Scheinvertreters nicht kennt, er es aber bei pflichtgemäßer Sorgfalt hätte erkennen und verhindern können, und wenn der Geschäftspartner annehmen durfte, der Vertretene kenne und billige das Handeln des Vertreters."[291] Im Vergleich zur Duldungsvollmacht besteht die Besonderheit der Anscheinsvollmacht in der Zurechnung.[292] Mit der Formulierung, dass der Vertretene das Handeln „bei pflichtgemäßer Sorgfalt hätte erkennen und verhindern können,"[293] stellt die Rechtsprechung bei dem Maßstab der Zurechnung auf das Verschuldensprinzip ab. Dem hat sich auch die h. L. angeschlossen.[294] Im Zusammenhang mit der Frage der Zurechnung streitet man sich über das Problem des Anwendungsbereichs der Anscheinsvollmacht. In der Literatur wird verbreitet vertreten, dass die Anscheinsvollmacht nur im Handelsrecht angewendet werden soll.[295] Dies hat sich allerdings nicht durchgesetzt. Vielmehr wird die Anscheinsvollmacht sowohl in der Rechtsprechung[296]

289 BGH NJW 2005, 2985, 2987 m. w. N; *Bork*, BGB AT, Rn. 1554; Staudinger/*Schilken*, § 167 Rn. 40; *Wolf/Neuner*, BGB AT, § 50 Rn. 88.

290 S. *Bork*, BGB AT, Rn. 1558; Staudinger/*Schilken*, § 167 Rn. 43; *Wolf/Neuner*, BGB AT, § 50 Rn. 92.

291 BGH NJW 1998, 1854, 1855; BGHZ 166, 369 = NJW 2006, 1971, 1972 Rn. 17; BGHZ 189, 346 = NJW 2011, 2421, 2422 Rn. 16; BGHZ 208, 331 = NJW 2016, 2024, 2030 Rn. 61.

292 S. *Bork*, BGB AT, Rn. 1560; *Wolf/Neuner*, BGB AT, § 50 Rn. 95.

293 BGHZ 166, 369 = NJW 2006, 1971, 1972 Rn. 17; BGHZ 189, 346 = NJW 2011, 2421, 2422 Rn. 16; BGHZ 208, 331 = NJW 2016, 2024, 2030 Rn. 61.

294 S. Palandt/*Ellenberger*, § 172 Rn. 13; Soergel/*Leptien*, § 167 Rn. 22; Staudinger/*Schilken*, § 167 Rn. 40; MüKoBGB/*Schubert*, § 167 Rn. 115.

295 Vgl. *Canaris*, Die Vertrauenshaftung im deutschen Privatrecht, S. 52; *Medicus/Petersen*, BGB AT, Rn. 971 f.; Staudinger/*Schilken*, § 167 Rn. 31 m. w. N.; MüKoBGB/*Schubert*, § 167 Rn. 99; *Wolf/Neuner*, BGB AT, § 50 Rn. 98 f.

296 In der Rechtsprechung so bereits im Jahr 1942 (RG (v. 11.9.1941 – V31/41) DR 1942, 172), zitiert nach HKK/*Schmoeckel*, §§ 164–181 Rn. 23 (S. 941). Heute wird diese

als auch im Schrifttum[297] als allgemeines zivilrechtliches Institut anerkannt. Im Folgenden ist dieser Ansicht zu folgen.

Voraussetzung für die Anscheinsvollmacht ist zunächst der Rechtsscheintatbestand. Um eine objektive Grundlage für das Vertrauen des Geschäftsgegners zu begründen, ist es in der Regel erforderlich, dass das Verhalten des Handelnden von gewisser Dauer und Häufigkeit ist.[298] Zudem muss der Rechtsschein dem Vertretenen zurechenbar sein und wie oben dargestellt stellt die Zurechenbarkeit auf das Verschulden des Vertretenen ab. Schließlich ist Schutzwürdigkeit aufseiten des Geschäftsgegners erforderlich. Der Geschäftsgegner muss gutgläubig sein und das Rechtsgeschäft aufgrund des Rechtsscheins vorgenommen haben.[299]

II. Vereinbarkeit der Rechtsscheinhaftung mit dem Vollharmonisierungsziel der Richtlinie?

Bezugnehmend auf das Vollharmonisierungsziel der Zahlungsdiensterichtlinie (Art. 86 PSD1, Art. 107 PSD2) ist es höchst umstritten, ob die Rechtsscheinhaftung überhaupt im Zahlungsdiensterecht anwendbar sein soll.[300] Die Anwendbarkeit der Rechtsscheinhaftung auf das Zahlungsdiensterecht wird vielfach ohne nähere Begründung anerkannt.[301] Dieser Annahme widerspricht indes eine starke Gegenansicht.[302] Dass der BGH in seiner jüngsten Entscheidung

---

Beschränkung in der Rechtsprechung regelmäßig gar nicht zur Diskussion gestellt (beispielhaft BGHZ 189, 346 = NJW 2011, 2421, 2422 Rn. 12).

297 Vgl. z. B. Palandt/*Ellenberger*, § 172 Rn. 11; *Köhler*, BGB AT, § 11 Rn. 44; Soergel/*Leptien*, § 167 Rn. 26.

298 BGHZ 166, 369 = NJW 2006, 1971, 1972 Rn. 17; BGHZ 189, 346 = NJW 2011, 2421, 2422 Rn. 16; BGHZ 208, 331 = NJW 2016, 2024, 2030 Rn. 61; *Wolf/Neuner*, BGB AT, § 50 Rn. 96.

299 S. Staudinger/*Schilken*, § 167 Rn. 43; *Wolf/Neuner*, BGB AT, § 50 Rn. 96.

300 Für eine ausführliche Zusammenfassung des Meinungsstands s. *Mack*, Die „rechtsscheinbare“ Autorisierung von Zahlungsvorgängen, S. 203 ff.

301 Z. B. LG Darmstadt BKR 2014, 480, 481 ff.; *Grundmann*, WM, 2009, 1109, 1114; *Mack*, Die „rechtsscheinbare“ Autorisierung von Zahlungsvorgängen, S. 203 f. m. w. N. bei Fn. 152; Staudinger/*Omlor*, § 675u Rn. 3; *Piekenbrock*, WM 2015, 797, 804; Palandt/*Sprau*, § 675j Rn. 2.

302 S. *M. Koch*, Missbrauch von Zahlungsauthentifizierungsinstrumenten, S. 118 f.; *Köbrich*, VuR 2015, 9, 12; *Linardatos*, Das Haftungssystem im bargeldlosen Zahlungsverkehr nach Umsetzung der Zahlungsdiensterichtlinie, S. 254 ff.; *ders.*, BKR 2015, 96, 98 ff.; Schimansky/Bunte/Lwowski/*Maihold*, § 55 Rn. 68; *Stöber*, JR 2012, 225, 231.

diese Frage bewusst offenlässt,[303] deutet darauf hin, dass sich der Streit höchstwahrscheinlich fortsetzen wird. Im Mittelpunkt der Diskussion stehen die drei vom BGH zusammengefassten Fragen: Die Vereinbarkeit der Rechtsscheinhaftung mit dem abschließenden Haftungssystem des Zahlungsdiensterechts, mit dem Stellvertretungsverbot der Autorisierung sowie mit dem Gedanken der Haftungsverteilung gemäß § 675v BGB. Auf diese drei Kernfragen ist im Folgenden näher einzugehen.

1. *Abschließendes Haftungssystem gemäß § 675e Abs. 1 BGB?*

Als Ausgangspunkt für die Idee einer abschließenden Regelung hinsichtlich der Haftungsverteilung bei Missbrauchsfällen stellen die Rechtsprechung[304] sowie das Schrifttum[305] üblicherweise auf § 675e Abs. 1 BGB ab. § 675e Abs. 1 BGB verbietet es, von den Vorschriften der §§ 675c-676c BGB zum Nachteil des Zahlungsdienstnutzers abzuweichen. Bei näherer Betrachtung erscheint es jedoch irreführend, sich auf diese Vorschrift zu berufen. Die amtliche Überschrift des § 675e BGB macht bereits deutlich, dass sich diese Vorschrift mit vertraglichen *Vereinbarungen* zwischen dem Zahlungsdienstleister und dem Zahlungsdienstnutzer befasst.[306] Danach darf eine vertragliche Vereinbarung von den Vorschriften des Zahlungsdiensterechts nicht zum Nachteil des Zahlungsdienstnutzers abweichen. Im Wege des Umkehrschlusses wird daraus zudem abgeleitet, dass die vertragliche Vereinbarung zugunsten des Zahlungsdienstnutzers zulässig ist.[307] Jedenfalls regelt § 675e Abs. 1 BGB nur die vertragliche Vereinbarung, nicht aber die gesetzlichen bzw. objektiv-rechtlichen Rechtsinstitute. Dies lässt sich auch durch die Entstehungsgeschichte des § 675e Abs. 1 BGB bestätigen. Art. 86 Abs. 3 PSD1 sowie Art. 107 Abs. 3 PSD2, welche in § 675e Abs. 1 BGB umgesetzt wurden,[308] verpflichten den Zahlungsdienstleister, in der Regel nicht zum Nachteil der Zahlungsdienstnutzer von den die Zahlungsdiensterichtlinie

---

303 BGHZ 208, 331 = NJW 2016, 2024, 2030 Rn. 60.

304 BGHZ 208, 331 = NJW 2016, 2024, 2029 Rn. 58.

305 S. z. B. *Linardatos*, Das Haftungssystem im bargeldlosen Zahlungsverkehr nach Umsetzung der Zahlungsdiensterichtlinie, S. 264; *ders.*, BKR 2015, 96, 98; *Mack*, Die „rechtsscheinbare" Autorisierung von Zahlungsvorgängen, S. 205; Schimansky/Bunte/Lwowski/*Maihold*, § 55 Rn. 68; MüKoBGB/*Schubert*, § 167 Rn. 131.

306 So auch Staudinger/*Omlor*, § 675e Rn. 1.

307 S. BT-Drs. 16/11643, S. 101; MüKoBGB/*Casper*, § 675e Rn. 1; Staudinger/*Omlor*, § 675e Rn. 2.

308 BT-Drs. 16/11643, S. 101; BT-Drs. 18/11495, S. 152.

umsetzenden oder dieser Richtlinie entsprechenden einzelstaatlichen Vorschriften abzuweichen, aber ermöglichen ihm, Zahlungsdienstnutzern günstigere Konditionen einzuräumen. Damit wird deutlich, dass Art. 86 Abs. 3 PSD1 sowie Art. 107 Abs. 3 PSD2 nur die vertragliche Vereinbarung regeln.

Die Rechtsscheinhaftung einschließlich ihrer Tatbestände sowie Rechtsfolgen ist jedoch ein anerkanntes zivilrechtliches Rechtsinstitut. Für die Anwendung der Rechtsscheinhaftung kommt es nicht auf die vertragliche Vereinbarung zwischen den Parteien an. Deshalb ist sie nicht § 675e Abs. 1 BGB unterstellt. Vielmehr sind hierbei Art. 86 Abs. 1 PSD1 sowie Art. 107 Abs. 1 PSD2 von Bedeutung. Danach dürfen die Mitgliedstaaten grundsätzlich keine anderen als die in der Zahlungsdiensterichtlinie festgelegten Bestimmungen beibehalten oder einführen. Dieser Gedanke der Vollharmonisierung spiegelt sich unmittelbar in § 675z S. 1 BGB wider, welcher den von § 675u und § 675y BGB vorgesehenen Ansprüchen des Zahlungsdienstnutzers eine abschließende Wirkung verleiht.[309] Dementsprechend ist § 675z S. 1 BGB heranzuziehen, wenn die im vorliegenden Zusammenhang diskutierte Rechtsscheinhaftung die von § 675u und § 675y BGB geregelten Ansprüche betrifft. Ansonsten sollte man sich auf den Vollharmonisierungsgedanken der Zahlungsdiensterichtlinie (Art. 86 Abs. 1 PSD1, Art. 107 Abs. 1 PSD2) berufen. Jedenfalls ist § 675e Abs. 1 BGB für die Anwendbarkeit der Rechtsscheinhaftung, die ein gesetzliches Rechtsinstitut ist, irrelevant.

2. *Konflikt mit § 675l BGB?*

Einer Auffassung nach kollidiert die Rechtsscheinhaftung mit § 675l S. 1 BGB a. F., nun § 675l Abs. 1 S. 1 BGB, weil demnach der Zahlungsdienstnutzer eine Geheimhaltungspflicht hinsichtlich der personalisierten Sicherheitsmerkmale habe und die Stellvertretung von vornherein ausgeschlossen sei.[310] Deshalb sei die Autorisierung des Dritten mittels der personalisierten Sicherheitsmerkmale auch dann nicht wirksam, wenn ihr vom Zahlungsdienstnutzer zugestimmt werde.[311] Diese Ansicht wird in der Literatur zu Recht abgelehnt. Zunächst wird eingewandt, dass der Sinn und Zweck des § 675l Abs. 1 S. 1 BGB die Weitergabe der personalisierten Sicherheitsmerkmale, aber nicht die Bevollmächtigung

309 S. BT-Drs. 16/11643, S. 118; BT-Drs. 18/11495, S. 176; Staudinger/*Omlor*, § 675z Rn. 1, 3; MüKoBGB/*Zetzsche*, § 675z Rn. 2.

310 BGHZ 208, 331 = NJW 2016, 2024, 2029 Rn. 58; *Linardatos*, BKR 2015, 96, 98; Schimansky/Bunte/Lwowski/*Maihold*, § 55 Rn. 65, 68.

311 BGHZ 208, 331 = NJW 2016, 2024, 2029 Rn. 58.

Dritter verhindert.[312] Es wird verbreitet anerkannt, dass die Vornahme der Autorisierung im Sinne des § 675j BGB durch Stellvertretung grundsätzlich zulässig ist.[313] Nimmt ein bevollmächtigter Dritter die Autorisierung vor, ist sie gegenüber dem Zahlungsdienstnutzer wirksam. In diesem Falle liegt kein Missbrauch vor und deshalb kommt die Rechtsscheinhaftung überhaupt nicht in Betracht.[314] Zwar könnte der Zahlungsdienstleister aufgrund des Verstoßes gegen die Ausführungsbedingungen im Sinne des § 675o Abs. 2 BGB den Zahlungsauftrag ablehnen,[315] indes passiert dies nur selten, weil der Zahlungsdienstleister diese Bevollmächtigung im Voraus nur schwer bemerken kann. Zudem scheint die Ablehnung auch nicht notwendig für den Zahlungsdienstleister, da ihm wegen der wirksamen Autorisierung auf jeden Fall ein Aufwendungsersatzanspruch gegen den Zahler zusteht.

Es wird ferner argumentiert, dass die Bevollmächtigung in Bezug auf die Rechtsscheinhaftung irrelevant sei und die vom BGH vertretene Ansicht des Ausschlusses der Stellvertretung gerade die Anwendung der Rechtsscheinhaftung befürworte bzw. gar verstärke. Denn wegen der Geheimhaltungspflicht des Zahlungsdienstnutzers dürfe der Zahlungsdienstleister sich gerade darauf verlassen, dass die personalisierten Sicherheitsmerkmale vom Zahlungsdienstnutzer und nicht vom Dritten benutzt werden.[316] Insbesondere könne der vertraglichen Geheimhaltungspflicht des Zahlungsdienstnutzers nicht entnommen werden, dass der grob fahrlässig oder vorsätzlich verursachte Rechtsschein einer Autorisierung nicht als Autorisierung gelten solle. Eine solche Auslegung widerspräche dem Interesse des Zahlungsdienstleisters, denn die Abgrenzung des Rechtsscheins von der Autorisierung des Zahlungsdienstnutzers wäre für ihn schwer erkennbar.[317] Bei einem vorsätzlichen oder grob fahrlässigen Verstoß des Zahlungsdienstnutzers gegen die Geheimhaltungspflicht führe der Ausschluss des Rechtsscheins nicht zum interessengerechten Ausgleich zwischen den Parteien.[318] Dies trifft zu. Die Geheimhaftungspflicht des Zahlungsdienstnutzers

312 S. *Mack*, Die „rechtsscheinbare" Autorisierung von Zahlungsvorgängen, S. 122 m. w. N.; *Omlor*, BKR 2019, 105, 109.

313 S. Ellenberger/Findeisen/Nobbe/*Frey*, § 675j BGB Rn. 6; MüKoBGB/*Jungmann*, § 675j Rn. 14; Langenbucher/Bliesener/Spindler/*Langenbucher*, Kapitel 3, § 675j Rn. 6; Palandt/*Sprau*, § 675j Rn. 2.

314 S. *Mack*, Die „rechtsscheinbare" Autorisierung von Zahlungsvorgängen, S. 123.

315 S. *Linardatos*, BKR 2015, 96, 98; *Mack*, Die „rechtsscheinbare" Autorisierung von Zahlungsvorgängen, S. 123.

316 S. *Herresthal*, JZ 2017, 28, 33.

317 S. *Herresthal*, JZ 2017, 28, 33.

318 S. *Herresthal*, JZ 2017, 28, 33; in diese Richtung auch *Borges*, ZBB 2016, 249, 253.

hinsichtlich des Zahlungsinstruments gemäß § 675l Abs. 1 S. 1 BGB verstärkt das Vertrauen des Zahlungsdienstleisters auf die berechtigte Verwendung des Zahlungsinstruments, welches im Fall des Drittmissbrauchs durch die Rechtsscheinhaftung geschützt werden soll.

3. *Konflikt mit § 675v BGB?*

Des Weiteren stellt sich die entscheidende Frage, ob die Rechtsscheinhaftung mit § 675v Abs. 2 BGB a. F., nun § 675v Abs. 3 BGB vereinbar ist.

a) *Meinungsstand*

aa) *Konflikt mit § 675v Abs. 1 und Abs. 3 BGB*

Gemäß § 675v Abs. 3 BGB, der Art. 74 Abs. 1 UAbs. 3 PSD2 umsetzt, ist der Zahler bezüglich der nicht autorisierten Zahlungsvorgänge nur bei Betrug, Vorsatz oder grober Fahrlässigkeit verpflichtet, Ersatz des gesamten Schadens zu leisten. Dieser Gedanke könne – so eine Überlegung in Rechtsprechung und Literatur – durch Anwendung der Rechtsscheinhaftung ausgehöhlt werden, weil einfache Fahrlässigkeit bereits zur Rechtscheinhaftung führen könne.[319] Zudem haftet der Zahler gemäß § 675v Abs. 1 BGB, der Art. 74 Abs. 1 UAbs. 1 PSD2 umsetzt, für den hierbei geregelten Missbrauchsfall zwar verschuldensunabhängig, jedoch nur bis 50 Euro. Durch Umkehrschluss aus § 675v Abs. 3 BGB ergebe sich – so wiederum Vertreter dieser Ansicht –, dass die Haftungsbeschränkung nach § 675v Abs. 1 BGB auch bei einfacher Fahrlässigkeit gelte.[320] Deshalb werde von § 675v Abs. 1 BGB durch die Anwendung der Rechtsscheinhaftung abgewichen.[321] Schließlich gilt es zu beachten, dass die Mitgliedstaaten die Haftung des Zahlers für nicht autorisierte Zahlungsvorgänge nach Art. 74 Abs. 1 UAbs. 5 PSD2 nur beschränken dürfen. Die Rechtsscheinhaftung des Zahlers bei einfacher Fahrlässigkeit bedeutete jedoch die Verschärfung der Haftung des Zahlers sowohl im Sinne des § 675v Abs. 1 BGB als auch des § 675v Abs. 3 BGB, denn der Zahler müsste *bei einfacher Fahrlässigkeit* (minderer Verschuldensmaßstab als der des § 675v Abs. 3 BGB) bereits *den gesamten Schaden* (strengere Haftung als die des § 675v Abs. 1 BGB) ersetzen.[322]

---

319 S. BGHZ 208, 331 = NJW 2016, 2024, 2029 f. Rn. 58; *Köbrich*, VuR 2015, 9, 12; *Linardatos*, BKR 2015, 96, 98; Schimansky/Bunte/Lwowski/*Maihold*, § 55 Rn. 68.

320 S. *Linardatos*, BKR 2015, 96, 100; *Schinkels*, WuB 2015, 98, 100.

321 S. *Linardatos*, BKR 2015, 96, 100; *Schinkels*, WuB 2015, 98, 100.

322 Ausführlich dazu *Linardatos*, BKR 2015, 96, 100.

bb) Kein Konflikt wegen verschiedener dogmatischer Einordnung

Nach der Gegenansicht bestehen keine Wertungswidersprüche zwischen der Rechtsscheinhaftung und § 675v BGB. Das grundlegende Argument für diese Ansicht ist die dogmatische Unterscheidung zwischen dem Aufwendungsersatzanspruch auf der einen Seite (§§ 675u, 675c Abs. 1, 670 BGB) und dem Schadensersatzanspruch auf der anderen Seite (§ 675v BGB).[323] Diese Unterscheidung ist auf die Abgrenzung der primären zur sekundären Leistungspflicht im deutschen Schuldrecht[324] zurückzuführen.[325] Während der Schadensersatzanspruch eine sekundäre Leistungspflicht sei, sei der Aufwendungsersatzanspruch des Zahlungsdienstleisters als ein Primäranspruch zu qualifizieren, denn er entstehe durch Autorisierung des Zahlers direkt aus dem Zahlungsdienstvertrag.[326] Bei der Rechtsscheinhaftung handele es sich um einen vertraglichen Erfüllungsanspruch,[327] welcher dem Primäranspruch zugeordnet werde, weil die scheinbare Autorisierung mittels Rechtsscheinhaftung einer tatsächlichen Autorisierung gleichgestellt werde und sich dadurch der Aufwendungsersatzanspruch als echter Erfüllungsanspruch ergebe.[328]

Zudem werde die Autorisierung nur sehr abstrakt von der Zahlungsdiensterichtlinie (Art. 54 PSD1, Art. 64 PSD2) vorgesehen und es fehlten detaillierte Regelungen. Deshalb könne die allgemeine Rechtsgeschäftslehre weiterhin Anwendung finden.[329] Der Grundsatz der Rechtsscheinhaftung als Teil der allgemeinen Rechtsgeschäftslehre dürfe auch folglich herangezogen werden.[330] Das besondere Erfordernis des Verschuldensgrads bei Art. 61 Abs. 2 PSD1, nun Art. 74 Abs. 1 UAbs. 3 PSD2, betreffe nur den Schadensersatzanspruch als

---

323 S. *Mack*, Die „rechtsscheinbare" Autorisierung von Zahlungsvorgängen, S. 213 ff.; *Herresthal*, JZ 2017, 28, 34; *Omlor*, LMK 2016, 378373.

324 Zu dieser Abgrenzung s. *Fikentscher/Heinemann*, Schuldrecht, Rn. 23 f.; *Larenz*, Schuldrecht I, § 2 I (S. 8 f.); *Looschelders*, Schuldrecht AT, § 1 Rn. 15.

325 S. *Mack*, Die „rechtsscheinbare" Autorisierung von Zahlungsvorgängen, S. 213 ff.

326 S. *Mack*, Die „rechtsscheinbare" Autorisierung von Zahlungsvorgängen, S. 213.

327 S. *Herresthal*, JZ 2017, 28, 34.

328 S. *Mack*, Die „rechtsscheinbare" Autorisierung von Zahlungsvorgängen, S. 215.

329 S. *Mack*, Die „rechtsscheinbare" Autorisierung von Zahlungsvorgängen, S. 220 f.; tendenziell auch dahingehend *Langenbucher*, FS Köndgen, S. 383, 386 f.

330 S. *Grundmann*, WM, 2009, 1109, 1114; *Mack*, Die „rechtsscheinbare" Autorisierung von Zahlungsvorgängen, S. 221; tendenziell auch dahingehend *Langenbucher*, FS Köndgen, S. 383, 386.

Sekundäranspruch, gelte mithin nicht für die als Primäranspruch einzuordnende Rechtsscheinhaftung.[331]

cc) *Auflösung des Konflikts durch modifizierte Rechtsscheinhaftung*

Um den etwaigen Konflikt aufzulösen, wird in der Literatur auch versucht, einen Mittelweg zu gehen. Der Kerngedanke für diese Vorgehensweise ist, für das Erfordernis der Zurechenbarkeit bei der Rechtsscheinhaftung auf den Verschuldensmaßstab des Art. 61 Abs. 2 PSD1, nun Art. 74 Abs. 1 UAbs. 3 PSD2, umgesetzt in § 675v Abs. 3 BGB, abzustellen.[332] Bei der Anwendung der Rechtsscheinhaftung auf das Zahlungsdiensterecht werde in der Regel differenziert, ob der zugerechnete Rechtsscheintatbestand *bewusst* oder nur *fahrlässig* gesetzt wird.[333] Im ersten Fall stimme die Rechtsscheinhaftung mit dem Zahlungsdiensterecht überein. Einerseits liege eine nahe Verwandtschaft zwischen dem bewussten Verhalten und der ausdrücklichen Willenserklärung vor und andererseits entspreche die Rechtsscheinhaftung hierbei der Wertung in Art. 61 Abs. 2 PSD1, nun Art. 74 Abs. 1 UAbs. 3 PSD2, dass der Zahler für die vorsätzliche Pflichtverletzung hafte.[334] Im zweiten Fall sei einerseits der enge Zusammenhang zwischen der „Zurechnung eines fahrlässig gesetzten Rechtsscheintatbestandes" und der „bewussten Abgabe einer Willenserklärung" schwer zu begründen; andererseits widerspreche die volle Haftung des Zahlers für einfache Fahrlässigkeit dem Gedanken der Haftungsverteilung im Zahlungsdiensterecht deutlich.[335] In

---

331 S. *Mack*, Die „rechtsscheinbare" Autorisierung von Zahlungsvorgängen, S. 214 f.; *Herresthal*, JZ 2017, 28, 34; *Omlor*, LMK 2016, 378373.

332 S. *Langenbucher*, FS Köndgen, S. 383, 387 ff.; Langenbucher/Bliesener/Spindler/*dies.*, Kapitel 3 § 675j Rn. 12b; tendenziell in diese Richtung auch *Borges*, ZBB 2016, 249, 253 f. (insbesondere auf S. 254: „Sachverhalte, bei denen nur leichte Fahrlässigkeit anzunehmen wäre, begründen keine Zurechenbarkeit des Rechtsscheins."); *Linardatos*, Das Haftungssystem im bargeldlosen Zahlungsverkehr nach Umsetzung der Zahlungsdiensterichtlinie, S. 262, der vertritt, dass „wenn sie [die Rechtsscheintatbestände] weiterhin eingreifen sollen, [sie] zumindest zu modifizieren [wären]," diese Möglichkeit jedoch schließlich ablehnt; *ders.*, BKR 2015, 96, 100 (vertretend, dass die Grundsätze der Vertrauenshaftung nicht unverändert angewendet sollten); *Schinkels*, WuB 2015, 98, 99 f. (für eine Vorlagepflicht plädierend); Palandt/*Sprau*, § 675j Rn. 2; s. zusammenfassend auch *Mack*, Die „rechtsscheinbare" Autorisierung von Zahlungsvorgängen, S. 208 f.

333 S. *Langenbucher*, FS Köndgen, S. 383, 387 ff.

334 S. *Langenbucher*, FS Köndgen, S. 383, 388.

335 S. *Langenbucher*, FS Köndgen, S. 383, 388 f.

diesem Fall bestehe die Lösung zur Vermeidung dieser Kollision darin, dass sich die Rechtsscheinhaftung entsprechend dem Maßstab im Zahlungsdiensterecht nur bei „Vorsatz oder grobe[r] Fahrlässigkeit auf der Seite des Kontoinhabers" begründen lasse.[336]

b) Stellungnahme

Im Gegensatz zu den beiden extremen Ansätzen, die Rechtsscheinhaftung im Zahlungsdiensterecht pauschal anzuwenden oder abzulehnen, ist die vermittelnde Ansicht der modifizierten Rechtsscheinhaftung zu bevorzugen. Die dogmatische Abgrenzung zwischen primärer und sekundärer Leistungspflicht teilt die Zahlungsdiensterichtlinie ebenfalls, was den parallelen Vorgaben von Art. 61 PSD1, nun Art. 74 PSD2, bezüglich des Schadensersatzanspruchs einerseits und Art. 54 und 60 PSD1, nun Art. 64 und 73 PSD2, andererseits entnommen werden kann.[337] Der Trennlinie dient der Tatbestand der Autorisierung des Zahlungsvorgangs,[338] welche zumindest ein rechtsgeschäftsähnliches Element enthält. Angesichts der lückenhaften Regelungen in Bezug auf die Autorisierung kann man davon ausgehen, dass die nationale Rechtsgeschäftslehre einschließlich der Zurechnung der Willenserklärung durch Rechtsscheingrundsätze grundsätzlich anwendbar sein soll. Insoweit spielt die dogmatische Einordnung der Rechtsscheintatbestände in der Tat eine Rolle.[339]

Die Anwendung des nationalen Rechts soll den in der Zahlungsdiensterichtlinie immanenten Gedanken der Haftungsverteilung aber nicht gefährden, sondern mitberücksichtigen, damit das von der Zahlungsdiensterichtlinie mit Vollharmonisierungsgrundsatz erstrebte Ziel besser erreicht werden kann. Die dem Schadensersatzanspruch als Sekundäranspruch im Sinne des Art. 61 PSD1, nun Art. 74 PSD2, zugrunde liegende Wertung kann mithin bei den Tatbeständen der Rechtsscheinhaftung herangezogen werden.[340] Dieser Gedanke lässt sich dadurch realisieren, dass man für den Maßstab der Zurechenbarkeit bei Rechtsscheingrundsätzen auf die Vorgabe des Schadensersatzanspruchs

---

336 S. *Langenbucher*, FS Köndgen, S. 383, 389.

337 S. *Mack*, Die „rechtsscheinbare" Autorisierung von Zahlungsvorgängen, S. 214.

338 S. *Mack*, Die „rechtsscheinbare" Autorisierung von Zahlungsvorgängen, S. 214.

339 A. A. *Linardatos*, Das Haftungssystem im bargeldlosen Zahlungsverkehr nach Umsetzung der Zahlungsdiensterichtlinie, S. 262.

340 S. *Mack*, Die „rechtsscheinbare" Autorisierung von Zahlungsvorgängen, S. 214 f.

abstellt.[341] Auf diese Weise wird auch das von der Zahlungsdiensterichtlinie vorgesehene Schutzniveau des Zahlers nicht herabgesetzt.[342]

4. Zwischenergebnis

Nach der vorliegenden Untersuchung lässt sich feststellen, dass die modifizierte Rechtsscheinhaftung mit dem Zahlungsdiensterecht im Einklang steht. Auf dieser Grundlage soll im Folgenden die konkrete Anwendung der Rechtsscheinhaftung auf einzelne Zahlungsinstrumente analysiert werden.

III. Anwendung der Rechtsscheinhaftung auf das Zahlungsdiensterecht

1. Die Rechtsscheintatbestände

a) Die Rechtsscheinhaftung im allgemeinen digitalen Rechtsverkehr

Im allgemeinen digitalen Rechtsverkehr wird sich die Willenserklärung üblicherweise von einem bestimmen Account aus abgegeben. In derartigen Fällen geht der Geschäftspartner in aller Regel davon aus, dass er mit dem Account-Inhaber ein Rechtsgeschäft abschließt. Handelt jedoch ein unbefugter Dritter über einen fremden Account, so stellt sich die Frage, ob und wie die vom Dritten abgegebene Willenserklärung dem Inhaber des Accounts zugerechnet werden kann. Im Folgenden ist zunächst dieser Frage nachzugehen. Die daraus gewonnenen Erkenntnisse können dann für das Zahlungsdiensterecht fruchtbar gemacht werden, da der bargeldlose Zahlungsverkehr grundsätzlich eine Unterart des allgemeinen digitalen Rechtsverkehrs darstellt.

---

341 Deutlich in diese Richtung *Langenbucher*, FS Köndgen, S. 383, 387, 389; im Gegensatz dazu geht *Mack* davon aus, dass der niedrige Zurechnungsgrund der einfachen Fahrlässigkeit durch den Tatbestand „eines hinreichenden Rechtsscheins – dort kann etwa eine hohe Systemsicherheit verlangt werden –" kompensiert werde, s. *Mack*, Die „rechtsscheinbare" Autorisierung von Zahlungsvorgängen, S. 216; Kritik an dieser Vorgehensweise bereits bei *Linardatos*, Das Haftungssystem im bargeldlosen Zahlungsverkehr nach Umsetzung der Zahlungsdiensterichtlinie, 269 f.

342 Diesen Punkt betonend bereits *Linardatos*, Das Haftungssystem im bargeldlosen Zahlungsverkehr nach Umsetzung der Zahlungsdiensterichtlinie, S. 262.

aa) *Behandlung des Handelns unter fremdem Namen im digitalen Rechtsverkehr*

(1) *Analoge Anwendung der Regelungen der Rechtsscheinvollmacht*

Gibt ein unbefugter Dritter über einen fremden Account eine Willenserklärung ab, handelt es sich hierbei in der Regel um ein *Handeln unter fremdem Namen.* Denn nach allgemeiner Ansicht liegt ein Handeln unter fremdem Namen vor, wenn der Handelnde bei der Vornahme eines Rechtsgeschäfts nicht unter seinem eigenen, sondern unter einem fremden Namen auftritt.[343] Dabei stellt sich die Frage, mit welcher Person – dem Handelnden oder dem Namensträger – der Geschäftspartner einen Vertrag abgeschlossen hat. Nach einhelliger Auffassung muss durch Auslegung der Willenserklärung unter besonderer Berücksichtigung des Interesses des Geschäftspartners festgestellt werden, ob es sich um ein Eigengeschäft des Handelnden[344] oder um ein Geschäft des Namensträgers[345] handelt.[346] Ein Eigengeschäft des Handelnden liegt vor, wenn „die Benutzung des fremden Namens bei der anderen Vertragspartei keine Fehlvorstellung über die Identität des Handelnden hervorgerufen hat, diese den Vertrag also nur mit dem Handelnden schließen will."[347] In diesem Fall betreffen die Rechtsfolgen allein den Handelnden.[348] Im Gegensatz dazu erfolgt ein Geschäft des Namensträgers, wenn „das Auftreten des Handelnden auf eine bestimmte andere Person hinweist und die andere Partei der Ansicht sein durfte, der Vertrag komme mit

---

343 MüKoBGB/*Schubert*, § 164 Rn. 138 m. w. N.

344 Auch bekannt als „Eigengeschäft unter falscher Namensangabe" (als ein Unterfall des „Handelns unter fremdem Namen" bei BGH NJW 2013, 1946 Rn. 7, jedoch als Parallelfall zum „Handeln unter fremdem Namen" bei *Medicus/Petersen*, BGB AT, Rn. 907 f. verstanden) oder „Namenstäuschung" (MüKoBGB/*Schubert*, § 164 Rn. 140).

345 Auch bekannt als „Vertretergeschäft" (MüKoBGB/*Schubert*, § 164 Rn. 139), „Identitätstäuschung" (MüKoBGB/*Schubert*, § 164 Rn. 144) oder „Fremdgeschäft für den Namensträger" (BGHZ 189, 346 = NJW 2011, 2421 f. Rn. 11; *Bork*, BGB AT, Rn. 1410; *Wolf/Neuner*, BGB AT, § 49 Rn. 55).

346 BGHZ 45, 193 = NJW 1966, 1069 f.; BGH NJW-RR 1988, 814, 815; NJW-RR 2006,701, 702 Rn. 12; BGHZ 189, 346 = NJW 2011, 2421 Rn. 10; BGH NJW 2013, 1946 Rn. 7; Palandt/*Ellenberger*, § 164 Rn. 11; MüKoBGB/*Schubert*, § 164 Rn. 139; *Wolf/Neuner*, BGB AT, § 49 Rn. 52 ff.

347 BGH NJW-RR 1988, 814, 815; NJW-RR 2006, 701, 702 Rn. 12; NJW 2013, 1946 Rn. 7; ähnlich auch BGHZ 189, 346 = NJW 2011, 2421 Rn. 10; Palandt/*Ellenberger*, § 164 Rn. 12; *Wolf/Neuner*, BGB AT, § 49 Rn. 53.

348 S. *Medicus/Petersen*, BGB AT, Rn. 907; *Wolf/Neuner*, BGB AT, § 49 Rn. 53.

dieser Person zustande."[349] In diesem Fall will der Geschäftspartner gerade mit dem Namensträger einen Vertrag schließen. Das Vertrauen des Geschäftspartners, mit dem Namensträger zu kontrahieren, wird dann als schutzwürdig angesehen. Dies hat zur Folge, dass die Stellvertretungsregeln grundsätzlich analog anwendbar sind.[350] Für die Wirksamkeit des Rechtsgeschäfts gegenüber dem Namensträger kommt es dann darauf an, ob dem Handelnden eine Vollmacht zusteht oder das Rechtsgeschäft vom Namensträger analog § 177 Abs. 1 BGB genehmigt wird.[351] Fehlt es an einer Vollmacht oder einer Genehmigung, sollen die Regeln der Rechtsscheinhaftung wie etwa die Duldungs- und Anscheinsvollmacht analog zur Anwendung kommen.[352]

(2) Eigenständige Rechtsscheinhaftung im digitalen Rechtsverkehr

Die analoge Anwendung der Duldungs- und Anscheinsvollmacht auf das Handeln unter fremdem Namen im digitalen Rechtsverkehr stößt in der Literatur auf Kritik. Bei der Stellvertretung handele es um ein Dreipersonenverhältnis und das Vertrauen des Geschäftspartners bei der Rechtsscheinvollmacht beziehe sich auf die Vertretungsmacht des Handelnden.[353] Ein solches Dreipersonenverhältnis sei jedoch bei dem Handeln unter fremdem Namen für den Geschäftspartner oft nicht erkennbar, denn er gehe davon aus, dass er mit dem Namensträger bzw. dem Account-Inhaber einen Vertrag abschließe.[354] Das Vertrauen des Geschäftspartners beziehe sich auf die Identität des Namensträgers bzw. des Account-Inhabers, nicht auf die Vertretungsmacht des Handelnden. Aufgrund dieses Hauptunterschieds sei die entsprechende Anwendung der

---

349 BGH NJW-RR 1988, 814, 815; NJW 2013, 1946 Rn. 7; Palandt/*Ellenberger*, § 164 Rn. 11.

350 BGHZ 45, 193 = NJW 1966, 1069, 1070; BGH NJW-RR 2006, 701, 702 Rn. 11; BGHZ 189, 346 = NJW 2011, 2421, 2422 Rn. 12; BGH NJW 2013, 1946 Rn. 7; *Bork*, BGB AT, Rn. 1410; *Medicus/Petersen*, BGB AT, Rn. 908; *Wolf/Neuner*, BGB AT, § 49 Rn. 55.

351 BGHZ 189, 346 = NJW 2011, 2421, 2422 Rn. 12; *Medicus/Petersen*, BGB AT, Rn. 908; MüKoBGB/*Schubert*, § 164 Rn. 145; *Wolf/Neuner*, BGB AT, § 49 Rn. 55.

352 BGHZ 189, 346 = NJW 2011, 2421, 2422 Rn. 12; *Hajut*, Handeln unter fremder Identität, S. 105 m. w. N.; *Mack*, Die „rechtsscheinbare" Autorisierung von Zahlungsvorgängen, S. 66 f.

353 S. *Faust*, JuS 2011, 1027, 1028; *Hauck*, JuS 2011, 967, 969; *Herresthal*, JZ 2011, 1171, 1172; *Linardatos*, JURA 2012, 53, 54; *Sonnentag*, WM 2012, 1614, 1615.

354 S. *Faust*, JuS 2011, 1027, 1028; *Hauck*, JuS 2011, 967, 969; *Herresthal*, JZ 2011, 1171, 1172 f.; *Linardatos*, JURA 2012, 53, 54; *Oechsler*, JURA 2012, 581, 583; *Sonnentag*, WM 2012, 1614, 1615.

Rechtsscheinvollmacht zumindest ohne Modifizierung auf das Handeln unter fremdem Namen abzulehnen[355] und stattdessen ein eigenständiger Rechtsscheintatbestand herauszuarbeiten.[356]

(3) *Stellungnahme*

Grundsätzlich wurde dieser Hauptunterschied zwischen Handeln *unter* fremdem Namen und Handeln *in* fremdem Namen längst anerkannt.[357] Gerade in Anbetracht deren Besonderheiten wurden verschiedene Lösungsansätze für das Handeln unter fremdem Namen entwickelt.[358] Dennoch lässt es sich nicht verkennen, dass zwischen den beiden Rechtsfiguren eine „enge Verwandtschaft" besteht.[359] Zugespitzt lässt sich formulieren: „[D]ie Behauptung des unter fremdem Namen Handelnden, eine ganz bestimmte andere Person zu sein, ist tatbestandsmäßig gleichbedeutend mit derjenigen, die Erklärung sei die eines Dritten."[360] Aufgrund dieser tatbestandlichen Gleichwertigkeit oder doch zumindest Ähnlichkeit sind grundsätzlich die entwickelten Figuren der Duldungs- und Anscheinsvollmacht heranzuziehen, ihre Tatbestandmerkmale sollten jedoch unter Berücksichtigung der Besonderheit des Handelns unter fremdem Namen insbesondere im digitalen Rechtsverkehr entsprechend angepasst werden.[361]

---

355 S. *Faust*, JuS 2011, 1027, 1028; *Hauck*, JuS 2011, 967, 969; *Herresthal*, JZ 2011, 1171, 1172 ff.; *Linardatos*, JURA 2012, 53, 54; *Sonnentag*, WM 2012, 1614, 1615.

356 S. *Herresthal*, JZ 2011, 1171, 1172 ff.; *Sonnentag*, WM 2012, 1614, 1615.

357 S. statt aller *Geusen*, Das Handeln unter fremdem Namen im Zivilrecht, S. 21 f.

358 In der Literatur zusammengefasst als „die Nichtigkeitstheorie", „die Eigengeschäftstheorie", „die Vertretungstheorie" und „die Theorie der entsprechenden Anwendung der Stellvertretungsregeln", *Geusen*, Das Handeln unter fremdem Namen im Zivilrecht, S. 27 ff.; ähnlich *Ihnen*, Das Handeln unter fremdem Namen, S. 18 ff.

359 *Canaris*, Die Vertrauenshaftung im deutschen Privatrecht, S. 68.

360 *Geusen*, Das Handeln unter fremdem Namen im Zivilrecht, S. 62; in diese Richtung auch *M. Koch*, Missbrauch von Zahlungsauthentifizierungsinstrumenten, S. 99.

361 Ähnliche Vorgehensweise *Hajut*, Handeln unter fremder Identität, S. 108 ff.; *Mack*, Die „rechtsscheinbare" Autorisierung von Zahlungsvorgängen, S. 68 f.

bb) Konstruktion des hinreichenden Rechtsscheins im digitalen Rechtsverkehr

(1) Entbehrlichkeit des Erfordernisses einer gewissen Dauer und Häufigkeit

Für die Duldungs-[362] und Anscheinsvollmacht[363] ist es in der Regel erforderlich, dass das Verhalten des Handelnden von einer gewissen Dauer und Häufigkeit ist. Von Bedeutung ist dieses Merkmal aus zwei Perspektiven. Zum einen lässt das mehrmalige Verhalten des Handelnden die Rechtsscheintatbestände wahrscheinlicher begründen, denn je häufiger sich ein Handelnder im Namen des vermeintlichen Vertretenen verhält, desto wahrscheinlicher ist es, dass der Handelnde eine Vertretungsmacht hat.[364] Zum anderen deutet das wiederholte Verhalten in der Regel auch das etwaige Verschulden des vermeintlichen Vertretenen an.[365] Trotz dieser „Doppelfunktion"[366] des Merkmals des wiederholten Verhaltens des Handelnden lässt sich hieraus indessen nicht der Schluss ziehen, dass dieses Merkmal unabdingbar wäre. Im Ausnahmefall genügt auch ein einmaliges Verhalten des Handelnden.[367] Richtigerweise kann es nur darauf ankommen, ob ein ausreichender Rechtsschein begründet wurde. Von diesem Ausgangspunkt her ist es nicht ausgeschlossen, dass im digitalen Rechtsverkehr einmaliges Handeln eine Rechtsscheinhaftung begründet.

Nach Ansicht des BGH ist jedoch das Erfordernis einer gewissen Dauer und Häufigkeit des Vertreterverhaltens im digitalen Rechtsverkehr unverzichtbar.[368] Dabei hatte der BGH vor allem den damaligen schwachen Sicherheitsstandard bezüglich eines eBay-Accounts vor Augen. Für die damaligen eBay-Accounts

---

362 Vgl. *Wolf/Neuner*, BGB AT, § 50 Rn. 87.

363 BGHZ 189, 346 = NJW 2011, 2421, 2422 Rn. 16 m. w. N.; BGHZ 208, 331 = NJW 2016, 2024, 2030 Rn. 61; Palandt/*Ellenberger*, § 172 Rn. 12 m. w. N.

364 S. *Bürger*, Die Tatbestandsvoraussetzungen des Anscheins- und Duldungsvollmacht, S. 112; *Faust*, JuS 2011, 1027, 1028; *Hajut*, Handeln unter fremder Identität, S. 95 f.

365 S. *Bürger*, Die Tatbestandsvoraussetzungen des Anscheins- und Duldungsvollmacht, S. 113; *Hajut*, Handeln unter fremder Identität, S. 96.

366 S. *Hajut*, Handeln unter fremder Identität, S. 96.

367 Für die Annahme, dass zur Duldungsvollmacht ein erstmaliges Auftreten in bestimmten Fällen auch ausreichend sein kann, vgl. *Bork*, BGB AT, Rn. 1550; *Canaris*, Die Vertrauenshaftung im deutschen Privatrecht, S. 494 f.; Palandt/*Ellenberger*, § 172 Rn. 9; *Wolf/Neuner*, BGB AT, § 50 Rn. 87. Für die Annahme, dass zur Anscheinsvollmacht ein erstmaliges Auftreten in bestimmten Fällen auch ausreichend sein kann, vgl. *Bork*, BGB AT, Rn. 1561, Fn. 211; *Wolf/Neuner*, BGB AT, § 50 Rn. 96.

368 BGHZ 189, 346 = NJW 2011, 2421, 2422 f. Rn. 18.

konnte man es durchaus für nicht garantiert ansehen, „dass unter einem registrierten Mitgliedsnamen ausschließlich dessen tatsächlicher Inhaber auftritt."[369] Hieraus die Unverzichtbarkeit einer gewissen Dauer und Häufigkeit des Vertreterhandelns abzuleiten, geht jedoch fehl. Zunächst ist hervorzuheben, dass das Erfordernis des wiederholten Vertreterverhaltens keinen passenden Maßstab für den Rechtsscheintatbestand beim Handeln unter fremdem Namen im digitalen Rechtsverkehr bildet. Kennt der Geschäftspartner das Dreipersonenverhältnis sowie das Auftreten des Vertreters überhaupt nicht, so kann die Häufigkeit des Vertreterverhaltens den Rechtsschein weder begründen noch verstärken.[370] Vielmehr knüpft das Vertrauen des Geschäftspartners beim Handeln unter fremdem Namen im digitalen Rechtsverkehr an die Identifizierungsfunktion des Accounts an. Der Geschäftspartner vertraut darauf, dass die Erklärung in der Regel von dem Account-Inhaber selbst[371] oder zumindest von einem berechtigten Dritten stammt.[372] Deshalb liegt es nahe, das Identifizierungs- bzw. Legitimationskennzeichen als möglichen Rechtsscheinträger anzunehmen.[373] Jedenfalls kann man nicht das Identifizierungs- bzw. Legitimationskennzeichen als Rechtsschein bloß wegen dessen Missbrauchsrisikos pauschalisiert ausschließen,[374] insbesondere wenn andere anerkannte Rechtsscheintatbestände wie etwa die Vollmachtsurkunde dasselbe Risiko bergen.[375]

---

369 BGHZ 189, 346 = NJW 2011, 2421, 2422 f. Rn. 18.

370 Vgl. *Faust*, JuS 2011, 1027, 1028; *Hajut*, Handeln unter fremder Identität, S. 132 f.; *Herresthal*, K&R 2008, 705, 706 f.; *ders.*, JZ 2011, 1171, 1173; *Mack*, Die „rechtsscheinbare" Autorisierung von Zahlungsvorgängen, S. 70; *Schinkels*, LMK 2011, 320461; *Sonnentag*, WM 2012, 1614, 1615.

371 S. *Faust*, JuS 2011, 1027, 1028; *Schinkels*, LMK 2011, 320461.

372 S. *Herresthal*, K&R 2008, 705, 707; *ders.*, JZ 2011, 1171, 1173; *ders.*, JZ 2017, 28, 31; *Mack*, Die „rechtsscheinbare" Autorisierung von Zahlungsvorgängen, S. 70; *Sonnentag*, WM 2012, 1614, 1616; a. A. *Hajut*, Handeln unter fremder Identität, S. 141; *M. Koch*, Missbrauch von Zahlungsauthentifizierungsinstrumenten, S. 98 f.

373 S. *Herresthal*, JZ 2011, 1171, 1173 f.; *Schinkels*, LMK 2011, 320461; *Sonnentag*, WM 2012, 1614, 1616.

374 So aber BGHZ 189, 346 = NJW 2011, 2421, 2422 f. Rn. 18.

375 S. *Faust*, JuS 2011, 1027, 1028 f.; *Mack*, Die „rechtsscheinbare" Autorisierung von Zahlungsvorgängen, S. 72 m. w. N.; *Müller-Brockhausen*, Haftung für den Missbrauch von Zugangsdaten im Internet, S. 263 f.; *Schinkels*, LMK 2011, 320461; MüKoBGB/*Schubert*, § 167 Rn. 129 m. w. N; *Sonnentag*, WM 2012, 1614, 1617.

(2) *Anhaltspunkte der Konstruktion der Rechtsscheintatbestände im digitalen Zahlungsverkehr*

Verzichtet man auf das Merkmal einer gewissen Dauer und Häufigkeit des Verhaltens als Voraussetzung für einen hinreichenden Rechtsschein im digitalen Rechts- sowie Zahlungsverkehr[376] und nimmt man an, dass das Identifizierungs- bzw. Legitimationskennzeichen als Rechtsscheinträger fungieren kann, dann verbleibt die Frage, nach welchem Maßstab zu beurteilen ist, ob der Geschäftsgegner im Einzelfall tatsächlich so vertrauen darf und ob sein Vertrauen gerechtfertigt ist. Da sich die Sicherheit des Identifizierungs- bzw. Legitimationskennzeichens von Fall zu Fall unterscheidet, je nachdem, welche Sicherheitsverfahren eingesetzt werden, ergibt sich die Frage, ob der Sicherheitsstandard bei der Konstruktion des Rechtsscheinträgers überhaupt eine Rolle spielt und, falls dies bejaht wird, inwieweit. Bezüglich dieser Frage, also des Maßstabs der Rechtsscheintatbestände für das Handeln unter fremdem Namen im digitalen Rechtsverkehr, fehlt es im Schrifttum bislang an einem allgemein anerkannten Kriterium; stattdessen werden verschiedene Ansätze herausgearbeitet.

Nach einer verbreiteten Auffassung spielt der Sicherheitsstandard des konkreten Identifizierungskennzeichens oder -systems eine wichtige Rolle,[377] jedoch streitet man sich, wie ein allgemeines und handhabbares Kriterium herauszubilden ist.[378] Mitunter wird auch die Gegenmeinung vertreten, dass der Sicherheitsstandard keine Rolle spielen solle;[379] vielmehr seien die Rechtsscheintatbestände auf der Grundlage der sog. „exklusive[n] Authentisierungsmedien“ zu entscheiden.[380] Das bedeutet, dass die „Authentisierungsmedien“ einerseits „ausschließlich einer Person zugewiesen“ sind und andererseits „ausschließlich zum

---

376 Wenn man auf dieser Voraussetzung besteht, welche im Einzelfall meistens nicht vorliegt, dann stellt sich die folgende Frage in der Regel nicht, weil man die Rechtsscheinhaftung bereits mangels eines hinreichenden Rechtsscheins ablehnen kann, s. beispielsweise BGHZ 208, 331 = NJW 2016, 2024, 2030 Rn. 65.

377 S. *Mack*, Die „rechtsscheinbare“ Autorisierung von Zahlungsvorgängen, S. 71; *Müller-Brockhausen*, Haftung für den Missbrauch von Zugangsdaten im Internet, S. 265 ff.; *Herresthal*, JZ 2011, 1171, 1174; *ders.*, K&R 2008, 705, 707; *Linardatos*, JURA 2012, 53, 54 f.; *Rieder*, Die Rechtsscheinhaftung im elektronischen Geschäftsverkehr, S. 309; MüKoBGB/*Schubert*, § 167 Rn. 129 f.; *Sonnentag*, WM 2012, 1614, 1616; *Wolf/Neuner*, BGB AT, § 50 Rn. 108.

378 Vgl. die Übersicht bei *Müller-Brockhausen*, Haftung für den Missbrauch von Zugangsdaten im Internet, S. 266 f.

379 Vgl. *Hajut*, Handeln unter fremder Identität, S. 127 ff.

380 *Hajut*, Handeln unter fremder Identität, S. 130 f.

persönlichen Gebrauch durch diese Person überlassen werden".[381] Dies lasse sich mit der Unterschrift als Rechtsscheinträger bei der verdeckten Blanketthaftung vergleichen, welche eine Zuordnungsfunktion genieße.[382]

Die Gegenansicht, die den Sicherheitsstand des Authentifizierungssystems für die Rechtsscheintatbestände als völlig überflüssig ansieht, vermag nicht zu überzeugen. Zwar ist ihr zuzustimmen, dass die ausschließliche Zuordnung der Authentifizierungsmittel insoweit ein notwendiges Element für die Rechtsscheintatbestände ist, als sie das Vertrauen des Geschäftspartners wahrscheinlich werden lässt. Ein hoher Grad dieser Wahrscheinlichkeit wird aber nicht automatisch gewährleistet, weil die Authentifizierungsmittel als ein künstlich entwickelter Mechanismus allein kein ausreichendes Sicherheitsniveau anbieten. Die etwaigen Sicherheitslücken wie etwa die Missbrauchsanfälligkeit müssen anhand äußerer risikoverhindernder Maßnahmen oder Verfahren ausgefüllt werden. Fehlt es an einem gewissen Sicherheitsniveau, lässt sich das Vertrauen des Geschäftspartners auch nicht rechtfertigen. Deshalb erscheint ein gewisser Sicherheitsstand des Authentifizierungsmittels bzw. -systems für die Konstruktion der Rechtsscheintatbestände im digitalen Rechtsverkehr unentbehrlich. Anschließend ist zu überlegen, wie diese allgemeine Anforderung zu konkretisieren ist.

(3) Konkretisierung der Rechtsscheintatbestände im digitalen Rechtsverkehr

Stellt man bei der Konstruktion der Rechtsscheintatbestände im digitalen Rechtsverkehr maßgeblich auf den Sicherheitsstandard als Anhaltspunkt ab, taucht die wichtige und schwierige Frage auf, wie diese abstrakte Anforderung zu konkretisieren ist, um dem Rechtsanwender zumindest handhabbare Kriterien zur Verfügung zu stellen. Nach der Zusammenfassung *Müller-Brockhausens*[383] kommen im Schrifttum drei verschiedene, jeweils von *Kuhn*,[384] *Rieder*[385] und *Herresthal*[386] entwickelte Vorgehensweisen in Betracht. Da das Ziel der vorliegenden Untersuchung nicht ist, eine neue und allgemeine Theorie für den gesamten digitalen

---

381 *Hajut*, Handeln unter fremder Identität, S. 130.
382 *Hajut*, Handeln unter fremder Identität, S. 130, 88 f.
383 S. *Müller-Brockhausen*, Haftung für den Missbrauch von Zugangsdaten im Internet, S. 266 ff.
384 S. *Kuhn*, Rechtshandlungen mittels EDV und Telekommunikation, S. 217 ff.
385 S. *Rieder*, Die Rechtsscheinhaftung im elektronischen Geschäftsverkehr, S. 309 ff.
386 S. *Herresthal*, K&R 2008, 705, 706 f.; *ders.*, JZ 2011, 1171, 1174.

Rechtsverkehr herauszuarbeiten, erscheint es nicht notwendig, alle drei Vorgehensweisen noch einmal ausführlich zu wiederholen und zu bewerten. Es genügt hier, an *Müller-Brockhausens* Bewertung der verschiedenen Ansätze anzuschließen, welcher grundsätzlich zuzustimmen ist. Demnach ist dem von *Herresthal* entwickelten Ansatz der Vorzug zu geben.[387] Der Auffassung *Herresthals* nach wird der Sicherheitsgrad durch drei Kriterien bestimmt: Die „Sicherung bzw. Geheimhaltung der Zugangsdaten durch den jeweiligen Inhaber", „die Sicherungsmaßnahmen der Zugangsdaten ausgebenden bzw. verwaltenden Stelle"[388] und letztlich „die Sicherheit des Kommunikationsprozesses".[389] Die drei Kriterien werden von *Müller-Brockhausen* jeweils als „die Sicherung durch den Account-Inhaber", „die Sicherung durch den Authentisierungsnehmer" und „die Sicherheit der Kommunikation" beschrieben[390] und um ein weiteres Kriterium der „verwendeten Authentisierungsmittel"[391] ergänzt.[392] Tatsächlich bilden die Authentifizierungsmittel, der Account-Inhaber, der Authentifizierungsnehmer und letztlich der Kommunikationsprozess zwischen den beiden Personen die wichtigen Teile der Authentifizierung; anhand dieser Kriterien kann man deshalb zumindest den Sicherheitsgrad eines bestimmten Authentifizierungssystems effektiv bewerten. Dennoch ist zuzugestehen, dass auch dieser Ansatz nicht mehr als einen Ausgangspunkt darstellt und aus ihm keine unbestreitbaren Schlussfolgerungen gezogen werden können.[393] Diese Kriterien müssen unter

---

387 S. *Müller-Brockhausen*, Haftung für den Missbrauch von Zugangsdaten im Internet, S. 266 ff.

388 Dieses zweite Merkmal wird von *Herresthal* auch als „Sicherheitsstandard" bezeichnet (s. *Herresthal*, JZ 2011, 1171, 1174). Im Gegensatz dazu bezieht sich der „Sicherheitsstandard" in der vorliegenden Untersuchung auf das Sicherheitsniveau des Authentifizierungssystems, welches durch eine Gesamtbewertung aller in Betracht kommender Kriterien bestimmt ist.

389 *Herresthal*, K&R 2008, 705, 706; *ders.*, JZ 2011, 1171, 1174.

390 *Müller-Brockhausen*, Haftung für den Missbrauch von Zugangsdaten im Internet, S. 266.

391 Im Rahmen der Untersuchung *Herresthals* wird dieses Kriterium von dem ersten Kriterium der „Sicherung bzw. Geheimhaltung der Zugangsdaten durch den jeweiligen Inhaber" umfasst, vgl. *Herresthal*, JZ 2011, 1171, 1174.

392 S. *Müller-Brockhausen*, Haftung für den Missbrauch von Zugangsdaten im Internet, S. 267.

393 Beispielsweise sieht *Herresthal* (JZ 2011, 1171, 1174) den Account mit Passwort bei Online-Händlern als hinreichend sicher an, die gegenteilige Ansicht vertritt aber *Müller-Brockhausen* (Haftung für den Missbrauch von Zugangsdaten im Internet, S. 269 ff., insbesondere S. 283).

Berücksichtigung der Besonderheiten des konkret in Rede stehenden digitalen Rechtsverkehrs entsprechend angepasst werden.

b) *Die Rechtsscheintatbestände im Zahlungsdiensterecht*

Nachdem die allgemeine Grundlage für die Konstruktion der Rechtsscheintatbestände im digitalen Rechtsverkehr eingeführt wurde, ist damit im Folgenden zu klären, ob und, wenn ja, wie die obige Untersuchung auf das Zahlungsdiensterecht übertragen werden kann.

aa) *Starke Kundenauthentifizierung als Maßstab der Rechtsscheintatbestände*

Der Gedanke, dass es für das Vorliegen eines hinreichenden Rechtsscheins im digitalen Rechtsverkehr auf den Sicherheitsstandard des Authentifizierungssystems ankommt, ist grundsätzlich auf das bargeldlose Zahlungsdiensterecht übertragbar. Heutzutage stellt sich der bargeldlose Zahlungsverkehr, insbesondere das Online-Banking,[394] meistens als eine charakteristische Unterart des digitalen Rechtsverkehrs dar.[395] Deshalb kann man davon ausgehen, dass die im digitalen Rechtsverkehr entwickelten Kriterien der Rechtsscheintatbestände auch hierbei heranzuziehen sind.

Im Vergleich zum allgemeinen digitalen Rechtsverkehr besteht die Eigenart des bargeldlosen Zahlungsverkehrs zum Teil darin, dass größerer Wert auf die Sicherheit des Zahlungssystems gelegt wird. Hinsichtlich der Sicherheitsanforderungen werden dementsprechend gesetzliche Regelungen in Bezug auf Zahlungsinstrumente (z. B. §§ 675l, 675m BGB) vorgesehen. Mit der zweiten Zahlungsdiensterichtlinie wurde die starke Kundenauthentifizierung als eine wichtige gesetzliche Anforderung eingeführt (Art. 97 Abs. 1 PSD2, § 55 Abs. 1 S. 1 ZAG), welche von einer detaillierten delegierten Verordnung (RTS 2018/389) flankiert wird. Die allgemeine Authentifizierungsmethode wird damit durch die starke Kundenauthentifizierung an den Zahlungsverkehr angepasst. Diese speziell für den Zahlungsverkehr geltende starke Kundenauthentifizierung könnte als Anknüpfungspunkt der Rechtsscheintatbestände im Kontext des Zahlungsdiensterechts dienen. Ihre Geeignetheit dazu ist im Folgenden näher zu überprüfen.

---

394 S. MüKoBGB/*Schubert*, § 167 Rn. 131.

395 S. *Mack*, Die „rechtsscheinbare" Autorisierung von Zahlungsvorgängen, S. 23 ff.

bb) Geeignetheit der starken Kundenauthentifizierung als Maßstab

Um zu entscheiden, ob die starke Kundenauthentifizierung geeignet ist, als Maßstab der Rechtsscheintatbestände im Zahlungsdiensterecht zu fungieren, sind die oben diskutierten, von *Herresthal* entwickelten und von *Müller-Brockhausen* umschriebenen Kriterien zugrunde zu legen. In diesem Rahmen ist näher darauf einzugehen, ob ein angemessener Sicherheitsstandard im Zahlungsverkehr durch die Durchführung der starken Kundenauthentifizierung gewährleistet wird, so dass ein hinreichender Rechtsschein angenommen werden kann.

(1) Sicherheit der Authentifizierungselemente

Im Rahmen der starken Kundenauthentifizierung sind mindestens zwei Authentifizierungselemente der Kategorien Wissen, Besitz oder Inhärenz erforderlich (Zwei-Faktor-Authentifizierung, § 1 Abs. 24 ZAG, Art. 4 Nr. 30 PSD2).[396] Ein Beispiel dafür ist die Anwendung von Zahlungskarte und PIN. Zudem wird verlangt, dass die verschiedenen verwendeten Authentifizierungselemente voneinander unabhängig sein müssen, so dass „die Nichterfüllung eines Kriteriums die Zuverlässigkeit der anderen nicht in Frage stellt" (§ 1 Abs. 24 ZAG, Art. 4 Nr. 30 PSD2).[397] Die Sicherheit der Anwendung von mindestens zwei Authentifizierungselementen lässt sich aus mehreren Perspektiven erklären.

Während eine nur auf dem Passwort basierende Authentifizierung bei Online-Händlern wie etwa eBay nicht selten bereits als hinreichender Rechtsschein angesehen wird,[398] bietet die starke Kundenauthentifizierung durch die Anforderung von zumindest zwei Elementen ohne Zweifel einen höheren Sicherheitsstandard. Dies ist insbesondere bei einer Authentifizierung unter Einsatz der Wissen- und Besitzkategorien verbreitet anerkannt.[399] Der Grund für die hohe Sicherheit dieser Zwei-Faktor-Authentifizierung besteht zum einen darin,

---

396 S. oben Kap. 1 C. II. 1. b) aa).

397 S. oben Kap. 1 C. II. 1. b) bb).

398 Vgl. *Faust*, JuS 2011, 1027, 1028 f.; *Herresthal*, K&R 2008, 705, 708; *ders.*, JZ 2011, 1171, 1174; MüKoBGB/*Schubert*, § 167 Rn. 129; *Stöber*, JR 2012, 225, 228; *Sonnentag*, WM 2012, 1614, 1616; a. A. BGHZ 189, 346 = NJW 2011, 2421, 2422 f. Rn. 18, 20; *Mack*, Die „rechtsscheinbare" Autorisierung von Zahlungsvorgängen, S. 277 f.; *Müller-Brockhausen*, Haftung für den Missbrauch von Zugangsdaten im Internet, S. 269 ff. (insbesondere S. 282 f.).

399 Vgl. *Mack*, Die „rechtsscheinbare" Autorisierung von Zahlungsvorgängen, S. 280; *Müller-Brockhausen*, Haftung für den Missbrauch von Zugangsdaten im Internet, S. 283 ff.

dass der Dritte zum Missbrauch einen deutlich erhöhten Aufwand investieren muss, da er zwei Authentifizierungselemente statt nur eines Authentifizierungselements kumulativ überwinden muss. Zum anderen verlangt das Erlangen der verschiedenen Authentifizierungselemente unterschiedliche Methoden, was den Missbrauch erschwert, wie es bei der Authentifizierung unter Einsatz von Wissen und Besitz der Fall ist.[400]

Mitunter wird vertreten, dass die Zwei-Faktor-Authentifizierung auch dann nicht hinreichend sicher sei, wenn alle Authentifizierungselemente aus Wissenselementen bestehen.[401] Im Kontext der starken Kundenauthentifizierung i. S. d. Zahlungsdiensterechts könnte dies ohne Belang sein, wenn man verlangt, dass die zwei Authentifizierungselemente aus verschiedenen Kategorien bestehen müssen,[402] so dass die Authentifizierung durch zwei Wissenselemente überhaupt keine starke Kundenauthentifizierung darstellt. Verlangt man hingegen nicht Authentifizierungselemente aus verschiedenen Kategorien,[403] ist fraglich, ob die Authentifizierung durch zwei Wissenselemente als hinreichend sicher eingestuft werden dürfte. Zunächst ist zu beachten, dass die bisherige Diskussion bezüglich der Authentifizierung durch zwei Wissenselemente überwiegend auf den Fall der Authentifizierung mittels PIN und TAN-Liste abstellt.[404] Diesem Verfahren, welches überwiegend im Online-Banking eingesetzt wird,[405] fehlt es an einer dynamischen Verknüpfung an eine bestimmte Transaktion;[406] deswegen

---

400 Vgl. *Müller-Brockhausen*, Haftung für den Missbrauch von Zugangsdaten im Internet, S. 284 f.

401 Vgl. *Mack*, Die „rechtsscheinbare" Autorisierung von Zahlungsvorgängen, S. 280 ff.; der Ansicht *Müller-Brockhausens* nach bildet die Authentifizierung durch zwei Wissenselemente eine reine wissensbasierte Authentifizierung keine Zwei-Faktor-Authentifizierung, und eine solche Authentifizierung sei auch nicht hinreichend sicher, s. *Müller-Brockhausen*, Haftung für den Missbrauch von Zugangsdaten im Internet, S. 270 ff.

402 S. *EBA*, Opinion of the European Banking Authority on the implementation of the RTS on SCA and CSC, S. 7 (Nr. 33 f.); *dies.*, Opinion of the European Banking Authority on the elements of strong customer authentication under PSD2, S. 10 (Nr. 44); *Jungmann*, ZBB 2020, 1, 3; Palandt/*Sprau*, § 675v Rn. 10.

403 S. *Hoffmann*, VuR 2016, 243, 249; BeckOGK/*Hofmann*, 1.4.2019, BGB § 675v Rn. 100; MüKoHGB/*Linardatos*, Bankvertragsrecht, G Rn. 26.

404 Vgl. *Mack*, Die „rechtsscheinbare" Autorisierung von Zahlungsvorgängen, S. 281; *Müller-Brockhausen*, Haftung für den Missbrauch von Zugangsdaten im Internet, S. 270, 274.

405 S. oben Kap. 1 B. III. 2. a).

406 Vgl. *Hoffmann*, VuR 2016, 243, 251; *Mack*, Die „rechtsscheinbare" Autorisierung von Zahlungsvorgängen, S. 194 f., 281.

erfüllt dieses Verfahren nicht die Anforderungen an die dynamische starke Kundenauthentifizierung[407] und darf beim Online-Banking seit der Einführung der starken Kundenauthentifizierung nicht mehr verwendet werden.[408] In diesem Zusammenhang sprechen die auf der Authentifizierung mittels PIN und TAN-Liste basierenden Argumente nicht gegen die in Rede stehende These, dass die starke Kundenauthentifizierung einen hinreichenden Rechtsschein bildet.

Schließlich ist darauf hinzuweisen, dass die auf zwei Wissenselementen basierende Authentifizierung, die in anderer Form als PIN und TAN-Liste erscheint, durchaus als hinreichender Rechtsschein angesehen werden kann, falls sie die Anforderungen der (dynamischen) starken Kundenauthentifizierung erfüllt. Zwar ist nicht zu bestreiten, dass das wissensbasierte Authentifizierungsmittel, etwa die PIN, wegen der Möglichkeit des Ausspähens missbrauchsanfällig sein könnte,[409] jedoch ist die Einschätzung, dass die Sicherheit der Wissenselemente schwächer als die der Besitzelemente ist[410] oder umgekehrt,[411] mangels empirischer Untersuchung nicht ohne Weiteres verifizierbar.[412] Auf dieser Grundlage ist eine einheitliche Bewertung der Zwei-Faktor-Authentifizierung vorzuziehen, also unabhängig davon, ob zwei Wissenselemente oder ein Wissenselement plus ein Besitzelement zum Einsatz kommen.

(2) Sicherheit durch den Zahlungsdienstnutzer

Gemäß § 675l Abs. 1 S. 1 BGB ist der Zahlungsdienstnutzer verpflichtet, „die personalisierten Sicherheitsmerkmale vor unbefugtem Zugriff zu schützen." Diese

---

407 Vgl. ausführlich oben Kap. 1 C. II. 2. b).

408 Online-Banking gehört zum elektronischen Fernzahlungsvorgang, deshalb ist gemäß Art. 97 Abs. 2 PSD2 eine starke Kundenauthentifizierung mit dynamischer Verknüpfung erforderlich, vgl. ausführlich oben Kap. 1 C. II. 2. b).

409 Vgl. *Müller-Brockhausen*, Haftung für den Missbrauch von Zugangsdaten im Internet, S. 272 ff.

410 So ausdrücklich *Müller-Brockhausen*, Haftung für den Missbrauch von Zugangsdaten im Internet, S. 282 f.; in diese Richtung geht man auch, wenn einerseits die Authentifizierung mit zwei Elementen aus Besitz und Wissen als hinreichender Rechtsschein bewertet wird (vgl. *Mack*, Die „rechtsscheinbare" Autorisierung von Zahlungsvorgängen, S. 280), während andererseits die Authentifizierung mit zwei Wissenselementen nicht ausreichen soll (*Mack*, Die „rechtsscheinbare" Autorisierung von Zahlungsvorgängen, S. 280 ff.).

411 Das Besitzelement wird als das schwächste gesehen von BeckOGK/*Hofmann*, 1.4.2019, BGB § 675v Rn. 101.

412 Darauf hindeutend auch *Wolf*/*Neuner*, BGB AT, § 50 Rn. 108.

Sorgfaltspflichten des Zahlungsdienstnutzers werden weit ausgelegt, so dass sie auch für die Zahlungsdienstinstrumente selbst gelten.[413] Diese Sorgfaltspflichten können weiter durch vertragliche Vereinbarungen konkretisiert werden (§ 675l Abs. 2 BGB). Mit diesen Pflichten darf der Zahlungsdienstleister erwarten, dass die Authentifizierungsmittel vom Zahlungsdienstnutzer angemessen geheim gehalten oder sicher aufbewahrt werden.

Außerdem hat der Zahlungsdienstnutzer eine Anzeigepflicht. „Er hat dem Zahlungsdienstleister oder einer von diesem benannten Stelle den Verlust, den Diebstahl, die missbräuchliche Verwendung oder die sonstige nicht autorisierte Nutzung eines Zahlungsinstruments unverzüglich anzuzeigen, nachdem er hiervon Kenntnis erlangt hat" (§ 675l Abs. 1 S. 2 BGB). Nach der Anzeige ist das Zahlungsinstrument zu sperren (§ 675m Abs. 1 S. 1 Nr. 5 BGB), damit weiteren Missbrauchsfällen vorgebeugt werden kann.

(3) *Sicherheit durch den Zahlungsdienstleister*

Um die Sicherheit der Authentifizierungsmittel zu gewährleisten, sind auch Pflichten des Zahlungsdienstleisters gesetzlich vorgesehen. Gemäß § 675m Abs. 1 S. 1 Nr. 1 BGB ist der Zahlungsdienstleister verpflichtet sicherzustellen, dass „die personalisierten Sicherheitsmerkmale des Zahlungsinstruments nur der zur Nutzung berechtigten Person zugänglich sind."[414] Über diese allgemeine Pflicht hinaus sind umfangreiche und detaillierte Anforderungen an den Zahlungsdienstleister in der RTS 2018/389 vorgesehen. Bereits bei der Konstruktion der Authentifizierungsmittel werden allgemeine Anforderungen sowohl an die verschiedenen Elemente als auch an die Unabhängigkeit der Elemente geregelt (Art. 6–9 RTS 2018/389).[415] Durch detaillierte Regelungen verpflichtet die RTS 2018/389 zudem den Zahlungsdienstleister, die „Vertraulichkeit und Integrität der personalisierten Sicherheitsmerkmale der Zahlungsdienstnutzer" „in jeder Phase der Authentifizierung" sicherzustellen (Art. 22 Abs. 1 RTS 2018/389). Dieses Pflichtenprogramm geht von der „Erstellung und Übertragung von Sicherheitsmerkmalen" über deren „Bereitstellung" und „Verlängerung" bis hin zur „Vernichtung, Deaktivierung und Widerruf" von Sicherheitsmerkmalen (Art. 22–27 RTS 2018/389).[416]

---

413 Vgl. *Hofmann*, BKR 2014, 105, 106; MüKoBGB/*Jungmann*, § 675l Rn. 10 ff.; Palandt/*Sprau*, § 675l Rn. 2.

414 Ausführlich dazu MüKoBGB/*Jungmann*, § 675m Rn. 9 ff.

415 S. oben Kap. 1 C. II. 1. a) sowie b) bb).

416 S. ausführlich oben Kap. 1 C. II. 1. b) cc).

Zudem muss der Zahlungsdienstleister die Mittel zur Verfügung stellen, damit der Zahlungsdienstnutzer jederzeit eine Anzeige gemäß § 675l Abs. 1 S. 2 BGB vornehmen oder die Aufhebung der Sperrung gemäß § 675k Abs. 2 S. 5 BGB verlangen kann. In der Praxis wird dies durch die einheitliche Notrufnummer 116 116 durchgesetzt,[417] die durch einen Verein namens „Sperr-Notruf 116 116 e.V." betrieben wird.[418]

(4) Sicherheit des Kommunikationsprozesses

Für die Sicherheit der Kommunikation stellt die RTS 2018/389 ebenfalls zahlreiche Anforderungen an die Zahlungsdienstleister. Ein großer Teil dieser Regelungen sind der Gewährleistung einer gemeinsamen und sicheren offenen Kommunikation gewidmet, die zwischen den verschiedenen Zahlungsdienstleistern – dem kontoführenden Zahlungsdienstleister, dem Kontoinformationsdienstleister, dem Zahlungsauslösedienstleister und den Zahlungsdienstleistern, die kartengebundene Zahlungsinstrumente ausstellen – erfolgt.[419] Für die Zwecke der vorliegenden Untersuchung genügt es hier, nur einige wichtige Anforderungen an die Zahlungsdienstleister hervorzuheben.

Im elektronischen Zahlungsverkehr erfolgt die Kommunikation oft mithilfe verschiedener Geräte wie etwa Mobiltelefon und Zahlungsterminals. Eine Schwäche dieser Kommunikation besteht darin, dass der Nutzer wegen eines Angriffs (unbewusst oder getäuscht) mit einem falschen Geschäftspartner kommunizieren kann, wie das beim Man-in-the-Middle-Angriff der Fall ist.[420] Zum Zwecke der sicheren Kommunikation muss der Zahlungsdienstleister „eine sichere Identifizierung" gewährleisten und „die Risiken einer Fehlleitung der Kommunikation an Unbefugte" mindern (Art. 28 RTS 2018/389). Für die Sicherheit der Kommunikation sind die Zahlungsdienstleister auch verpflichtet, die zwischen den verschiedenen Zahlungsdienstleistern ausgetauschten Daten nach verbreitet anerkannten Standards zu verschlüsseln (Art. 35 Abs. 1 RTS

---

417 MüKoBGB/*Jungmann*, § 675m Rn. 27; vgl. auch die Informationen unter https://www.sperr-notruf.de/ (zuletzt überprüft am 16.07.2019).

418 Vgl. Wer steht hinter dem Sperr-Notruf 116 116, abrufbar unter https://www.sperr-notruf.de/wer-steht-hinter-dem-sperr-notruf-116-116/#c537 (zuletzt überprüft am 16.07.2019).

419 Vgl. Art. 30–36 RTS 2018/389; Überblick dazu bei *Wolters/Jacobs*, Computer Law & Security Review 35 (2019), 29 ff.

420 S. oben Kap. 1 D. III. 2.

2018/389). Dies kann einen wichtigen Beitrag zur Sicherheit der Übertragung der Wissenselemente leisten.[421]

cc) *Zwischenergebnis*

Nachdem die Sicherheit der starken Kundenauthentifizierung aus verschiedenen Perspektiven analysiert wurde, lässt sich der Schluss ziehen, dass die starke Kundenauthentifizierung ein angemessenes Sicherheitsniveau erreicht. Deshalb erscheint es geboten, einen hinreichenden Rechtsschein anzunehmen, wenn eine starke Kundenauthentifizierung vorgenommen wird.

c) *Anwendung auf verschiedene Zahlungsinstrumente*

Anhand der Kriterien der starken Kundenauthentifizierung kann man prüfen, ob das Vorliegen der Rechtsscheintatbestände bei verschiedenen Zahlungsinstrumenten angenommen werden kann.

aa) *Zahlungskarte*

(1) *Authentifizierung durch Zahlungskarte und PIN*

Misst man die verschiedenen Authentifizierungsverfahren bei Zahlungskarten an den Kriterien der starken Kundenauthentifizierung, die zumindest zwei Authentifizierungselemente der Kategorien Wissen, Besitz oder Inhärenz verlangt (§ 1 Abs. 24 ZAG, Art. 4 Nr. 30 PSD2), kommen zunächst die Zahlungsverfahren mit Debitkarte beim Girocard-System und dem Geldautomatensystem in Betracht, wobei der Einsatz der Zahlungskarte als Besitzelement und die Eingabe der PIN als Wissenselement erforderlich sind.[422] Das gleiche gilt für die Kreditkarte im Präsenzgeschäft, falls bei der Transaktion die PIN eingegeben wird.[423] Bei den oben erwähnten Zahlungsverfahren liegen eine Zwei-Faktor-Authentifizierung und mithin eine starke Kundenauthentifizierung vor. Im Fall des Drittmissbrauchs kann hierbei ein Rechtsschein angenommen werden.

---

421 Vgl. *Müller-Brockhausen*, Haftung für den Missbrauch von Zugangsdaten im Internet, S. 281.

422 Vgl. oben jeweils Kap. 1 B. II. 1 a) und c).

423 S. *Jungmann*, ZBB 2020, 1, 3.

(2) *Authentifizierung durch Zahlungskarte oder Karteninformation oder Code*

Bei kontaktlosen Zahlungen wird nur die Zahlungskarte als Besitzelement für die Authentifizierung eingesetzt,[424] mithin wird keine starke Kundenauthentifizierung durchgeführt. Wenn die Kreditkarte im Distanzgeschäft durch das sog. 3D Secure-Verfahren verwendet wird, wobei nur ein Wissenselement, nämlich das vom Zahlungsdienstnutzer empfangene Passwort, zur Authentifizierung dient,[425] fehlt es ebenfalls an der starken Kundenauthentifizierung.[426] Im Distanzgeschäft kann die Kreditkarte auch auf die Weise genutzt werden, dass man zur Auslösung eines Zahlungsvorgangs nur die auf der Kreditkarte abgedruckten Karteninformationen mitteilt.[427] Da diese Karteninformationen mangels Vertraulichkeit weder als personalisiertes Sicherheitsmerkmal[428] noch als Wissenselement i. S. d. § 1 Abs. 24 Nr. 1 ZAG qualifiziert werden können,[429] liegt hierbei gleichfalls keine starke Kundenauthentifizierung vor. In den obigen Fällen kann daher kein Rechtsschein angenommen werden.

(3) *Authentifizierung durch Zahlungskarte und Unterschrift*

Wenn die Zahlungskarte und die Unterzeichnung bei bestimmten Zahlungskartenverfahren – wie der Debitkarte im elektronischen Lastschriftverfahren und der Kreditkarte im Präsenzgeschäft – zur Authentifizierung der Zahlungsvorgänge eingesetzt werden, stellt sich die Frage, ob hierbei eine starke Kundenauthentifizierung vorliegt. Da die Debit- bzw. die Kreditkarte ein Besitzelement darstellt, kommt es entscheidend darauf an, ob die Unterzeichnung oder die Unterschrift als ein weiteres Authentifizierungsmittel dienen könnte. Dieses Problem wurde bereits im Rahmen der PSD1 diskutiert. Die damalige Diskussion hatte sich darauf konzentriert, ob die Unterschrift als personalisiertes Sicherheitsmerkmal i. S. d. § 675l S. 1 BGB a. F. qualifiziert werden kann.

---

424 Vgl. oben Kap. 1 B. II. 1 d).

425 Vgl. oben Kap. 1 B. II. 2 b) bb).

426 BeckOGK/*Hofmann*, 1.4.2019, BGB § 675v Rn. 137.

427 Vgl. oben Kap. 1 B. II. 2 b) aa).

428 Vgl. MüKoBGB/*Casper*, 6. Aufl., § 675j Rn. 28, 31; MüKoBGB/*Jungmann*, § 675j Rn. 63; BeckOGK/*Köndgen*, 1.9.2018, BGB § 675j Rn. 82; *Casper*/*Pfeifle*, WM 2009, 2343, 2344; *Scheibengruber*, BKR 2010, 15, 18; Palandt/*Sprau*, § 675j Rn. 7; a. A. *Oechsler*, WM 2010, 1381, 1382; Gebauer/Wiedmann/*Schinkels*, Zivilrecht unter europäischem Einfluss, Kapitel 16 Rn. 31.

429 S. BeckOGK/*Hofmann*, 1.4.2019, BGB § 675v Rn. 136; *Jungmann*, ZBB 2020, 1, 3.

Als Ausgangspunkt ist zwischen der bloßen Unterschrift und der auf der Zahlungskarte vermerkten Unterschrift zu unterscheiden. Im letztgenannten Fall sieht die h. M. ein personalisiertes Sicherheitsmerkmal.[430] Dafür spreche zunächst, dass die auf der Zahlungskarte vermerkte Unterschrift zur Authentifizierung eingesetzt werden könne,[431] indem man sie mit der Unterzeichnung bei der Transaktion vergleiche.[432] Hierbei sei die Fälschungsgefahr auch relativ niedrig.[433] Zudem lasse sich die h. M. auf die Gesetzesbegründung stützen, nach der die „Kreditkarte mit Unterschrift“ ausdrücklich als Beispiel für personalisierte Authentifizierungsinstrumente genannt werde.[434] Diese Einordnung entspreche auch „dem Bedürfnis nach Akzeptanz der Kreditkarte in der Praxis“.[435] Mit dieser Einordnung würde der Zahlungsdienstnutzer nur die auf der Zahlungskarte vermerkte Unterschrift, nicht irgendeine Unterschrift, nach § 675l S. 1 BGB a. F. (§ 675l Abs. 1 S. 1 BGB) sicher verwahren müssen,[436] deshalb würde dies nicht zu einer unpraktischen Schutzpflicht des Zahlungsdienstnutzers in Bezug auf die Unterschrift führen.[437]

Im Rahmen der durch § 1 Abs. 24 ZAG (Art. 4 Nr. 30 PSD2) vorgesehenen drei Arten von Authentifizierungselementen, nämlich den Besitz-, Wissens- und Inhärenzelementen, kommt bei der auf der Zahlungskarte vermerkten Unterschrift nur das Inhärenzelement in Betracht, denn die Unterschrift stellt eine „Verhaltensbiometrie“ (*behavioural biometrics*) dar, der das Inhärenzelement in der Regel zugrunde liegt.[438] Um die auf der Zahlungskarte vermerkte Unterschrift

430 Vgl. MüKoBGB/*Casper*, 6. Aufl., § 675j Rn. 29; *Einsele*, Bank- und Kapitalmarktrecht, § 6 Rn. 185 (S. 311); MüKoBGB/*Jungmann*, § 675j Rn. 48; *ders.*, ZBB 2020, 1, 2 m. w. N.; BeckOGK/*Köndgen*, 15.4.2019, BGB § 675j Rn. 60; *Mack*, Die „rechtsscheinbare“ Autorisierung von Zahlungsvorgängen, S. 145; Staudinger/*Omlor*, § 675l Rn. 3; a. A. *Hofmann*, BKR 2014, 105, 108; *ders.*, BKR 2018, 62, 65; BeckOGK/*ders.*, 1.4.2019, BGB § 675l Rn. 38 ff.; Palandt/*Sprau*, § 675j Rn. 7 („zweifelhaft“).

431 S. MüKoBGB/*Casper*, 6. Aufl., § 675j Rn. 29; MüKoBGB/*Jungmann*, § 675j Rn. 48.

432 S. *Mack*, Die „rechtsscheinbare“ Autorisierung von Zahlungsvorgängen, S. 145.

433 S. *Mack*, Die „rechtsscheinbare“ Autorisierung von Zahlungsvorgängen, S. 145.

434 S. BT-Drs. 16/11613, S. 36; MüKoBGB/*Jungmann*, § 675j Rn. 48; *Mack*, Die „rechtsscheinbare“ Autorisierung von Zahlungsvorgängen, S. 145; a. A. BeckOGK/*Hofmann*, 1.4.2019, BGB § 675l Rn. 38.

435 S. MüKoBGB/*Casper*, 6. Aufl., § 675j Rn. 28; MüKoBGB/*Jungmann*, § 675j Rn. 48; *Mack*, Die „rechtsscheinbare“ Autorisierung von Zahlungsvorgängen, S. 145.

436 S. MüKoBGB/*Casper*, 6. Aufl., § 675j Rn. 29; MüKoBGB/*Jungmann*, § 675j Rn. 49; a. A. BeckOGK/*Hofmann*, 1.4.2019, BGB § 675l Rn. 39.

437 So das Gegenargument von *Hofmann*, BKR 2014, 105, 108; *ders.*, BKR 2018, 62, 65.

438 Vgl. *EBA*, Opinion of the European Banking Authority on the implementation of the RTS on SCA and CSC, S. 7 (Nr. 34).

als Element der Inhärenz anzuerkennen, müssen weitere Anforderungen erfüllt werden. Dazu gehören die Sicherheitserfordernisse in Art. 8 RTS 2018/389.[439] Allerdings regelt diese Vorschrift im Wesentlichen die Sicherheit der Zugangsgeräte und -softwares, die die Authentifizierungselemente der Inhärenz lesen, welche jedoch bei der Überprüfung der eigenhändigen Unterschrift auf dem Belastungsbeleg kaum verwendet werden. Vor diesem Hintergrund liegt es nahe, dass die auf der Zahlungskarte vermerkte Unterschrift vom Gesetzgeber der RTS 2018/389 nicht vollständig berücksichtigt wurde. Zur Schließung dieser Lücke erscheint es wünschenswert, die oben erwähnte h. L. heranzuziehen und die auf der Zahlungskarte vermerkte Unterschrift als ein Authentifizierungselement der Inhärenz anzuerkennen.

Sieht man die auf der Zahlungskarte vermerkte Unterschrift als ein Element der Inhärenz an, so dass bei Authentifizierung durch Zahlungskarte und Unterschrift eine Zwei-Faktor-Authentifizierung vorliegt, bleibt noch die Frage der Unabhängigkeit der verwendeten Authentifizierungselemente, die für die starke Kundenauthentifizierung erforderlich ist. Auf den ersten Blick scheint die Unabhängigkeit zu verneinen zu sein, da die Unterschrift auf der Zahlungskarte vermerkt wird, so dass im Fall des Abhandenkommens der Zahlungskarte beide Authentifizierungselemente vom Unbefugten verwendet werden könnten. Das trifft jedoch nicht ohne Weiteres zu. Ein Blick auf die auf der Zahlungskarte vermerkte Unterschrift garantiert nicht, dass ein Dritter die echte Unterschrift graphologisch fehlerfrei nachmachen kann. Deshalb wird eine gewisse Unabhängigkeit hierbei sichergestellt.

Zwar ist aus einer Gesamtbetrachtung der Authentifizierung durch Zahlungskarte und Unterschrift hierbei eine starke Kundenauthentifizierung wegen der Verwendung zweier unabhängiger Authentifizierungselemente anzunehmen; der Gegenansicht[440] ist jedoch zuzugestehen, dass dieses Authentifizierungsverfahren wegen der Fälschungsgefahr der eigenhändigen Unterschrift mit relativ großen Risiken konfrontiert ist. Es ist mithin wünschenswert, die auf der Zahlungskarte vermerkte Unterschrift durch ein sichereres Authentifizierungselement, etwa die Unterschrift auf einem digitalen Zugangsgerät,[441] zu ersetzen.

---

439 Vgl. ausführlich oben Kap. 1 C. II. 1. a) cc).

440 Vgl. *Hofmann*, BKR 2014, 105, 108.

441 Zur Geeignetheit dieser Unterschrift als Authentifizierungselement *EBA*, Single Rule Book Q&A (Question ID: 2018_4238), 21/12/2018, abrufbar unter https://eba.europa.eu/single-rule-book-qa/-/qna/view/publicId/2018_4238 (zuletzt überprüft am 12.09.2019).

bb) Online-Banking

Der Zahlungsvorgang durch das Online-Banking stellt einen elektronischen Fernzahlungsvorgang dar; deshalb ist gemäß Art. 97 Abs. 2 PSD2 eine dynamische starke Kundenauthentifizierung[442] erforderlich. Beim einfachen TAN- und iTAN-Verfahren wird dem Zahlungsdienstnutzer eine TAN-Liste vorab zur Verfügung gestellt, damit bei der Ausführung eines Zahlungsvorgangs im Online-Banking entweder eine beliebige oder eine bestimmte TAN aus der TAN-Liste eingegeben werden kann.[443] Nach den Anforderungen der dynamischen starken Kundenauthentifizierung soll die TAN „durch einen Algorithmus" unter Einbeziehung der einzelnen Transaktionsdaten, etwa des Zahlungsbetrags und des -empfängers, automatisch generiert werden.[444] Vor diesem Hintergrund erfüllt das einfache TAN- und iTAN-Verfahren unter Einsatz einer TAN-Liste nicht die Anforderungen der dynamischen starken Kundenauthentifizierung,[445] so dass im Missbrauchsfall kein Rechtsschein angenommen werden kann.

Diesen Mangel des einfachen TAN- und iTAN-Verfahrens weisen die anderen PIN/TAN-Verfahren im Online-Banking wie etwa das chipTAN-,[446] pushTAN-[447] sowie smsTAN-Verfahren[448] nicht auf, da hierbei eine transaktionsspezifische TAN erzeugt wird, die die Anforderung an die dynamische Verknüpfung[449] und ferner an die starke Kundenauthentifizierung erfüllt.[450] Ein Rechtsschein ist mithin im Missbrauchsfall anzunehmen.

2. Zurechenbarkeit

Um die Rechtsscheinhaftung des Zahlungsdienstnutzers zu begründen, muss ihm der Rechtsschein zurechenbar sein. Für die Zurechenbarkeit des Rechtsscheins im allgemeinen digitalen Rechtsverkehr[451] sowie im

---

442 Vgl. ausführlich oben Kap. 1 C. II. 2. b).

443 Vgl. ausführlich oben Kap. 1 B. III. 2. a).

444 S. *Hoffmann*, VuR 2016, 243, 251.

445 In diese Richtung auch *Mack*, Die „rechtsscheinbare" Autorisierung von Zahlungsvorgängen, S. 194 f., 281.

446 Vgl. ausführlich oben Kap. 1 B. III. 2. d)..

447 Vgl. ausführlich oben Kap. 1 B. III. 2. c).

448 Vgl. ausführlich oben Kap. 1 B. III. 2. b).

449 Vgl. zum chipTAN-Verfahren *Hoffmann*, VuR 2016, 243, 251; zu allen Verfahren *Mack*, Die „rechtsscheinbare" Autorisierung von Zahlungsvorgängen, S. 195.

450 Vgl. *Mack*, Die „rechtsscheinbare" Autorisierung von Zahlungsvorgängen, S. 282.

451 Vgl. z. B. *Hajut*, Handeln unter fremder Identität, S. 144 ff.

Zahlungsdiensterecht[452] wird im Schrifttum überwiegend von den Zurechnungskriterien bei § 172 BGB, Blankettmissbrauch, Duldungs- sowie Anscheinsvollmacht ausgegangen. Dieser Vorgehensweise folgt auch die vorliegende Untersuchung.

a) *Aushändigung der Authentifizierungselemente und Duldung des unbefugten Zugriffs*

Die Zurechenbarkeit des Vollmachtgebers in § 172 BGB besteht in der *Aushändigung* der Vollmachtsurkunde.[453] Unter Aushändigen i. S. d. § 172 Abs. 1 BGB versteht man, dass der Vollmachtgeber dem Vertreter die Urkunde bewusst und willentlich zur Verfügung stellt.[454] Nach einhelliger Ansicht findet das Zurechnungskriterium in § 172 Abs. 1 BGB entsprechende Anwendung auf die Rechtsscheinhaftung im digitalen Rechtsverkehr, was dazu führt, dass die bewusste Weitergabe der Authentifizierungselemente des Kontoinhabers die Zurechenbarkeit zu ihm begründet.[455] Zudem wird unter Heranziehung des Zurechnungskriteriums bei der Duldungsvollmacht auch verbreitet anerkannt, dass es dem Kontoinhaber zurechenbar ist, wenn er den unbefugten Fremdzugriff auf sein Konto kennt und duldet.[456]

Die oben aufgezeigten Zurechnungskriterien – Aushändigung der Authentifizierungselemente und Duldung des unbefugten Zugriffs – lassen sich ohne Schwierigkeiten auf die Rechtsscheinhaftung im bargeldlosen Zahlungsverkehr übertragen.[457] Gibt der Zahlungsdienstnutzer einem Dritten die Authentifizierungselemente wie etwa PIN und TAN bewusst weiter, kann ihm das daraus

452 Vgl. z. B. *Mack*, Die „rechtsscheinbare" Autorisierung von Zahlungsvorgängen, S. 286 ff.

453 S. *Wolf/Neuner*, BGB AT, § 50 Rn. 78.

454 Vgl. Palandt/*Ellenberger*, § 172 Rn. 2; Staudinger/*Schilken*, § 172 Rn. 2; MüKoBGB/*Schubert*, § 172 Rn. 16; *Wolf/Neuner*, BGB AT, § 50 Rn. 78.

455 Vgl. *Borges*, NJW 2011, 2400, 2403; Palandt/*Ellenberger*, § 172 Rn. 18; *Faust*, JuS 2011, 1027, 1029; *Hajut*, Handeln unter fremder Identität, S. 155 f.; *Herresthal*, K&R 2008, 705, 708; *ders.*, JZ 2011, 1171, 1174; *Oechsler*, AcP 208 (2008), 565, 577, 580; *ders.*, MMR 2011, 631, 632; *ders.*, JURA 2012, 581, 584; *Schinkels*, LMK 2011, 320461; MüKoBGB/*Schubert*, § 167 Rn. 132; *Sonnentag*, WM 2012, 1614, 1617.

456 BGHZ 189, 346 = NJW 2011, 2421, 2422 Rn. 15; vgl. auch *Herresthal*, K&R 2008, 705, 708; *ders.*, JZ 2011, 1171, 1174; *Schinkels*, LMK 2011, 320461; *Sonnentag*, WM 2012, 1614, 1618; *Wolf/Neuner*, BGB AT, § 50 Rn. 110.

457 Vgl. *Mack*, Die „rechtsscheinbare" Autorisierung von Zahlungsvorgängen, S. 288 f.

entstehende Missbrauchsrisiko zugerechnet werden.[458] Gleichfalls ist es zurechenbar, wenn er den Missbrauch von Zahlungsinstrumenten durch einen Dritten kennt und duldet.[459] Dies ist zwar denkbar, kommt in der Praxis jedoch selten vor, weil es dem Zahlungsdienstnutzer oft an der Kenntnis vom konkreten Missbrauchsfall fehlt.[460]

b) Fahrlässigkeit oder grobe Fahrlässigkeit als Zurechnungskriterium?

aa) Allgemeiner digitaler Rechtsverkehr

Wenn ein unbefugter Dritter unter dem Namen des Kontoinhabers ein Rechtsgeschäft vornimmt und der Kontoinhaber die Authentifizierungselemente weder weitergibt noch den Fremdzugriff darauf kennt, stellt sich die Frage, ob ihm das Handeln des Dritten bloß aufgrund seines Verschuldens zurechenbar sein kann,[461] so dass der Geschäftspartner ihn auf Erfüllungshaftung in Anspruch nehmen darf.[462] Dieser Streit führt im Wesentlichen auf den parallelen Streit im Rahmen der Anscheinsvollmacht zurück.[463] Da das Anliegen der vorliegenden Untersuchung in der Anwendung der Rechtsscheinhaftung auf den bargeldlosen Zahlungsverkehr besteht, genügt es hierbei, von der ständigen Rechtsprechung und der h. L. über die Anscheinsvollmacht[464] auszugehen, wobei das Handeln des Dritten dem Vertretenen insoweit zurechenbar ist, als er dieses zwar nicht kennt, aber „bei pflichtgemäßer Sorgfalt hätte erkennen und verhindern können".[465] Überträgt man die allgemeine Anscheinsvollmacht auf den digitalen Rechtsverkehr, scheint es zutreffend, auch davon auszugehen, dass das Zurechnungskriterium der Rechtsscheinhaftung ebenfalls auf das Verschulden des Kontoinhabers abstellt.

---

458 Vgl. *Borges*, ZBB 2016, 249, 253; *M. Koch*, Missbrauch von Zahlungsauthentifizierungsinstrumenten, S. 106 f.; *Mack*, Die „rechtsscheinbare" Autorisierung von Zahlungsvorgängen, S. 289.

459 Vgl. *Langenbucher*, FS Köndgen, S. 383, 388; *Mack*, Die „rechtsscheinbare" Autorisierung von Zahlungsvorgängen, S. 288.

460 Vgl. *M. Koch*, Missbrauch von Zahlungsauthentifizierungsinstrumenten, S. 104.

461 Überblick über den Meinungsstand bei *Sonnentag*, WM 2012, 1614, 1617.

462 Überblick über den Meinungsstand bei *Sonnentag*, WM 2012, 1614, 1618 f.

463 Überblick über den Meinungsstand bei *Hajut*, Handeln unter fremder Identität, S. 98 ff.; *Mack*, Die „rechtsscheinbare" Autorisierung von Zahlungsvorgängen, S. 51 ff.

464 Vgl. dazu oben Kap. 2 B. I. 4.

465 BGHZ 166, 369 = NJW 2006, 1971, 1972 Rn. 17; BGHZ 189, 346 = NJW 2011, 2421, 2422 Rn. 16; BGHZ 208, 331 = NJW 2016, 2024, 2030 Rn. 61.

Diese Ansicht wird jedoch im Schrifttum aus verschiedenen Gründen abgelehnt. Ein Teil der Gegenansichten schließt im Wesentlichen an diejenigen Argumenten an, die gegen die allgemeine Anscheinsvollmacht sprechen, sei es, dass „keine bewusste Risikoerhöhung" bei Fahrlässigkeit des Kontoinhabers geschaffen werde,[466] sei es, dass die Zurechnung durch Fahrlässigkeit der gesetzlichen Wertung wie etwa in § 172 Abs. 1 BGB widersprechen würde[467] und deshalb in diesem Fall nur eine Haftung auf das negative Interesse aufgrund culpa in contrahendo in Betracht komme.[468] Diese Argumente entfallen, wenn man im Anschluss an die ständige Rechtsprechung sowie die h. L. von der Anerkennung der allgemeinen Anscheinsvollmacht ausgeht, wonach die Zurechnung durch Fahrlässigkeit bereits für die Anscheinsvollmacht ausreicht.[469]

Andere Gegenansichten stützen sich auf die Besonderheit des digitalen Rechtsverkehrs. Bei der Anscheinsvollmacht reiche zwar bereits die Fahrlässigkeit des Vertretenen für die Zurechenbarkeit aus, jedoch gelte dies nicht für den Fall im digitalen Rechtsverkehr, in dem der Kontoinhaber die Authentifizierungselemente nicht sorgfältig aufbewahrt.[470] Denn das für die allgemeine Anscheinsvollmacht erforderliche Merkmal, dass das „Verhalten des Handelnden von einer gewissen Dauer und Häufigkeit" sein soll, sei für die Begründung der Rechtsscheinhaftung im digitalen Rechtsverkehr nicht notwendig, mit der Folge, dass das Zurechnungskriterium der Anscheinsvollmacht nicht auf den digitalen Rechtsverkehr übertragbar sei.[471] Diesen Argumenten ist jedoch entgegenzutreten. Zum einen ist hervorzuheben, dass das Merkmal der gewissen Dauer und Häufigkeit des Verhaltens des Handelnden deshalb für die Rechtsscheinhaftung im digitalen Rechtsverkehr entbehrlich ist, weil es zum Vertrauen des Geschäftspartners keinen Beitrag leisten kann.[472] Das Fehlen dieses Merkmals modifiziert die Anscheinsvollmacht bloß auf der Ebene des Rechtsscheintatbestands,

466 S. *Borges*, NJW 2011, 2400, 2403.

467 S. *Faust*, JuS 2011, 1027, 1029; *Herresthal*, K&R 2008, 705,709; *Oechsler*, AcP 208 (2008), 565, 580; *Sonnentag*, WM 2012, 1614, 1618.

468 Vgl. *Herresthal*, K&R 2008, 705, 709; *ders.*, JZ 2011, 1171, 1174; *Oechsler*, AcP 208 (2008), 565, 581 f.; *ders.*, MMR 2011, 631, 633 (plädiert für die Beschränkung der Haftung auf grobe Fahrlässigkeit analog § 675v Abs. 2 BGB a. F., nun § 675v Abs. 3 BGB); ebenso *Sonnentag*, WM 2012, 1614, 1619 f.; *Wolf/Neuner*, BGB AT, § 50 Rn. 111.

469 Vgl. dazu oben Kap. 2 B. I. 4; dahingehend auch *Mack*, Die „rechtsscheinbare" Autorisierung von Zahlungsvorgängen, S. 76; *Stöber*, JR 2012, 225, 227 ff.

470 S. *Faust*, JuS 2011, 1027, 1029; *Sonnentag*, WM 2012, 1614, 1617 f.

471 S. *Faust*, JuS 2011, 1027, 1029; *Sonnentag*, WM 2012, 1614, 1617 f.

472 Vgl. ausführlich oben Kap. 2 B. III. 1 a) bb) (1).

nicht aber auf der Ebene der Zurechnung, weshalb das Zurechnungskriterium der Anscheinsvollmacht grundsätzlich auch im digitalen Rechtsverkehr weiter gelten soll. Zum anderen lässt die Dauer und Häufigkeit des Verhaltens des Handelnden zwar die Zurechenbarkeit zum Vertretenen tatsächlich besser begründen,[473] das Zurechnungskriterium als ein normativer Maßstab wird jedoch nicht deshalb entsprechend modifiziert. Diese Argumente der Gegenansichten überzeugen deshalb nicht.

Auch dem BGH kann nicht gefolgt werden, wenn er in seiner Entscheidung zum eBay-Mitgliedskonto ausführt, für die „Zurechnung der von dem Dritten abgegebenen Erklärungen" sei erforderlich, „dass der Geschäftsgegner annehmen durfte, der ‚Vertretene' kenne und billige das Verhalten des Dritten."[474] Dieses Erfordernis betrifft nur die Voraussetzung des Rechtsscheintatbestands, nicht die der Zurechnung.[475] Deshalb ist auch diesem Argument des BGH nicht zu folgen.

bb) Bargeldloser Zahlungsverkehr

Das auf den allgemeinen digitalen Rechtsverkehr anwendbare Zurechnungskriterium der Anscheinsvollmacht lässt sich grundsätzlich auf den bargeldlosen Zahlungsverkehr übertragen, vorausgesetzt, dass die Sonderregeln des Zahlungsdiensterechts wegen des Vollharmonisierungsziels der PSD2 mitberücksichtigt werden. Um einen eventuellen Konflikt mit dem Gedanken des § 675v Abs. 3 BGB zu vermeiden, sollte der Verschuldensmaßstab in § 675v Abs. 3 BGB zur Bildung des Zurechnungskriteriums der Rechtsscheinhaftung im bargeldlosen Zahlungsverkehr herangezogen werden.[476] Dementsprechend setzt die Zurechenbarkeit des Zahlungsdienstnutzers zumindest grobe Fahrlässigkeit voraus.

3. Schutzwürdigkeit

Zur Begründung der Rechtsscheinhaftung im Zahlungsverkehr muss der Zahlungsdienstleister schutzwürdig sein. Hierbei ist das Kriterium des § 173 BGB heranzuziehen.[477] Danach ist der Zahlungsdienstleister schutzwürdig, wenn er

---

473 S. *Bürger*, Die Tatbestandsvoraussetzungen der Anscheins- und Duldungsvollmacht, S. 113; *Hajut*, Handeln unter fremder Identität, S. 96.

474 BGHZ 189, 346 = NJW 2011, 2421, 2423 Rn. 20.

475 Vgl. auch *Hajut*, Handeln unter fremder Identität, S. 213.

476 Vgl. ausführlich oben Kap. 2 B. II. 3.

477 Vgl. MüKoBGB/*Schubert*, § 167 Rn. 134; *Wolf/Neuner*, BGB AT, § 50 Rn. 109.

das unbefugte Handeln des Dritten weder kannte noch kennen musste. Außerdem muss der Rechtsschein kausal für die Ausführung des Zahlungsvorgangs durch den Zahlungsdienstleister gewesen sein, was in der Regel der Fall ist.[478]

C. Schadensersatzanspruch des Zahlungsdienstleisters

I. Einleitung

Liegt weder eine Autorisierung der Zahlungsvorgänge noch eine Rechtsscheinhaftung des Zahlers vor, steht dem Zahlungsdienstleister kein Aufwendungsersatzanspruch zu. Demnach trägt der Zahlungsdienstleister das Risiko, dass das Zahlungsinstrument von einem unbefugten Dritten missbraucht wurde. Von dieser Risikoverteilung weicht § 675v BGB jedoch insoweit ab, als dem Zahlungsdienstleister unter bestimmten Voraussetzungen ein Schadensersatzanspruch gegen den Zahler zusteht.

Nach Ansicht *Spraus* kann man die Haftungsverteilung bei nicht autorisierten Zahlungsvorgängen in drei verschiedene Phasen einteilen.[479] Die erste Phase sei der Zeitraum, bevor das Zahlungsinstrument beim Zahler eingehe. Das bei dieser Phase entstehende Risiko bezüglich des Zahlungsinstruments und der personalisierten Sicherheitsmerkmale trage der Zahlungsdienstleister (§ 675m Abs. 2 BGB). Mit Eingang des Zahlungsinstruments beginne die zweite Phase und sie ende mit der Sperranzeige des Zahlers. Die Regelung des in diesem Zeitraum erfolgten Missbrauchs des Zahlungsinstruments bilde den Schwerpunkt des § 675v BGB.[480] Ab der Sperranzeige des Zahlers trete man in die dritte Phase, wobei der Zahler für den Missbrauch des Zahlungsinstruments nicht hafte, es sei denn, dass er in betrügerischer Absicht handele (§ 675v Abs. 5 S. 1, 3 BGB).

Für die Haftung des Zahlers in der zweiten Phase wird zwischen der beschränkten (§ 675v Abs. 1 BGB) und unbeschränkten Haftung (§ 675v Abs. 3 BGB) differenziert. Zudem sind auch Haftungsausschlusstatbestände in § 675v Abs. 2, 4, 5 BGB vorgesehen, die teils speziell für die beschränkte Haftung des Zahlers und teils für alle Arten der Haftung des Zahlers gelten. Im Folgenden ist zunächst die beschränkte Haftung des Zahlers näher zu beleuchten.

---

478 S. *Mack*, Die „rechtsscheinbare" Autorisierung von Zahlungsvorgängen, S. 302.

479 Zum Folgenden s. Palandt/*Sprau*, § 675v Rn. 2; ihm folgend Staub/*Grundmann*, 3. Teil, Rn. 427.

480 Vgl. Staub/*Grundmann*, 3. Teil, Rn. 427, Fn. 830: Demnach regelt § 675v BGB a. F. sogar nur diese zweite Phase.

II. Beschränkte Haftung des Zahlers

1. *Allgemeines*

Gemäß § 675v Abs. 1 BGB, der Art. 74 Abs. 1 UAbs. 1 PSD2 umsetzt, trägt der Zahler eine auf 50 Euro beschränkte Haftung für den durch einen nicht autorisierten Zahlungsvorgang verursachten Schaden, vorausgesetzt, dass ein Zahlungsinstrument eingesetzt wird. Im Vergleich zum Haftungsbetrag von 150 Euro nach der alten Vorgabe (§ 675v Abs. 1 BGB a. F., Art. 61 Abs. 1 PSD1) ist die neue Rechtslage zahlerfreundlicher. Als weitere Voraussetzung der beschränkten Haftung verlangt § 675v Abs. 1 BGB, dass die nicht autorisierten Zahlungsvorgänge auf der Nutzung eines verloren gegangenen, gestohlenen oder sonst abhandengekommen Zahlungsinstruments oder auf der sonstigen missbräuchlichen Verwendung eines Zahlungsinstruments beruhen.

Der Tatbestand des § 675v Abs. 1 BGB umfasst zwei verschiedene Fälle, nämlich den Fall des Abhandenkommens des Zahlungsinstruments sowie den Fall der sonstigen missbräuchlichen Verwendung des Zahlungsinstruments. Der erste Fall bezieht sich nur auf das verkörperte Zahlungsinstrument wie etwa die Zahlungskarte, da das Abhandenkommen den Besitz einer Sache voraussetzt.[481] Bei diesem Fall handelte es sich bereits nach der alten Rechtslage um eine verschuldensunabhängige Haftung.[482]

Wenn kein verkörpertes Zahlungsinstrument beim Missbrauch eingesetzt wird, ist der zweite Fall einschlägig. Typisches Beispiel eines solchen Missbrauchs ist, dass die personalisierten Sicherheitsmerkmale des Online-Bankings missbräuchlich verwendet werden.[483] Im Vergleich zu der früheren Rechtslage hat die PSD2 für diesen Fall eine Änderung gebracht. Nach § 675v Abs. 1 S. 2 BGB a. F. grifft die beschränkte Haftung für die sonstige missbräuchliche Verwendung eines Zahlungsinstruments erst ein, wenn „der Zahler die personalisierten Sicherheitsmerkmale nicht sicher aufbewahrt hat." Auf der Grundlage dieser Anforderung wurde verbreitet vertreten, dass es sich hierbei um eine verschuldensabhängige Haftung handelte.[484] Diese Einschränkung auf Fälle der nicht

---

481 Vgl. BeckOGK/*Hofmann*, 1.4.2019, BGB § 675v Rn. 26; Palandt/*Sprau*, § 675v Rn. 3; so bereits nach § 675v Abs. 1 S. 1 BGB a. F., vgl. Staudinger/*Omlor*, § 675v Rn. 8; MüKoBGB/*Zetzsche*, 7. Aufl., § 675v Rn. 10.

482 Vgl. BT-Drs. 18/11495, S. 165; MüKoBGB/*Zetzsche*, 7. Aufl., § 675v Rn. 10.

483 Vgl. BeckOGK/*Hofmann*, 1.4.2019, BGB § 675v Rn. 34.

484 Vgl. Staudinger/*Omlor*, § 675v Rn. 15; Palandt/*Sprau*, 74. Aufl., § 675v Rn. 3; MüKoBGB/*Zetzsche*, 7. Aufl., § 675v Rn. 27 f. m. w. N.

sicheren Aufbewahrung der personalisierten Sicherheitsmerkmale ist in § 675v Abs. 1 Alt. 2 BGB, der Art. 74 Abs. 1 UAbs. 1 Alt. 2 PSD2 umsetzt, weggefallen. Nunmehr setzt die Haftung für eine sonstige missbräuchliche Verwendung des Zahlungsinstruments demnach auch kein Verschulden mehr voraus.[485] Somit gelten jetzt einheitliche Haftungsvoraussetzungen für beide Fälle.

2. *Ausschluss der beschränkten Haftung nach § 675v Abs. 2 BGB*

Einen wichtigen Unterschied zur alten Rechtslage bezüglich der beschränkten Haftung des Zahlers zeigt der zur Umsetzung des Art. 74 Abs. 1 UAbs. 2 PSD2 eingefügte § 675v Abs. 2 BGB, der die Haftung des Zahlers nach § 675v Abs. 1 BGB unter zwei alternativen Voraussetzungen ausschließt.

a) *Fehlende Bemerkbarkeit*

Nach § 675v Abs. 2 Nr. 1 BGB ist die beschränkte Haftung des Zahlers nach § 675v Abs. 1 BGB ausgeschlossen, wenn es ihm nicht möglich war, das Abhandenkommen oder die sonstige missbräuchliche Verwendung des Zahlungsinstruments vor dem nicht autorisierten Zahlungsvorgang zu bemerken. Dem wesentlichen Merkmal der „Bemerkbarkeit" fehlt es jedoch an einer gesetzlichen Definition, was zu einem Streit im Schrifttum geführt hat.

aa) *Meinungsstand*

Die Gesetzesbegründung erblickt in § 675v Abs. 2 Nr. 1 BGB ein „Verschuldenselement" des Zahlers und zieht ausdrücklich § 276 BGB zur Beurteilung des Verschuldens heran.[486] Dem hat sich auch die Literatur überwiegend angeschlossen.[487] Eine andere Auffassung will eine Nachforschungspflicht in § 675v Abs. 2 Nr. 1 BGB, die weniger gravierend als das Merkmal der „Kenntnis" i. S. d. § 675l Abs. 1 S. 2 BGB wirkt, einführen.[488] Schließlich wird auch ein „objektiver Maßstab" bezüglich der Bemerkbarkeit befürwortet, nach dem es

---

485 Vgl. *Hofmann*, BKR 2018, 62, 63; BeckOGK/*ders.*, 1.4.2019, BGB § 675v Rn. 24 f.; Palandt/*Sprau*, § 675v Rn. 3; MüKoBGB/*Zetzsche*, § 675v Rn. 13.

486 S. BT-Drs. 18/11495, S. 165.

487 Vgl. Baas/Buck-Heeb/Werner/*Böger*, Dritter Teil § 675v Rn. 34; *Omlor*, BKR 2019, 105, 112; *Spitzer*, MDR 2018, 561, 566; Palandt/*Sprau*, § 675v Rn. 5; Erman/*v. Westphalen*, Aktualisierung 2019, § 675v Rn. 13.

488 Vgl. *Hofmann*, BKR 2018, 62, 63 f.; BeckOGK/*ders.*, 1.4.2019, BGB § 675v Rn. 44 ff.; in diese Richtung auch *Omlor*, BKR 2019, 105, 112.

darauf ankommen soll, ob der Zahler objektiv den eventuellen Missbrauch feststellen konnte.[489]

bb) Stellungnahme

Es vermag nicht zu überzeugen, ein Verschuldenselement aus § 675v Abs. 2 Nr. 1 BGB abzuleiten. Vor allem spricht der Gesetzeswortlaut nicht für eine solche Auslegung. Zwar könnte der Wortlaut „möglich" in § 675v Abs. 2 Nr. 1 BGB auf ein Verschulden des Zahlers hindeuten,[490] zumal in Verbindung mit dem „ihm", das auf den konkreten Zahler abstellt. Eine Auslegung in diese Richtung ist jedoch zumindest nicht zwingend.[491] Da relevante Argumente für eine solche Auslegung auch in der Gesetzesbegründung nicht zu finden sind, darf die Aussage des Gesetzgebers nicht überschätzt werden. Vielmehr sollte man der Gesetzesbegründung nicht voreilig folgen.

Ebenfalls überzeugt die Auffassung nicht, aus § 675v Abs. 2 Nr. 1 BGB eine Nachforschungspflicht des Zahlers abzuleiten.[492] Nimmt man eine Nachforschungspflicht an, wäre die Frage kaum vermeidbar, ob zusätzlich noch ein Verschuldenselement erforderlich ist.[493] Sodann würde man höchstwahrscheinlich wieder auf den alten Streit bezüglich § 675v Abs. 1 S. 2 BGB a. F. zurückgehen, ob über die Verletzung der Pflicht zur sicheren Verwahrung hinaus den Zahler noch ein Verschuldenselement treffen muss.[494] Ein solcher Streit erübrigt sich, wenn man stattdessen einen objektiven Maßstab anwendet. Zudem gerät man sogleich in Schwierigkeiten, die Inhalte der Nachforschungspflicht festzulegen. Im Ergebnis ist nur eine mühsame Einzelfalllösung denkbar,[495] was wegen der Unsicherheit einerseits und im Kontext einer geringen Haftung von 50 Euro andererseits weder praktikabel noch ökonomisch sinnvoll wäre.

---

489 S. *Hoffmann*, VuR 2016, 243, 244.

490 So Erman/*v. Westphalen*, Aktualisierung 2019, § 675v Rn. 12.

491 Dies räumen selbst Anhänger der Ansicht, die in § 675v Abs. 2 Nr. 1 BGB ein Verschuldenselements sieht, ein, vgl. Palandt/*Sprau*, § 675v Rn. 5; a. A. *Omlor*, BKR 2019, 105, 112.

492 Vgl. *Hofmann*, BKR 2018, 62, 64; BeckOGK/*ders.*, 1.4.2019, BGB § 675v Rn. 48 ff.; diesem folgend Erman/*v. Westphalen*, Aktualisierung 2019, § 675v Rn. 12.

493 Ein Verschuldenselement fordert Erman/*v. Westphalen*, Aktualisierung 2019, § 675v Rn. 12; jedoch unklar bei *Hofmann*, BKR 2018, 62, 64; BeckOGK/*ders.*, 1.4.2019, BGB § 675v Rn. 48 ff.

494 Vgl. nur MüKoBGB/*Zetzsche*, 7. Aufl., § 675v Rn. 27 f.

495 Vgl. *Hofmann*, BKR 2018, 62, 64; BeckOGK/*ders.*, 1.4.2019, BGB § 675v Rn. 48.

Schließlich ist zu überlegen, ob das Merkmal der „Bemerkbarkeit" nach einem objektiven Maßstab auszulegen ist. Da § 675v Abs. 2 Nr. 1 BGB als ein Ausschlussgrund der beschränkten Haftung des Zahlers fungiert und in engem Zusammenhang mit § 675v Abs. 1 BGB steht, erscheint es hilfreich, den Haftungsausschlussgrund anhand des Zwecks der beschränkten Haftung des Zahlers zu begreifen. § 675v Abs. 1 BGB zielt darauf ab, durch eine verschuldensunabhängige beschränkte Haftung „dem Zahlungsdienstnutzer einen Anreiz zu geben, seinem Zahlungsdienstleister jeden Diebstahl oder Verlust eines Zahlungsinstruments unverzüglich anzuzeigen".[496] Im Anschluss an dieses Ziel scheint es plausibel, die Schlussfolgerung zu ziehen, dass die beschränkte Haftung entsprechend in den Fällen entfällt, in denen eine Anzeige des Abhandenkommens eines Zahlungsinstruments für den Zahler unmöglich ist. Da eine Anzeige erst möglich ist, wenn das Abhandenkommen des Zahlungsinstruments überhaupt bemerkt werden kann, knüpft § 675v Abs. 2 Nr. 1 BGB den Ausschlussgrund an das Merkmal der Bemerkbarkeit an. In diesem Zusammenhang ist deshalb dasjenige Auslegungsergebnis der Bemerkbarkeit vorzugswürdig, welches das Ziel des Anreizes des Zahlers bestmöglich erreichen kann. Nach einem objektiven Maßstab wäre der Missbrauch für den Zahler erst dann nicht bemerkbar, wenn er keine „abstrakte Möglichkeit" hat, den eventuellen Missbrauch festzustellen und anschließend eine Sperranzeige zu machen.[497] Diese Auslegung trägt der § 675v Abs. 1 BGB zugrunde liegenden Wertung Rechnung, dass eher der Zahlungsdienstnutzer als der Zahlungsdienstleister die abstrakte Möglichkeit hat, das Risiko des Abhandenkommens des Zahlungsinstruments „frühzeitig feststellen zu können",[498] was die verschuldensunabhängige Haftung des Zahlers rechtfertigt.[499]

Trotzdem ist es schwierig, eine klare Linie für den objektiven Maßstab der Bemerkbarkeit zu ziehen. Extremfälle, in denen das Zahlungsinstrument aufgrund Gewaltanwendung wie z. B. Raubs oder Drohung des Dritten missbräuchlich verwendet wird, könnten unter den Anwendungsbereich des § 676c Nr. 1 BGB fallen, was dazu führt, dass die beschränkte Haftung des Zahlers ausgeschlossen wird, obwohl der Missbrauch für ihn bemerkbar war.[500] In diesem

---

496 Erwägungsgrund 71 Satz 4 PSD2.

497 S. *Hoffmann*, VuR 2016, 243, 244.

498 Staudinger/*Omlor*, § 675v Rn. 7.

499 S. *Hoffmann*, VuR 2016, 243 f.

500 Vgl. MüKoBGB/*Zetzsche*, § 675v Rn. 21; so bereits nach der alten Rechtslage MüKoBGB/*ders.*, 7. Aufl., § 675v Rn. 15.

Fall braucht man deshalb kein Verschuldenselement in § 675v Abs. 2 Nr. 1 BGB einzuführen.[501] In anderen Ausnahmefällen, in denen das Abhandenkommen des Zahlungsinstruments schwer frühzeitig bemerkbar ist, etwa weil der Zahler schläft oder ohnmächtig ist oder die Zahlungskarten nicht bei sich trägt, wird teils angenommen, dass keine Bemerkbarkeit vorliege.[502] Dies vermag nicht zu überzeugen. Denn der objektive Maßstab der Bemerkbarkeit beruht auf der abstrakten Möglichkeit des Zahlers, das Abhandenkommen des Zahlungsinstruments festzustellen, und sollte auch in diesen Fällen nicht auf die tatsächliche Möglichkeit rekurrieren, um einen Wertungswiderspruch zu verhindern.

Trotz des Streits über die Auslegung der Bemerkbarkeit besteht Übereinstimmung darin, dass im Fall einer sonstigen missbräuchlichen Verwendung des Zahlungsinstruments die Bemerkbarkeit sich auf den ersten Missbrauch, nicht auf die vorherige „Ursache des Missbrauchs" richtet.[503] Bei der sonstigen missbräuchlichen Verwendung des Zahlungsinstruments handelt es sich in der Regel um Missbrauch von sensiblen Daten bezüglich des Zahlungsinstruments wie etwa PIN und TAN, wobei eine missbräuchliche Verwendung grundsätzlich gleichzeitig mit der unbefugten Nutzung dieser Informationen stattfindet.[504] Deshalb ist dies für den Zahler in der Regel erst nach dem Missbrauch bemerkbar. Zudem würde der Zahler überfordert, wenn er eine schwere Pflicht erfüllen müsste, um das Risiko des möglichen technischen Missbrauchs des Zahlungsinstruments vorauszusehen, nämlich zu bemerken.[505]

b) Risikosphäre des Zahlungsdienstleisters

Die beschränkte Haftung des Zahlers ist weiter ausgeschlossen, wenn „der Verlust des Zahlungsinstruments durch einen Angestellten, einen Agenten, eine Zweigniederlassung eines Zahlungsdienstleisters oder eine sonstige Stelle, an die Tätigkeiten des Zahlungsdienstleisters ausgelagert wurden, verursacht worden ist" (§ 675v Abs. 2 Nr. 2 BGB). Dieser Haftungsausschlussgrund beruht auf dem Gedanken, dass der Zahlungsdienstleister für den von seiner eigenen

501 So aber Palandt/*Sprau*, § 675v Rn. 5.

502 So *Hoffmann*, VuR 2016, 243, 244; Kritik dazu BeckOGK/*Hofmann*, 1.4.2019, BGB § 675v Rn. 47.

503 Vgl. ausführlich *Hoffmann*, VuR 2016, 243, 244 f.; *Hofmann*, BKR 2018, 62, 64; BeckOGK/*ders.*, 1.4.2019, BGB § 675v Rn. 49; Palandt/*Sprau*, § 675v Rn. 5.

504 S. *Hoffmann*, VuR 2016, 243, 244; BeckOGK/*Hofmann*, 1.4.2019, BGB § 675v Rn. 49.

505 Vgl. *Hoffmann*, VuR 2016, 243, 244 f.

Risikosphäre herrührenden Schaden verantwortlich sein soll.[506] Hierbei spielt die Bemerkbarkeit für den Zahler i. S. d. § 675v Abs. 2 Nr. 1 BGB keine Rolle.[507]

III. Unbeschränkte Haftung des Zahlers

1. Allgemeines

Bei einem nicht autorisierten Zahlungsvorgang beträgt die beschränkte Haftung des Zahlers gemäß § 675v Abs. 1 BGB maximal 50 Euro. Dies ist für den Zahlungsdienstleister wenig sinnvoll, wenn sein durch Missbrauch des Zahlungsinstruments erlittener Schaden 50 Euro überschreitet, was in der Praxis häufig der Fall ist. Deshalb ist eine unbeschränkte Haftung des Zahlers für ihn von großer Bedeutung. Eine solche Haftung sieht § 675v Abs. 3 BGB, der Art. 74 Abs. 1 UAbs. 3 PSD2 umsetzt, vor. Demnach muss der Zahler den gesamten Schaden des Zahlungsdienstleisters ersetzen, wenn bestimmte Voraussetzungen erfüllt sind. Zu diesen Voraussetzungen gehört zunächst das Vorliegen eines nicht autorisierten Zahlungsvorgangs, was die beschränkte Haftung gemäß § 675v Abs. 1 BGB ebenfalls verlangt. Im Gegensatz zu der beschränkten Haftung, bei der es sich um eine verschuldensunabhängige Haftung handelt,[508] kommt die unbeschränkte Haftung dennoch erst in Betracht, wenn der Zahler in betrügerischer Absicht handelt oder vorsätzlich oder grob fahrlässig seine Pflichten verletzt.

2. Handeln in betrügerischer Absicht

Nach § 675v Abs. 3 Nr. 1 BGB ist der Zahler verpflichtet, den gesamten Schaden des Zahlungsdienstleisters zu erstatten, wenn er in betrügerischer Absicht gehandelt hat. Ein Handeln in betrügerischer Absicht liegt vor, wenn der Zahler sich durch „Täuschung des Zahlungsdienstleisters einen unberechtigten Vermögensvorteil zu Lasten des Zahlungsdienstleisters verschaffen will."[509] Diese Vorschrift setzt § 675v Abs. 2 Alt. 1 BGB a. F. grundsätzlich fort. Eine Veränderung besteht darin, dass nunmehr die betrügerische Absicht allein zu einer vollumfänglichen Haftung führt.[510] Das Erfordernis von Kausalität zwischen

---

506 Vgl. *Hoffmann*, VuR 2016, 243, 246.

507 S. BT-Drs. 18/11495, S. 166.

508 Vgl. oben Kap. 2 C. II. 1. sowie 2. a) bb).

509 Palandt/*Sprau*, § 675v Rn. 8; so auch Baas/Buck-Heeb/Werner/*Böger*, Dritter Teil § 675v Rn. 14; MüKoBGB/*Zetzsche*, § 675v Rn. 41; ähnlich Staudinger/*Omlor*, § 675v Rn. 21.

510 Vgl. BeckOGK/*Hofmann*, 1.4.2019, BGB § 675v Rn. 61.

dem Betrug und dem nicht autorisierten Zahlungsvorgang wurde ausdrücklich abgeschafft.[511] Demnach haftet der Zahler auch in vollem Umfang, selbst wenn er den Missbrauch des Zahlungsinstruments durch einen Dritten zwar nicht im Voraus bemerkt hat, aber später durch Kollusion mit dem unbefugten Dritten betrügerisch handelt.[512]

3. *Vorsätzliche oder grob fahrlässige Pflichtverletzung*

a) Überblick über die Tatbestände

Über die Betrugsabsicht hinaus haftet der Zahler gemäß § 675v Abs. 3 Nr. 2 BGB auch vollumfänglich für den nicht autorisierten Zahlungsvorgang, wenn er durch vorsätzliche oder grob fahrlässige Pflichtverletzung den Schaden herbeigeführt hat. Demnach setzt die Haftung des Zahlers drei Elemente voraus: eine Pflichtverletzung, ein qualifiziertes Verschulden sowie Kausalität.

aa) Pflichtverletzung

Gemäß § 675v Abs. 3 Nr. 2 BGB tritt die Pflichtverletzung des Zahlers in zwei verschiedenen Formen auf, je nachdem, ob es sich um die Pflichten gemäß § 675l Abs. 1 BGB (lit. a) oder um die Pflichten, die durch die zwischen dem Zahler und seinem Zahlungsdienstleister vereinbarten Bedingungen geregelt werden (lit. b), handelt. Bezüglich § 675l Abs. 1 BGB, welcher drei Sätze enthält, sind nur die ersten zwei Sätze von Relevanz, da Satz 3 die Zulässigkeit des Entgelts für die Ausgabe eines neuen Zahlungsinstruments behandelt, was mit der Pflichtverletzung im Kontext der Haftung des Zahlers nichts zu tun hat. Satz 1 und Satz 2 des § 675l Abs. 1 BGB sehen zwei Pflichten des Zahlungsdienstnutzers vor, die für die Haftungsfrage beim Missbrauch des Zahlungsinstruments von zentraler Bedeutung sind. Während § 675l Abs. 1 S. 2 BGB eine konkrete Anzeigepflicht des Zahlungsdienstnutzers vorsieht, regelt Satz 1 nur die abstrakte und allgemeine Sorgfaltspflicht des Zahlungsdienstnutzers bezüglich der personalisierten Sicherheitsmerkmale, nämlich dass er zur Verhinderung des unbefugten Zugriffs auf diese alle zumutbaren Vorkehrungen treffen muss.

Da in § 675l Abs. 1 S. 1 BGB nur die personalisierten Sicherheitsmerkmale als Gegenstand der Sorgfaltspflicht ausdrücklich erwähnt werden, stellt sich die

---

511 S. BT-Drs. 18/11495, S. 166; Baas/Buck-Heeb/Werner/*Böger*, Dritter Teil § 675v Rn. 15; Palandt/*Sprau*, § 675v Rn. 8.

512 Vgl. BT-Drs. 18/11495, S. 166; Baas/Buck-Heeb/Werner/*Böger*, Dritter Teil § 675v Rn. 15; Palandt/*Sprau*, § 675v Rn. 8.

Frage, ob das Zahlungsinstrument unter den Anwendungsbereich der Sorgfaltspflicht fällt. Eine verbreitete Auffassung streitet für eine weitere Auslegung des § 675l Abs. 1 S. 1 BGB, um dessen Anwendung auf Zahlungsinstrumente zu erstrecken.[513] Einer anderen Ansicht nach wird die Sorgfaltspflicht bezüglich des Zahlungsinstruments den vereinbarten Bedingungen zwischen dem Zahlungsdienstnutzer und seinem Zahlungsdienstleister überlassen.[514] Trotz dieser Streitigkeit steht es außer Zweifel, dass der Schutz des Zahlungsinstruments selbst zur Verhinderung der nicht autorisierten Zahlungsvorgänge unabdingbar ist. In der Praxis wird die Sorgfaltspflicht des Zahlungsdienstnutzers, welche sowohl die personalisierten Sicherheitsmerkmale als auch die Zahlungsinstrumente einschließt, ausführlich durch die AGB der Zahlungsdienstleister geregelt und weitgehend konkretisiert. Vor diesem Hintergrund bleibt der Streit der Einordnung der Schutzpflicht hinsichtlich des Zahlungsinstruments für die praktische Rechtsanwendung kaum von Bedeutung.[515] Vielmehr scheint es sinnvoller, anhand der verwendeten verschiedenen Zahlungsinstrumente die typische Sorgfaltspflicht darzustellen.

bb) Modifizierter Verschuldensmaßstab

Die unbeschränkte Haftung des Zahlers nach § 675v Abs. 3 Nr. 2 BGB setzt Vorsatz oder grobe Fahrlässigkeit des Zahlers voraus. Einfache Fahrlässigkeit des Zahlers reicht für eine vollumfängliche Haftung nicht aus.[516] Nach einhelliger Definition bedeutet Vorsatz „das Wissen und Wollen des pflichtwidrigen Erfolgs".[517] Dies kommt in der Praxis selten vor.

Im Vergleich zum Vorsatz spielt der Fall der groben Fahrlässigkeit des Zahlers in der Praxis eine wichtige Rolle. Die Bedeutung der groben Fahrlässigkeit ist nach dem nationalen Recht zu bestimmen.[518] Bereits bei der Umsetzung der PSD1 hat der Gesetzgeber im Anschluss an die bisherige Rechtsprechung sowie

---

513 Vgl. Ellenberger/Findeisen/Nobbe/*Frey*, § 675l BGB Rn. 7; *Hofmann*, BKR 2014, 105, 106; MüKoBGB/*Jungmann*, § 675l Rn. 10 ff.; Palandt/*Sprau*, § 675l Rn. 2.

514 Vgl. *M. Koch*, Missbrauch von Zahlungsauthentifizierungsinstrumenten, S. 145; Staudinger/*Omlor*, § 675l Rn. 3.

515 So auch Baas/Buck-Heeb/Werner/*Böger*, Dritter Teil § 675l Rn. 8.

516 Vor dem Inkrafttreten des § 675v Abs. 2 BGB a. F. (nun § 675v Abs. 3 BGB) konnte einfache Fahrlässigkeit des Zahlers zu einer Haftung in vollem Umfang führen, vgl. BGH NJW 2012, 2422, 2423 Rn. 17.

517 Palandt/*Grüneberg*, § 276 Rn. 10; vgl. auch Staudinger/*Caspers*, § 276 Rn. 22; MüKoBGB/*Grundmann*, § 276 Rn. 154.

518 Vgl. Erwägungsgrund 72 Satz 2 PSD2; so bereits Erwägungsgrund 33 Satz 2 PSD1.

unter Verweis auf das Schrifttum[519] grobe Fahrlässigkeit ausdrücklich angenommen, „wenn die im Verkehr erforderliche Sorgfalt in ungewöhnlich hohem Maße verletzt wurde, wenn also ganz naheliegende Überlegungen nicht angestellt oder beiseite geschoben wurden und somit dasjenige unbeachtet geblieben ist, was sich im gegebenen Fall jedem aufgedrängt hätte.“[520] Nach ständiger Rechtsprechung verlangt die grobe Fahrlässigkeit „einen in objektiver Hinsicht schweren und in subjektiver Hinsicht schlechthin unentschuldbaren Verstoß gegen die Anforderungen der konkret erforderlichen Sorgfalt.“[521] Um das Vorliegen der groben Fahrlässigkeit im Einzelfall zu bestimmen, müssen „alle Umstände berücksichtigt werden“.[522] Da die Feststellung der groben Fahrlässigkeit in engem Zusammenhang mit den Pflichten des Zahlungsdienstnutzers steht, ist sie im Folgenden anhand der konkreten Sorgfalts- sowie Anzeigepflicht des Zahlungsdienstleisters zu beleuchten.

cc) Kausalität

Schließlich muss der Schaden durch die vorsätzliche oder grob fahrlässige Pflichtverletzung des Zahlers *herbeigeführt* werden, um die vollumfängliche Haftung des Zahlers zu begründen. Darunter versteht man, dass eine Kausalität zwischen der den Zahlungsvorgang beeinflussenden Pflichtverletzung und dem Schaden vorliegen muss.[523] Im Gegensatz dazu wird Kausalität zwischen dem Handeln des Zahlers und dem Zahlungsvorgang jedoch in dem Fall nicht verlangt, in dem der Zahler in betrügerischer Absicht gehandelt hat (§ 675v Abs. 3 Nr. 1 BGB).[524]

b) Sorgfaltspflicht beim Einsatz der Zahlungskarte

Im Zahlungskartenverfahren wird die Authentifizierung des Zahlers in der Regel anhand der Zahlungskarte und der PIN durchgeführt. Deshalb bezieht sich die Sorgfaltspflicht des Zahlungsdienstnutzers auf die sichere Aufbewahrung der Zahlungskarte und die Geheimhaltung der PIN.

---

519 Verweis auf Palandt/*Heinrichs*, 67. Aufl. 2008, § 277 Rn. 5 m .w. N.

520 BT-Drs. 16/11643, S. 114.

521 BGHZ 198, 265 = NJW-RR 2014, 90, 92 Rn. 26 m. w. N.; BGHZ 208, 331 = NJW 2016, 2024, 2030 Rn. 71.

522 Erwägungsgrund 72 Satz 1 PSD2.

523 Vgl. Palandt/*Sprau*, § 675v Rn. 9.

524 Vgl. oben Kap. 2 C. III. 2.

In der Praxis wird die sichere Aufbewahrung der Zahlungskarte regelmäßig als eine Sorgfaltspflicht des Zahlungsdienstnutzers in den AGB der Zahlungsdienstleister vorgesehen. Trotz der flexiblen Gestaltungsmöglichkeit zeigen die AGB-Klauseln der verschiedenen Zahlungsdienstleister bei der Aufbewahrungspflicht des Zahlungsdienstnutzers sowohl für die Debitkarten als auch für die Kreditkarten starke Ähnlichkeit.[525] Ein Musterbeispiel dieser Klausel bildet Nr. A. II. 7.2 der Bedingungen für die girocard (Debitkarte) (Fassung vom 14. September 2019)[526]: „Die Karte ist mit besonderer Sorgfalt aufzubewahren, um zu verhindern, dass sie abhandenkommt oder missbräuchlich verwendet wird. Sie darf insbesondere nicht unbeaufsichtigt im Kraftfahrzeug aufbewahrt werden, da sie (zum Beispiel im Rahmen des girocard-Systems) missbräuchlich eingesetzt werden kann. [...]" Diese Klausel fordert einerseits eine Pflicht zur sorgfältigen Aufbewahrung durch den Karteninhaber. Andererseits konkretisiert sie die allgemeine Sorgfaltspflicht insofern, als die unbeaufsichtigte Aufbewahrung der Karte im Kraftfahrzeug verboten ist. Zwar stellt sich diese Klausel als ein pauschalisiertes Verbot dar, was die Frage nach deren Unwirksamkeit aufwirft.[527] Jedoch wird die Pflichtverletzung, nämlich die unbeaufsichtigte Aufbewahrung der Zahlungskarte im Kraftfahrzeug, in den AGB nicht als grobe Fahrlässigkeit eingeordnet.[528] Sie führt daher nicht automatisch zur vollumfänglichen Haftung des Karteninhabers gemäß § 675v Abs. 3 Nr. 2 BGB. Deshalb sei, so Vertreter der Literatur, diese Verbotsklausel nicht ohne Weiteres angreifbar.[529] Dem ist zuzustimmen, wäre doch sonst jede genauere Ausdifferenzierung von Pflichten für den Zahlungsdienstleister riskant. Allerdings wird das Zurücklassen der Zahlungskarte im unbeaufsichtigten Kraftfahrzeug insbesondere in der Rechtsprechung überwiegend als grobe Fahrlässigkeit bewertet.[530] Dieser pauschalisierten Position ist entgegenzutreten. Zum einen wurde bereits zutreffend vorgebracht, dass der Vorwurf grober Fahrlässigkeit nicht angebracht ist, wenn es voraussichtlich keine sicherere Verhaltensalternative als die unbeaufsichtigte

---

525 Zu den konkreten Klauseln für die Debitkarte der verschiedenen Spitzenverbände sowie für die Kreditkarte der verschiedenen Zahlungsdienstleister BeckOGK/*Hofmann*, 1.4.2019, BGB § 675l Rn. 51.1 ff.

526 Erstellt vom Bundesverband deutscher Banken e. V. („Bankenverband").

527 Vgl. MüKoBGB/*Jungmann*, § 675l Rn. 32; Staudinger/*Omlor*, § 675l Rn. 5.

528 Zu den aufgezählten Fällen der groben Fahrlässigkeit vgl. Nr. A. II. 15.1 (4) der Bedingungen für die girocard (Debitkarte) (Fassung 14. September 2019).

529 Vgl. BeckOGK/*Hofmann*, 1.4.2019, BGB § 675l Rn. 60.

530 Vgl. OLG Düsseldorf BKR 2008, 41; LG Berlin NJW-RR 2011 352, 353 jeweils m. w. N; Schimansky/Bunte/Lwowski/*Maihold*, § 54 Rn. 83.

Aufbewahrung der Zahlungskarte im Kraftfahrzeug gibt.[531] Zum anderen geht nicht unbedingt ein großes Risiko vom Zurücklassen der Zahlungskarte im Kraftfahrzeug aus. Zahlreiche Faktoren, etwa „die Zeitdauer", „der Ort", die Bewachung des Parkplatzes sowie die Sichtbarkeit der Zahlungskarte, können das Risiko beeinflussen;[532] deshalb ist es nur möglich, das Vorliegen der groben Fahrlässigkeit im Einzelfall unter Berücksichtigung aller Umstände festzustellen. Eine pauschalisierte Vorgehensweise überzeugt nicht.

Neben der Zahlungskarte ist auch die PIN sicher aufzubewahren. Da die PIN ein Wissenselement darstellt, muss sie geheim gehalten werden. Die Weitergabe der PIN wird regelmäßig als grob fahrlässige Verletzung der Geheimhaltungspflicht qualifiziert[533] und auch ausdrücklich als ein Beispiel der groben Fahrlässigkeit in den AGB des Zahlungsdienstleisters aufgezählt.[534] Die Gegenansicht will das Problem nach dem Zweck der Weitergabe der PIN differenzierend behandeln.[535] Teile der Karteninhaber dem Dritten die PIN einfach mit, liege eine grobe Fahrlässigkeit vor. Gebe der Karteninhaber dagegen zum Zweck der Durchführung eines Zahlungsvorgangs die PIN einem Dritten weiter, handele er nicht grob fahrlässig, sondern autorisiere den Zahlungsvorgang und begründe damit den Aufwendungsersatzanspruch des Zahlungsdienstleisters. Nicht klar von der Gegenansicht behandelt wird die Frage, ob der Karteninhaber auch dann grob fahrlässig handelt, wenn der Dritter seine Befugnis überschreitet. Da das Missbrauchsrisiko durch Weitergabe der PIN erheblich erhöht wird, ist es gerechtfertigt, eine grob fahrlässige Pflichtverletzung in diesem Fall anzunehmen.[536] Ergänzt man die Gegenansicht um diesen Punkt, dann stimmt sie mit der h. L. im Ergebnis überwiegend überein.

---

531 Vgl. OLG Frankfurt a. M. NJW-RR 2002, 692, 693; LG Berlin NJW-RR 2011 352, 353; Schimansky/Bunte/Lwowski/*Maihold*, § 54 Rn. 83; MüKoBGB/*Zetzsche*, § 675v Rn. 48.

532 Dazu ausführlich *M. Koch*, Missbrauch von Zahlungsauthentifizierungsinstrumenten, S. 148 f.

533 Vgl. *M. Koch*, Missbrauch von Zahlungsauthentifizierungsinstrumenten, S. 132; MüKoBGB/*Zetzsche*, § 675v Rn. 49; a. A. BeckOGK/*Hofmann*, 1.4.2019, BGB § 675v Rn. 81 f.

534 Nr. A. II. 15.1 (4) der Bedingungen für die girocard (Debitkarte) (Fassung 14. September 2019); Beispiele für die Kreditkarte s. Nr. 12.1.5 der „Bedingungen für die Mastercard/Visa Card" der Sparkasse (Kreditkarte) (Fassung Juni 2018); Nr. 13.1 (4) der „Bedingungen für die Kreditkarte" der Deutschen Bank (Fassung 10. September 2019).

535 Zum Folgenden BeckOGK/*Hofmann*, 1.4.2019, BGB § 675v Rn. 81 f.

536 Vgl. *M. Koch*, Missbrauch von Zahlungsauthentifizierungsinstrumenten, S. 132; MüKoBGB/*Zetzsche*, § 675v Rn. 49.

Im Einklang mit den AGB des Zahlungsdienstleisters[537] wird eine grob fahrlässige Pflichtverletzung verbreitet angenommen, wenn die Zahlungskarte und die PIN zusammen verwahrt werden.[538] Die Zahlungskarte und die PIN dienen als zwei unabhängige Authentifizierungselemente, durch die das Erlangen eines Authentifizierungselements durch den Unbefugten den Missbrauch des Zahlungsinstruments regelmäßig nicht ermöglicht. Dieser Schutzmechanismus wird jedoch ausgehebelt, wenn beide Authentifizierungselemente zusammen aufbewahrt werden, was deshalb als grob fahrlässig bewertet werden soll.[539] Der Definition des BGH nach darf man von einer gemeinsamen Verwahrung nur dann ausgehen, „wenn ein Unbefugter ec-Karte und Geheimnummer in einem Zugriff erlangen kann und nicht nach dem Auffinden der einen Unterlage weiter nach der anderen suchen muss."[540] Danach darf die PIN keinesfalls auf der Zahlungskarte vermerkt werden.[541] Dagegen liegt keine grobe Fahrlässigkeit vor, wenn die Zahlungskarte und die PIN „an verschiedenen Stellen der Wohnung" aufbewahrt werden.[542] Angesichts der verschiedenen Erscheinungsformen ist es geboten, unter Berücksichtigung aller Umstände im Einzelfall zu bestimmen, ob eine gemeinsame Aufbewahrung angenommen werden soll.[543]

---

537 Nr. A. II. 15.1 (4) der Bedingungen für die girocard (Debitkarte) (Fassung 14. September 2019); Beispiele für die Kreditkarte vgl. Nr. 12.1.5 der „Bedingungen für die Mastercard/Visa Card" der Sparkasse (Kreditkarte) (Fassung Juni 2018); Nr. 13.1 (4) der „Bedingungen für die Kreditkarte" der Deutschen Bank (Fassung 10. September 2019).

538 BGHZ 145, 337 = NJW 2001, 286, 287; BeckOGK/*Hofmann*, 1.4.2019, BGB § 675v Rn. 86; Ellenberger/Findeisen/Nobbe/*Nobbe*, § 675v BGB Rn. 93; MüKoBGB/*Zetzsche*, § 675v Rn. 47.

539 Statt aller BGHZ 145, 337 = NJW 2001, 286, 287.

540 BGHZ 145, 337 = NJW 2001, 286, 287.

541 Dies wird auch in den AGB des Zahlungsdienstleisters als grob fahrlässig angesehen, s. Nr. A. II. 15.1 (4) der Bedingungen für die girocard (Debitkarte) (Fassung 14. September 2019); Beispiele für die Kreditkarte vgl. Nr. 12.1.5 der „Bedingungen für die Mastercard/Visa Card" der Sparkasse (Kreditkarte) (Fassung Juni 2018) und Nr. 13.1 (4) der „Bedingungen für die Kreditkarte" der Deutschen Bank (Fassung 10. September 2019).

542 BGHZ 145, 337 = NJW 2001, 286, 287.

543 Vgl. bisherige Diskussion des Einzelfalls BeckOGK/*Hofmann*, 1.4.2019, BGB § 675l Rn. 73 ff.; *M. Koch*, Missbrauch von Zahlungsauthentifizierungsinstrumenten, S. 133 ff.; Schimansky/Bunte/Lwowski/*Maihold*, § 54 Rn. 77 f.; MüKoBGB/*Zetzsche*, § 675v Rn. 46 f.

c) *Sorgfaltspflicht beim Online-Banking*

Beim Online-Banking werden die Zahlungsvorgänge üblicherweise durch das PIN/TAN-Verfahren durchgeführt. PIN und TAN stellen sich als personalisierte Sicherheitsmerkmale dar[544] und mithin fallen unter den Anwendungsbereich der gesetzlichen Sorgfaltspflicht nach § 675l Abs. 1 S. 1 BGB. In der Praxis wird die Sorgfaltspflicht des Zahlungsdienstnutzers weitergehend durch die AGB des Zahlungsdienstleisters konkretisiert und beschränkt sich nicht auf die personalisierten Sicherheitsmerkmale wie die PIN und TAN als Wissenselemente, sondern schließt auch die anderen Authentifizierungselemente, nämlich die Besitzelemente (z. B. Mobiltelefon)[545] und die Elemente der Inhärenz[546], ein. Da es für die Sicherheit des Authentifizierungsverfahrens des Online-Bankings maßgeblich auf die einzelnen Authentifizierungselemente ankommt, ist es mithin verständlich und auch notwendig, dass der Zahlungsdienstnutzer bei Verwendung aller Authentifizierungselemente die erforderliche Sorgfalt anwenden soll. Dazu sind die Wissenselemente wie etwa die PIN und TAN des Online-Bankings geheim zu halten und anderen nicht mitzuteilen.[547] Die Besitzelemente wie etwa das Mobiltelefon, das zum Empfang der TAN dient, sind wie die Zahlungskarte sicher aufzubewahren.[548] Die Schwierigkeit besteht jedoch darin, festzulegen, in welchen Fällen die Pflichtverletzung des Zahlungsdienstnutzers beim Online-Banking als grob fahrlässig bewertet werden soll, so dass die unbeschränkte Haftung des Zahlers gemäß § 675v Abs. 3 Nr. 2 BGB eingreift.

aa) *Sorgfaltspflicht hinsichtlich der Authentifizierungselemente*

Für die Wissenselemente wie etwa die PIN und TAN[549] ist im Anschluss an den Maßstab der groben Sorgfaltspflichtverletzung beim Einsatz der Zahlungskarte

544 Vgl. BeckOGK/*Hofmann*, 1.4.2019, BGB § 675l Rn. 42; *Omlor*, BKR 2019, 105, 107 m. w. N.

545 Vgl. Nr. 7.2 (1) i. V. m. Nr. 2.2 der „Bedingungen für das Online-Banking" der Sparkasse (Fassung 13. Januar 2018); Nr. 7.1 (2) b) der „Bedingungen für den Zugang zur DB Privat- und Firmenkundenbank AG über elektronische Medien" (Fassung 11.09.2019).

546 Vgl. Nr. 7.1 (2) c) der „Bedingungen für den Zugang zur DB Privat- und Firmenkundenbank AG über elektronische Medien" (Fassung 11.09.2019).

547 Vgl. MüKoBGB/*Jungmann*, § 675l Rn. 51, 58.

548 Vgl. z. B. Nr. 7.1 (2) b) der „Bedingungen für den Zugang zur DB Privat- und Firmenkundenbank AG über elektronische Medien" (Fassung 11.09.2019).

549 Die TAN kann auch als Nachweis der Besitzelemente fungieren, wobei sie auch geheim zu halten ist, s. Nr. 7.1 (2) b) 5. Spiegelstrich der „Bedingungen für den Zugang zur DB Privat- und Firmenkundenbank AG über elektronische Medien" (Fassung 11.09.2019).

davon auszugehen, dass eine grob fahrlässige Pflichtverletzung auch beim Online-Banking angenommen werden kann, wenn der Zahler die Wissenselemente einem Dritten bewusst mitteilt.[550] Eine grobe Fahrlässigkeit wird auch verbreitet angenommen, wenn der Zahler als Opfer der Phishing- oder Pharming-Angriffe mehrere TANs eingegeben hat, was zum Missbrauch des Zahlungsinstruments führt.[551] Dennoch scheint es zweifelhaft, in den Fällen, in denen die Wissenselemente „ungesichert elektronisch gespeichert" werden, ohne Weiteres eine grobe Fahrlässigkeit zu sehen,[552] da die Speicherung auf diese Weise unter Umständen eine gewisse Sicherheit darstellen könnte.[553] Eine pauschale Verurteilung würde zu weit gehen.

Neben den Wissenselementen kommen die Besitzelemente wie etwa das Mobiltelefon als ein zusätzliches Authentifizierungselement in der Praxis häufig zur Anwendung. Der Zahler soll die Besitzelemente sicher aufbewahren und insbesondere den unbefugten Zugriff auf sie verhindern. Jedoch begründet nicht jeder Zugriff durch unberechtigte Dritte automatisch eine grob fahrlässige Pflichtverletzung des Zahlers.[554] Vielmehr muss man alle Umstände des Einzelfalls näher ansehen, um festzustellen, ob der Zahler seine Sorgfaltspflicht in objektiver Hinsicht schwer und in subjektiver Hinsicht unentschuldbar verletzt hat, so dass eine grobe Fahrlässigkeit des Zahlers in Betracht kommt. Wenn eine spezialisierte Applikation (App), welche zur Durchführung der Authentifizierung oder Erteilung des Zahlungsauftrags auf ein mobiles Endgerät wie

---

550 S. Schimansky/Bunte/Lwowski/*Maihold*, § 55 Rn. 117 f.; dies gilt nicht für die Weitergabe an den Zahlungsauslöse- sowie Kontoinformationsdienstleister, s. *Omlor*, BKR 2019, 105, 112; Nr. 7.1 (5) S. 1 der „Bedingungen für den Zugang zur DB Privat- und Firmenkundenbank AG über elektronische Medien" (Fassung 11.09.2019).

551 OLG München BKR 2012, 475, 476; AG Krefeld BKR 2012, 480, 481 f.; LG Düsseldorf BeckRS 2015, 5137; *Omlor*, BKR 2019, 105, 112; MüKoBGB/*Zetzsche*, § 675v Rn. 53 m. w. N.; vgl. auch Nr. 10.2.1 (3) f) i. V. m. Nr. 7.2 (2) e) der „Bedingungen für das Online-Banking" der Sparkasse (Fassung 13. Januar 2018); zum alten Recht BGH NJW 2012, 2422, 2424 Rn. 24 ff. (wo einfache Fahrlässigkeit angenommen wurde, was für die unbeschränkte Haftung ausreichte).

552 So aber Nr. 10.2.1 (3) b) i. V. m. Nr. 7.2 (2) a) der „Bedingungen für das Online-Banking" der Sparkasse (Fassung 13. Januar 2018); Nr. 11.2.1 (3) 1. Spiegelstrich i. V. m. Nr. 7.1 (2) a) 2. Spiegelstrich der „Bedingungen für den Zugang zur DB Privat- und Firmenkundenbank AG über elektronische Medien" (Fassung 11.09.2019).

553 Vgl. Schimansky/Bunte/Lwowski/*Maihold*, § 55 Rn. 116.

554 So aber Nr. 11.2.1 (3) 1. Spiegelstrich i. V. m. Nr. 7.1 (2) b) 2. Spiegelstrich der „Bedingungen für den Zugang zur DB Privat- und Firmenkundenbank AG über elektronische Medien" (Fassung 11.09.2019).

etwa das Mobiltelefon installiert wird, verwendet wird, ist der Zahler auch zum Schutz ihrer Sicherheit verpflichtet. Er soll insbesondere den unbefugten Zugriff auf diese Applikation verhindern, den Code zur Aktivierung dieser Applikation sicher aufbewahren und die Applikation unter Umständen deaktivieren.[555] Diese Maßnahmen dienen der Sicherheit der Applikation. Mithin ist es zumutbar, vom Zahler eine dementsprechende Sorgfaltspflicht zu verlangen. Allerdings sollte nicht jede Pflichtverletzung des Zahlers ohne Berücksichtigung aller Umstände des Einzelfalls pauschalisiert als grob fahrlässig bewertet werden.[556]

Letztlich betrifft die Sorgfaltspflicht des Zahlers auch die Elemente der Inhärenz wie etwa den Fingerabdruck, welcher heutzutage immer öfter im Authentifizierungsverfahren verwendet wird. Die Sorgfaltspflicht des Zahlers dazu besteht darin, dass er die Elemente der Inhärenz nur dann verwenden darf, wenn nur seine Elemente der Inhärenz, nämlich keine anderer Personen, im mobilen Endgerät gespeichert sind.[557] Ansonsten bestünde die Gefahr, dass diese andere Person unrichtigerweise als Zahler authentifiziert werden könnte. Ob der Verstoß gegen diese Pflicht als grob fahrlässig eingeordnet wird, kommt auf die Umstände des Einzelfalls an. Eine absolute Bewertung[558] ist abzulehnen.

bb) Sorgfaltspflicht hinsichtlich der Unabhängigkeit der Authentifizierungselemente

Die Unabhängigkeit der verwendeten mehreren Authentifizierungselemente bildet eine wichtige Voraussetzung der starken Kundenauthentifizierung[559] und verstärkt die Sicherheit des Authentifizierungsverfahrens. Der Zahler ist deshalb verpflichtet, diese Unabhängigkeit aufrechtzuerhalten. Wenn der Zahler die verschiedenen Authentifizierungselemente wie etwa die PIN und TAN gemeinsam verwahrt, wird die Unabhängigkeit durchbrochen, so dass eine grob fahrlässige

555 Vgl. jeweils Nr. 7.1 (2) b) 3., 6. und 4. Spiegelstrich der „Bedingungen für den Zugang zur DB Privat- und Firmenkundenbank AG über elektronische Medien" (Fassung 11.09.2019).

556 So aber Nr. 11.2.1 (3) 1. Spiegelstrich i. V. m. Nr. 7.1 (2) b) der „Bedingungen für den Zugang zur DB Privat- und Firmenkundenbank AG über elektronische Medien" (Fassung 11.09.2019).

557 Vgl. z. B. Nr. 7.1 (2) c) der „Bedingungen für den Zugang zur DB Privat- und Firmenkundenbank AG über elektronische Medien" (Fassung 11.09.2019).

558 So aber Nr. 11.2.1 (3) 1. Spiegelstrich i. V. m. Nr. 7.1 (2) c) der „Bedingungen für den Zugang zur DB Privat- und Firmenkundenbank AG über elektronische Medien" (Fassung 11.09.2019).

559 S. oben Kap. 1 C. II. 1. b) bb).

Pflichtverletzung naheliegt.[560] Ferner wird durch die AGB der Zahlungsdienstleister üblicherweise verboten, dass der Zahler für das Online-Banking dasselbe mobile Endgerät verwendet, welches zum Empfang der SMS-TAN dient; der Verstoß gegen diese Pflicht wird auch als grobe Fahrlässigkeit eingeordnet.[561] Dieses Verbot stellt auch auf den Gedanken der Unabhängigkeit der verwendeten verschiedenen Authentifizierungselemente ab, was die Sicherheit des Online-Bankings fördert.[562]

Problematisch ist jedoch, dass beim Mobil-Banking das PIN/TAN-Verfahren üblicherweise auf demselben mobilen Endgerät mithilfe zweier Applikationen (z. B. Online-Banking-App und Authentifizierungs-App) durchgeführt wird, so dass die Unabhängigkeit der verschiedenen Authentifizierungselemente zweifelhaft erscheint, was die Sicherheit dieser Konstruktion in Frage stellt.[563] Dabei ist zunächst davon auszugehen, dass im Fall des Drittmissbrauchs der Zahler nicht deshalb pflichtwidrig handelt, weil er diese Art von Mobil-Banking genutzt hat, wenn dies vom Zahlungsdienstleister aus zulässig ist und gerade von ihm zur Verfügung gestellt wird. In diesem Zusammenhang stellt sich ferner die Frage, ob die starke Kundenauthentifizierung beim Mobil-Banking durchgeführt wird, was nach § 675v Abs. 4 S. 1 BGB für die Haftungsverteilung im Missbrauchsfall von Bedeutung ist. Damit kommt man wieder auf die Frage der Unabhängigkeit der Authentifizierungselemente zurück, für welche es maßgeblich auf die konkrete Konstruktion der Applikationen der Zahlungsdienstleister ankommt, was angesichts ihrer Vielfalt hier nicht erschöpfend beantwortet werden kann.

cc) Überprüfungspflicht

Zudem ist der Zahler verpflichtet, vor Autorisierung die von seinem Zahlungsdienstleister empfangenen Daten, insbesondere den Betrag sowie die Identität des Zahlungsempfängers, mit den Auftragsdaten zu vergleichen und gegebenenfalls

---

560 Vgl. Schimansky/Bunte/Lwowski/*Maihold*, § 55 Rn. 124; Nr. 10.2.1 (3) e) i. V. m. Nr. 7.2 (2) d) der „Bedingungen für das Online-Banking" der Sparkasse (Fassung 13. Januar 2018); Nr. 11.2.1 (3) 1. Spiegelstrich i. V. m. Nr. 7.1 (2) a) 3. Spiegelstrich der „Bedingungen für den Zugang zur DB Privat- und Firmenkundenbank AG über elektronische Medien" (Fassung 11.09.2019).

561 Nr. 10.2.1 (3) g) i. V. m. Nr. 7.2 (2) f) der „Bedingungen für das Online-Banking" der Sparkasse (Fassung 13. Januar 2018); Nr. 11.2.1 (3) 2. Spiegelstrich i. V. m. Nr. 7.1 (3) der „Bedingungen für den Zugang zur DB Privat- und Firmenkundenbank AG über elektronische Medien" (Fassung 11.09.2019).

562 Vgl. Schimansky/Bunte/Lwowski/*Maihold*, § 55 Rn. 128.

563 Vgl. Schimansky/Bunte/Lwowski/*Maihold*, § 55 Rn. 16, 128.

den Zahlungsvorgang abzubrechen, wenn beide Daten nicht miteinander übereinstimmen.[564] Auf diese Weise kann der eventuelle Missbrauch des Zahlungsinstruments effektiv aufgedeckt und verhindert werden.[565] Außerdem entspricht dies auch der Anforderung an die dynamische starke Kundenauthentifizierung gemäß § 55 Abs. 2 ZAG, der Art. 97 Abs. 2 PSD2 umsetzt, wonach die Kundenauthentifizierung „den Zahlungsvorgang dynamisch mit einem bestimmten Betrag und einem bestimmten Zahlungsempfänger verknüpft". Falls der Zahler jedoch vor der Autorisierung die von seinem Zahlungsdienstleister empfangen Daten nicht überprüfte, läuft der Zweck der dynamischen starken Kundenauthentifizierung leer.[566] Der Verstoß gegen diese Sorgfaltspflicht wird zutreffend als grob fahrlässig angenommen.[567]

d) Anzeigepflicht

Die Anzeigepflicht des Zahlungsdienstnutzers nach § 675l Abs. 1 S. 2 BGB spielt eine wichtige Rolle im Zahlungsdiensterecht. Zum einen beeinflusst die Anzeige die Haftungsverteilung beim Missbrauch des Zahlungsinstruments, weil nach der Anzeige der Zahler grundsätzlich für die nicht autorisierten Zahlungsvorgänge nicht mehr haftet (§ 675v Abs. 5 S. 1 BGB); zum anderen hat sie eine Präventionsfunktion, indem der Zahlungsdienstleister durch Sperrung des Zahlungsinstruments gemäß § 675m Abs. 1 S. 1 Nr. 5 BGB dessen weiteren Missbrauch verhindern kann.[568]

Nach § 675l Abs. 1 S. 2 BGB setzt die Anzeigepflicht des Zahlungsdienstnutzers zunächst „den Verlust, den Diebstahl, die missbräuchliche Verwendung oder die sonstige nicht autorisierte Nutzung eines Zahlungsinstruments" voraus. Umstritten ist die Frage, ob lediglich die Gefahr des Missbrauchs von Zahlungsinstrumenten zur Anzeigepflicht führt. Entgegen dem Wortlaut bejaht eine Ansicht unter Rückgriff auf den Sinn und Zweck der Vorschrift diese Frage,

564 Nr. 7.4 der „Bedingungen für das Online-Banking" der Sparkasse (Fassung 13. Januar 2018); Nr. 7.3 der „Bedingungen für den Zugang zur DB Privat- und Firmenkundenbank AG über elektronische Medien" (Fassung 11.09.2019).

565 Vgl. *M. Koch*, Missbrauch von Zahlungsauthentifizierungsinstrumenten, S. 152; *Schulteis*, EWiR 2019, 193, 194.

566 So auch *Bronk/Gerlach*, GWR 2019, 50.

567 AG Bonn BKR 2014, 304, 305; OLG Oldenburg MMR 2019, 390, 391 Rn. 4; *Bronk/Gerlach*, GWR 2019, 50 m. w. N.; *M. Koch*, Missbrauch von Zahlungsauthentifizierungsinstrumenten, S. 152; *Schulteis*, EWiR 2019, 193, 194.

568 Vgl. auch MüKoBGB/*Jungmann*, § 675l Rn. 69.

damit der etwaige Missbrauch optimal verhindert werden könne.[569] Eine andere Ansicht ist zwar gegenüber dieser weiten Auslegung der Vorschrift zurückhaltend, hält es jedoch für zulässig, dass der Zahlungsdienstleister in seinen AGB die Anzeigepflicht des Zahlungsdienstnutzers auf das Vorliegen des der konkreten Tatsache zugrundliegenden Verdachts des Missbrauchs vorverlege.[570] In der Praxis ist eine solche Klausel auch üblich.[571] Diese Vorgehensweise ist vorzugwürdig, da sie einerseits den klaren Wortlaut des § 675l Abs. 1 S. 1 BGB respektiert und andererseits durch die explizite Anzeigepflicht bei bloßem Missbrauchsverdacht dessen Sinn und Zweck Rechnung trägt.

Eine weitere Voraussetzung für die Anzeigepflicht besteht darin, dass der Zahlungsdienstnutzer positive Kenntnis von der missbräuchlichen Verwendung der Zahlungsinstrumente erlangt.[572] Besteht nach den AGB des Zahlungsdienstleisters eine Anzeigepflicht schon bei der bloßen Gefahr missbräuchlicher Verwendung, muss sich die Kenntnis auf diese Gefahr beziehen.[573] Nach dem Erlangen der jeweiligen Kenntnis muss der Zahlungsdienstnutzer seinem Zahlungsdienstleister oder einer von diesem benannten Stelle dies unverzüglich anzeigen. Unter Heranziehung des § 121 Abs. 1 S. 1 BGB bedeutet dies, dass die Anzeige „ohne schuldhaftes Zögern" vorzunehmen ist.[574] Zwar ist der konkrete Zeitraum anhand aller Umstände des Einzelfalls zu bestimmen; zur

---

569 Vgl. Ellenberger/Findeisen/Nobbe/*Frey*, § 675l BGB Rn. 18; Langenbucher/Bliesener/Spindler/*Jungmann*, Kapitel 6 § 675l Rn. 16; MüKoBGB/*ders.*, § 675l Rn. 78.

570 Vgl. BeckOGK/*Hofmann*, 1.4.2019, BGB § 675l Rn. 120 f.; *M. Koch*, Missbrauch von Zahlungsauthentifizierungsinstrumenten, S. 154 f.; Langenbucher/Bliesener/Spindler/*Langenbucher*, Kapitel 3, § 675l Rn. 12; Schimansky/Bunte/Lwowski/*Maihold*, § 54 Rn. 89, § 55 Rn. 150; Staudinger/*Omlor*, § 675l Rn. 18; Palandt/*Sprau*, § 675l Rn. 6; tendenziell LG Kiel BKR 2018, 528, 531 Rn. 31; a. A. *Sorg*, Die zivilrechtliche Haftung im bargeldlosen Zahlungsverkehr, S. 255 f.

571 Vgl. für die Debitkarte Nr. A. II. 7.4 (2) der Bedingungen für die girocard (Debitkarte) (Fassung 14. September 2019); für die Kreditkarte Nr. 8.6 (2) der „Bedingungen für die Kreditkarte" der Deutschen Bank (Fassung 10. September 2019); für das Online-Banking Nr. 8.1 (3) der „Bedingungen für das Online-Banking" der Sparkasse (Fassung 13. Januar 2018); Nr. 8.1 (3) der „Bedingungen für den Zugang zur DB Privat- und Firmenkundenbank AG über elektronische Medien" (Fassung 11.09.2019).

572 S. BeckOGK/*Hofmann*, 1.4.2019, BGB § 675l Rn. 120 m. w. N.; MüKoBGB/*Jungmann*, § 675l Rn. 82; Staudinger/*Omlor*, § 675l Rn. 20; Palandt/*Sprau*, § 675l Rn. 7.

573 S. Ellenberger/Findeisen/Nobbe/*Frey*, § 675l BGB Rn. 19; BeckOGK/*Hofmann*, 1.4.2019, BGB § 675l Rn. 121; MüKoBGB/*Jungmann*, § 675l Rn. 82.

574 Vgl. BeckOGK/*Hofmann*, 1.4.2019, BGB § 675l Rn. 122; Staudinger/*Omlor*, § 675l Rn. 20; Palandt/*Sprau*, § 675l Rn. 7.

effektiven Verhinderung weiterer missbräuchlicher Verwendung wäre aber eine schnellstmögliche Anzeige erforderlich.[575] Eine Anzeige erst fünf[576] oder sogar zehn Tage[577] nach dem Missbrauch des Zahlungsinstruments scheint jedenfalls zu spät.

Wenn der Zahlungsdienstnutzer die Anzeige nicht unverzüglich gemäß § 675l Abs. 1 S. 2 BGB erstattet, liegt regelmäßig eine grob fahrlässige Pflichtverletzung vor.[578] Dies wird auch als ein Fall von grober Fahrlässigkeit des Zahlungsdienstnutzers in den AGB der Zahlungsdienstleisters aufgezählt.[579] Dann haftet der Zahlungsdienstnutzer für die nicht autorisierten Zahlungsvorgänge in vollem Umfang (§ 675v Abs. 3 Nr. 2 BGB).

IV. Ausschluss der Haftung des Zahlers

Die Haftung des Zahlers nach § 675v Abs. 1 und Abs. 3 BGB ist in bestimmten Fällen ausgeschlossen. Wichtige Ausschlussgründe finden sich in § 675v Abs. 4 und Abs. 5 BGB. Im Übrigen kann der Zahler von der Haftung auch wegen höherer Gewalt gemäß § 676c Nr. 1 BGB[580] befreit werden, was im vorliegenden Zusammenhang jedoch nur von geringer Bedeutung ist.[581] Im Folgenden ist mithin nur auf die Haftungsausschlussgründe in § 675v BGB näher einzugehen.

---

575 Vgl. BeckOGK/*Hofmann*, 1.4.2019, BGB § 675l Rn. 123; MüKoBGB/*Jungmann*, § 675l Rn. 84; zur alten Rechtslage OLG Frankfurt a. M. NJW-RR 2004, 206, 207.

576 AG Düsseldorf BeckRS 2015, 5032.

577 AG Hamburg ZIP 2013, 1466 f.

578 Vgl. auch *M. Koch*, Missbrauch von Zahlungsauthentifizierungsinstrumenten, S. 154.

579 Vgl. für die Debitkarte Nr. A. II. 15.1 (4) der Bedingungen für die girocard (Debitkarte) (Fassung 14. September 2019); für die Kreditkarte Nr. 12.1.5 der „Bedingungen für die Mastercard/Visa Card" der Sparkasse (Kreditkarte) (Fassung Juni 2018); Nr. 13.1 (4) der „Bedingungen für die Kreditkarte" der Deutschen Bank (Fassung 10. September 2019); für das Online-Banking Nr. 10.2.1 (3) der „Bedingungen für das Online-Banking" der Sparkasse (Fassung 13. Januar 2018); Nr. 11.2.1 (3) i. V. m. Nr. 8.1 (1) der „Bedingungen für den Zugang zur DB Privat- und Firmenkundenbank AG über elektronische Medien" (Fassung 11.09.2019).

580 § 676c Nr. 2 BGB ist nur für die Haftungsbefreiung des Zahlungsdienstleisters von Bedeutung, s. BeckOGK/*Köndgen*, 1.8.2019, BGB § 676c Rn. 38.

581 Dazu BeckOGK/*Köndgen*, 1.8.2019, BGB § 676c Rn. 27; für mögliche Anwendungsfälle im Zusammenhang mit § 675v Abs. 1 BGB vgl. MüKoBGB/*Zetzsche*, § 676c Rn. 15.

1. *Fehlen der starken Kundenauthentifizierung*

Zur Umsetzung des Art. 74 Abs. 2 PSD2 wurde § 675v Abs. 4 BGB als neuer Haftungsausschlussgrund eingeführt. Demnach wird der Zahler von seiner Haftung gemäß § 675v Abs. 1 und Abs. 3 BGB befreit, sofern sein Zahlungsdienstleister eine starke Kundenauthentifizierung nicht verlangt oder der Zahlungsempfänger oder sein Zahlungsdienstleister eine starke Kundenauthentifizierung nicht akzeptiert, es sei denn, der Zahler hat in betrügerischer Absicht gehandelt. Durch diese Vorschrift hat der Gesetzgeber der Verletzung der aufsichtsrechtlichen Anforderungen an die starke Kundenauthentifizierung auch eine zivilrechtliche Rechtsfolge beigegeben.[582] Zugleich wirft dies auch die Frage auf, in welcher Beziehung das Aufsichtsrecht bezüglich der starken Kundenauthentifizierung und § 675v Abs. 4 BGB als eine zivilrechtliche Regelung stehen, da in § 675v Abs. 4 S. 1 BGB lediglich von einer starken Kundenauthentifizierung die Rede ist, während die relevanten aufsichtsrechtlichen Regelungen komplexer sind. Aufsichtsrechtlich ist zum einen die starke Kundenauthentifizierung nur in den von § 55 ZAG vorgesehenen Fällen, nicht aber in allen Fällen beim Einsatz von Zahlungsinstrumenten erforderlich.[583] Zum anderen dürfen die Anforderungen an die starke Kundenauthentifizierung in bestimmten Fällen gesenkt[584] oder durch ein dynamisches Element[585] verschärft werden. Vor diesem Hintergrund stellt sich die Frage, ob und inwieweit diese „Erleichterungen und Verschärfungen"[586] der Anforderungen der starken Kundenauthentifizierung bei der Auslegung des § 675v Abs. 4 BGB entsprechend berücksichtigt werden sollen.

Einer Auffassung nach sollen die aufsichtsrechtlichen Regelungen bezüglich der starken Kundenauthentifizierung durch richtlinienkonforme sowie systematische Auslegung des § 675v Abs. 4 BGB auch im Zivilrecht entsprechend durchgesetzt werden.[587] Die Gegenauffassung vertritt eine gespaltete Auslegung. Demnach sollen zum einen die Fälle, in denen die starke Kundenauthentifizierung nicht verlangt oder von deren Anwendung aufsichtsrechtlich

---

582 So auch *Werner*, WM 2018, 449, 454.

583 S. oben zum Anwendungsbereich der starken Kundenauthentifizierung Kap. 1 C. II. 2.

584 S. oben Kap. 1 C. II. 3.

585 S. oben Kap. 1 C. II. 2. b), 4. b).

586 *Omlor*, BKR 2019, 105, 113.

587 Vgl. *Omlor*, BKR 2019, 105, 113; so auch Baas/Buck-Heeb/Werner/*Böger*, Dritter Teil § 675v Rn. 27; *Terlau*, ZBB 2016, 122, 132 f. Dahingehend wohl auch MüKoHGB/*Linardatos*, Bankvertragsrecht, G Rn. 147.

zulässigerweise abgesehen wird, auf die Auslegung des § 675v Abs. 4 BGB keinen Einfluss nehmen.[588] Zum anderen sollen die Anforderungen an die dynamische starke Kundenauthentifizierung sowie deren Ausnahmen bei der Auslegung des § 675v Abs. 4 BGB herangezogen werden.[589]

Der ersten Auffassung ist zuzustimmen. In Anbetracht des europarechtlichen Ursprungs des § 675v Abs. 4 BGB ist eine einheitliche Rechtsanwendung vorzugswürdig, da eine klare Unterscheidung zwischen Aufsichts- und Zivilrecht zumindest bei der Zahlungsdiensterichtlinie nicht bewusst durchgeführt wird.[590] Zudem tragen die detaillierten Vorgaben, die den Anwendungsbereich, die zulässigen Ausnahmen sowie die Anforderungen an ein dynamisches Element der starken Kundenauthentifizierung regeln, den Eigenheiten verschiedener Zahlungsmethoden Rechnung. Dieses Anliegen lässt sich nur realisieren, wenn diese aufsichtsrechtlichen Vorgaben bei der Auslegung des § 675v Abs. 4 BGB entsprechend berücksichtigt werden.[591] Nimmt man dies an, dann muss für das Element der starken Kundenauthentifizierung i. S. d. § 675v Abs. 4 BGB auf die speziellen aufsichtsrechtlich Regelungen abgestellt werden, was bedeutet: Wenn die starke Kundenauthentifizierung beim Einsatz von Zahlungsinstrumenten nicht aufsichtsrechtlich erforderlich ist oder zulässigerweise von ihr abgesehen werden kann, dann greift die Haftungsbefreiung des Zahlers i. S. d. § 675v Abs. 4 BGB nicht ein.[592] Fordert das Aufsichtsrecht ein dynamisches Element für die starke Kundenauthentifizierung und wird diese Anforderung nicht erfüllt, dann ist der Zahler von seiner Haftung gemäß § 675v Abs. 4 BGB befreit.[593]

2. *Sperranzeige*

Sobald der Zahler die Anzeige gemäß § 675l Abs. 1 S. 2 BGB erstattet, haftet er nicht mehr für die danach durch missbräuchliche Verwendung des

---

588 Vgl. *EBA*, Single Rule Book Q&A (Question ID: 2018_4042), 19/07/2019, abrufbar unter https://eba.europa.eu/single-rule-book-qa/-/qna/view/publicId/2018_4042 (zuletzt überprüft am 12.09.2019); *Hoffmann*, VuR 2016, 243, 250; *Jungmann*, ZBB 2020, 1, 8; Palandt/*Sprau*, § 675v Rn. 11; MüKoBGB/*Zetzsche*, § 675v Rn. 63.

589 Vgl. *Hoffmann*, VuR 2016, 243, 252 f.

590 S. *Omlor*, BKR 2019, 105, 113.

591 Vgl. Baas/Buck-Heeb/Werner/*Böger*, Dritter Teil § 675v Rn. 27; *Omlor*, BKR 2019, 105, 113; *Terlau*, ZBB 2016, 122, 133.

592 S. Baas/Buck-Heeb/Werner/*Böger*, Dritter Teil § 675v Rn. 27; *Omlor*, BKR 2019, 105, 113.

593 S. *Omlor*, BKR 2019, 105, 113.

Zahlungsinstruments entstandenen Schäden (§ 675v Abs. 5 S. 1 BGB). Dieser Haftungsausschluss greift nur dann nicht, wenn der Zahler in betrügerischer Absicht gehandelt hat (§675v Abs. 5 S. 3 BGB). Der Haftungsausschluss gilt ab dem Zeitpunkt des Zugangs der Anzeige.[594] Nach der Anzeige hat der Zahlungsdienstleister jede Nutzung des Zahlungsinstruments zu verhindern (§ 675m Abs. 1 S. 1 Nr. 5 BGB). Dementsprechend handelt der Zahlungsdienstleister grundsätzlich nicht pflichtwidrig, wenn der nicht autorisierte Zahlungsvorgang bereits vor dem Zugang der Anzeige ausgeführt wurde.[595]

Die Haftung des Zahlers für den nicht autorisierten Zahlungsvorgang wird nach § 675v Abs. 5 S. 2 BGB auch dann ausgeschlossen, wenn der Zahlungsdienstleister nicht gemäß § 675m Abs. 1 S. 1 Nr. 3 BGB[596] die Möglichkeit zur Vornahme der Anzeige oder zur Aufhebung der Sperrung jederzeit zur Verfügung stellt, vorausgesetzt wiederum, dass der Zahler nicht in betrügerischer Absicht gehandelt hat (§ 675v Abs. 5 S. 3 BGB). Abweichend vom Haftungsausschluss gemäß § 675v Abs. 5 S. 1 BGB bezieht sich Satz 2 derselben Vorschrift seinem Wortlaut nach nur auf § 675v Abs. 1 BGB, nicht jedoch auf § 675v Abs. 3 BGB. Dies wirft die Frage auf, ob auch die unbeschränkte Haftung nach § 675v Abs. 3 Nr. 2 BGB[597] entsprechend ausgeschlossen ist. Dieses Problem bestand bereits bei § 675v Abs. 3 S. 2 BGB a. F.; in der Neufassung setzt es sich fort.[598] Eine Ansicht will beim Wortlaut des § 675v Abs. 5 S. 2 BGB (§ 675v Abs. 3 S. 2 BGB a. F.) stehenbleiben und spricht sich dementsprechend gegen eine Erstreckung der Anwendung dieses Haftungsausschlusses auf die unbeschränkte Haftung des Zahlers gemäß § 675v Abs. 3 BGB (§ 675v Abs. 2 BGB a. F.) aus.[599] Demgegenüber sieht eine andere Ansicht in § 675v Abs. 5 S. 2 BGB ein Redaktionsversehen und möchte ihn über dessen Wortlaut hinaus auch auf die unbeschränkte Haftung des Zahlers gemäß § 675v Abs. 3 BGB anwenden.[600]

---

594 S. Staudinger/*Omlor*, § 675v Rn. 31; MüKoBGB/*Zetzsche*, § 675v Rn. 69.

595 AG Bonn MMR 2015, 477, 478.

596 Wohl aufgrund eines Redaktionsversehens in der amtlichen Fassung als „§ 675m Abs. 1 Nr. 3" zitiert.

597 Wegen § 675v Abs. 5 S. 3 BGB kann die Haftung des Zahlers gemäß § 675v Abs. 3 Nr. 1 BGB ohnehin nicht ausgeschlossen werden.

598 Vgl. *Hofmann*, BKR 2018, 62, 67; zur alten Fassung *ders.*, BKR 2014, 105, 111 f.

599 Vgl. MüKoBGB/*Casper*, 6. Aufl., § 675m Rn. 8; Langenbucher/Bliesener/Spindler/*Herresthal*, Kapitel 5 § 675v Rn. 66; Langenbucher/Bliesener/Spindler/*ders.*, Kapitel 7 § 675v Rn. 37a; MüKoBGB/*Jungmann*, § 675m Rn. 29.

600 Vgl. *Hofmann*, BKR 2014, 105, 111 f.; *ders.*, BKR 2018, 62, 67; zustimmend Baas/Buck-Heeb/Werner/*Böger*, Dritter Teil § 675v Rn. 18; Langenbucher/Bliesener/Spindler/

Da § 675v Abs. 5 S. 3 BGB zur Umsetzung des Art. 74 Abs. 3 UAbs. 2 PSD2 (Art. 61 Abs. 5 PSD1) dient, ist eine richtlinienkonforme Auslegung erforderlich. Dem Wortlaut des Art. 74 Abs. 3 UAbs. 2 PSD2 ist zu entnehmen, dass dessen Anwendbarkeit auf die unbeschränkte Haftung gemäß Art. 74 Abs. 1 UAbs. 3 PSD2 nicht ausgeschlossen ist.[601] Zudem ist Unterabsatz 2 des Art. 74 Abs. 3 PSD2 mit Unterabsatz 1 desselben Absatzes ganz parallel formuliert, so dass eine differenzierende Auslegung bezüglich des Anwendungsbereichs beider Unterabsätze kaum plausibel wäre. Wenn § 675v Abs. 5 S. 1 BGB, der Art. 74 Abs. 3 UAbs. 1 PSD2 umsetzt, auf die unbeschränkte Haftung des Zahlers anwendbar ist, spricht eine systematische Auslegung dafür, dass § 675v Abs. 5 S. 2 BGB, der Art. 74 Abs. 3 UAbs. 2 PSD2 umsetzt, darauf gleichfalls anwendbar sein soll. Dann wird der Zahler von seiner unbeschränkten Haftung i. S. d. § 675v Abs. 3 Nr. 2 BGB befreit, wenn der Zahlungsdienstleister keine Möglichkeit zur jederzeitigen Erstattung der Anzeige bereitstellt. Damit wird dem Zahlungsdienstleister ein Anreiz gesetzt, entsprechende Mittel zur Anzeigeerstattung zur Verfügung zu stellen. Diese Auslegung entspricht auch dem Sinn und Zweck der Regelung der Anzeige, durch unverzügliche Anzeige den eventuellen Missbrauch des Zahlungsinstruments frühzeitig zu verhindern.[602] Dies alles spricht dafür, dass sich § 675v Abs. 5 S. 2 BGB über den Wortlaut hinaus auch auf § 675v Abs. 3 BGB beziehen soll.

Jungmann, Kapitel 6 § 675v Rn. 25 f.; Schimansky/Bunte/Lwowski/*Maihold*, § 54 Rn. 100.

601 Vgl. auch *Hofmann*, BKR 2018, 62, 67; so bereits bei PSD1 *ders.*, BKR 2014, 105, 111; a. A. Langenbucher/Bliesener/Spindler/*Herresthal*, Kapitel 5 § 675v Rn. 66; Langenbucher/Bliesener/Spindler/*ders.*, Kapitel 7 § 675v Rn. 37a.

602 Vgl. *Hofmann*, BKR 2014, 105, 111; BeckOGK/*ders.*, 1.4.2019, BGB § 675m Rn. 29.

Kapitel 3 Die Risikoverteilung beim Missbrauch von Zahlungsinstrumenten in der VR China

A. Grundlage des bargeldlosen Zahlungsverkehrs in China

I. Tatsächliche Rahmenbedingungen

Die bargeldlose Zahlung erfolgt auch in der VR China in vielfältigen Erscheinungsformen und spielt eine maßgebliche Rolle in der Wirtschaft. Für die Zwecke der Statistik teilt die People's Bank of China (PBoC, 中国人民银行), welche die Zentralbank Chinas ist, die bargeldlose Zahlung in drei Grundkategorien ein: Wechsel und Scheck (票据), Bankkarten (银行卡) und andere Verrechnungsgeschäfte (其他结算业务); die anderen Verrechnungsgeschäfte werden wiederum in Überweisung (贷记转账), Lastschrift (直接借记), akzeptierten Zahlungseinzug (托收承付) und inländisches Akkreditiv (国内信用证) eingeteilt.[603] Nach der Statistik der PBoC[604] summieren sich Anzahl und Wert der Transaktionen, aufgeschlüsselt nach verschiedenen Zahlungsarten, 2019 wie folgt:

	Anzahl (Mio. Stück)	Wert (Bio. CNY[605])
Wechsel und Scheck	190	133,81
Bankkarten	321.989	886,39
davon:		
Bargeldeinzahlung	7.085	52,88
Bargeldabhebung	11.385	51,65
Überweisung (转账)	114.726	664,71
Konsum (消费)	158.792	117,15
Andere Verrechnungsgeschäfte	8.841	2759,28
davon:		
Überweisung (贷记转账)	8.385	2706,20

603 *PBoC*, Überblick über die Zahlungsverkehrsabwicklung 2019, S. 2 Fn. 4.

604 Vgl. *PBoC*, Überblick über die Zahlungsverkehrsabwicklung 2019, S. 2–4.

605 1 Euro = 7,7872 CNY (Chinese Yuan) (20.12.2019), abrufbar unter http://chinamoney.com.cn/ (zuletzt überprüft am 20.12.2019).

Für die digitalen Zahlungen und Internet-Zahlungen lassen sich Anzahl und Wert der Transaktionen im Jahr 2019 nach der Statistik der PBoC[606] wie folgt beziffern:

	Anzahl (Mio. Stück)	Wert (Bio. CNY)
Digitale Zahlungen über Banken[607]	223.388	2607,04
davon:		
Online-Banking	78.185	2134,84
Mobil-Banking	101.431	347,11
Telefon-Banking	176	9,67
Internet-Zahlungen über Nicht-Bank-Zahlungsinstitute	719.998	249,88

II. Rechtliche Rahmenbedingungen

1. *Das Verrechnungskonto*

Als Ausgangspunkt ist hervorzuheben, dass im Gegensatz zum deutschen Recht das Rechtsverhältnis zwischen dem Zahler und seinem Zahlungsdienstleister in China weder speziell noch einheitlich gesetzlich geregelt wird. Vor diesem Hintergrund ist es sinnvoll, zunächst die rechtliche Grundlage des Zahlungskontos zu beleuchten, denn zum einen dient es als Grundlage der bargeldlosen Zahlung, zum anderen wird das Rechtsverhältnis zwischen dem Zahler und seinem Zahlungsdienstleister üblicherweise mit der Kontoeröffnung begründet.

In China wird dasjenige Konto, welches dem deutschen Girokonto funktionell gleichgestellt werden kann, als Bankverrechnungskonto (银行结算账户) oder abgekürzt als Verrechnungskonto (结算账户) bezeichnet.[608] Die Eröffnung des Verrechnungskontos wird durch die Verwaltungsmethode der Renminbi-Bankverrechnungskonten (Renminbi-Konto-VwMethode, 人民币银行结算账户管理办法), die von der PBoC 2003 verabschiedet und

606 Vgl. *PBoC*, Überblick über die Zahlungsverkehrsabwicklung 2019, S. 4.

607 Digitale Zahlungen über Banken werden in sechs Kategorien eingeteilt: Online-Banking, Mobil-Banking, Telefon-Banking, ATM-Geschäfte, POS-Geschäfte und andere digitale Zahlungen, vgl. *PBoC*, Überblick über die Zahlungsverkehrsabwicklung 2019, S. 4 Fn. 12.

608 Ähnlich *Huang*, Das Rechtssystem des Banküberweisungsverkehrs in der VR China, S. 71 Fn. 210.

vom 1. September 2003 an angewendet worden ist, ausführlich geregelt. § 2 Abs. 4 Renminbi-Konto-VwMethode definiert das Bankverrechnungskonto als ein unbefristetes Einlagekonto (活期存款账户), das die Bank für den Einleger eingerichtet hat, um Geldmittel für seine Rechnung entgegenzunehmen, zu zahlen und zu verrechnen. Im Gegensatz zum Verrechnungskonto dient das Sparkonto (储蓄账户) nur zur Ein- und Auszahlung von Bargeld und darf nicht zur Überweisung oder Verrechnung verwendet werden.[609] Je nachdem, wer die Eröffnung des Verrechnungskontos beantragt, wird zwischen dem Verrechnungskonto der Einheiten (单位) und dem der Privatpersonen (个人) abgegrenzt (§ 3 Renminbi-Konto-VwMethode).[610] Das Verrechnungskonto der Einheiten wird nach dem Verwendungszweck weiter in vier verschiedene Typen – nämlich das Basis-, Normal- und Spezialverrechnungskonto sowie das vorläufige Verrechnungskonto – eingeteilt.[611] Während das Basisverrechnungskonto als Hauptkonto der Einheiten fungiert und für die normalen Zahlungsvorgänge der Einheiten dient,[612] werden die anderen drei Arten von Verrechnungskonten zu einem bestimmten Zweck eröffnet und dürfen nur in beschränktem Umfang verwendet werden.[613]

2. *Der Verrechnungskontovertrag*

Für das Anliegen der vorliegenden Untersuchung ist § 30 S. 1 Renminbi-Konto-VwMethode zu beachten. Demnach soll die Bank eine Verwaltungsvereinbarung bezüglich des Bankverrechnungskontos (银行结算账户管理协议) mit dem Kunden abschließen, um die Rechte und Pflichten beider Parteien zu bestimmen. Diese Vereinbarung wird oft auch als „Verrechnungsvertrag" (结算合同),

---

609 § 43 Renminbi-Konto-VwMethode; vgl. auch *Huang*, Das Rechtssystem des Banküberweisungsverkehrs in der VR China, S. 47; *Wu, Zhipan*, Einführung in das Finanzdienstleistungsrecht, S. 125.

610 Vgl. *Huang*, Das Rechtssystem des Banküberweisungsverkehrs in der VR China, S. 48 ff.

611 Dazu ausführlich *Huang*, Das Rechtssystem des Banküberweisungsverkehrs in der VR China, S. 48 ff.; *Wu, Zhipan*, Einführung in das Finanzdienstleistungsrecht, S. 129 f.

612 § 33 Renminbi-Konto-VwMethode.

613 §§ 12–14, 34–37 Renminbi-Konto-VwMethode; vgl. auch *Huang*, Das Rechtssystem des Banküberweisungsverkehrs in der VR China, S. 49 f.; *Wu, Zhipan*, Einführung in das Finanzdienstleistungsrecht, S. 129 f.

„Verrechnungskontovertrag" (结算账户合同), „Verrechnungsauftragsvertrag" (结算委托合同) oder „Hin-und-Her-Kontovertrag" (往来账户合同) bezeichnet.[614] Zum Zweck dieser Untersuchung wird der einheitliche Begriff des *Verrechnungskontovertrags* verwendet.

a) Kernelemente des Verrechnungskontovertrags

Der Definition des Verrechnungskontos gemäß § 2 Abs. 4 Renminbi-Konto-VwMethode lässt sich entnehmen, dass die Kernelemente des Verrechnungskontovertrags darin bestehen, dass die Bank sich zum einen zur Einrichtung des Verrechnungskontos und zum anderen zur Entgegennahme, zur Zahlung sowie zur Verrechnung der Geldmittel für den Kunden verpflichtet.

Diese weite Definition bedeutet, dass grundsätzlich alle bargeldlosen Zahlungsformen durch das Verrechnungskonto abgewickelt werden können. Dies wird insbesondere durch § 15 Abs. 1 Renminbi-Konto-VwMethode unmittelbar und ausdrücklich bestätigt, wonach das Verrechnungskonto der Privatpersonen es ermöglicht, den Scheck, die Debitkarte und die Kreditkarte zu verwenden und die Überweisung sowie die anderen Zahlungsmittel zu nutzen.

b) Die Rechtsnatur des Verrechnungskontovertrags

aa) Diskussionsstand

In China wird die Frage der Rechtsnatur des Verrechnungskontovertrags selten allgemein untersucht. Im Schrifttum konzentriert sich die Diskussion vielmehr auf die Rechtsnatur des Spareinlagen-, Debitkarten- sowie Kreditkartenvertrags. Der Grund dafür dürfte zum Teil darin zu suchen sein, dass bislang der Verrechnungskontovertrag *per se* in China nicht als ein Vertragstyp einheitlich gesetzlich geregelt ist. Zudem fehlt auch die theoretische Bemühung, die rechtlichen Gemeinsamkeiten verschiedener Zahlungsformen anhand des Verrechnungskontovertrags herauszubilden. Da der Verrechnungskontovertrag als die vertragliche Grundlage des Verrechnungskontos fungiert und mithin die allgemeinen Rechtsverhältnisse zwischen dem Kontoinhaber und seinem Zahlungsdienstleister im bargeldlosen Zahlungsverkehr regelt, ist es notwendig, zunächst auf seine Rechtsnatur im Rahmen des chinesischen Rechts einzugehen, um die auf ihn anwendbaren zivilrechtlichen Regelungen zu bestimmen.

614 S. *Huang*, Das Rechtssystem des Banküberweisungsverkehrs in der VR China, S. 71.

Das chinesische Vertragsgesetz sieht insgesamt 15 typische Verträge[615] vor. Für die Einordnung des Verrechnungskontovertrags wird im Schrifttum im Wesentlichen die Ansicht vertreten, dass der Verrechnungskontovertrag in China als Geschäftsbesorgungsvertrag (委托合同) i. S. d. § 396 Vertragsgesetz (VG) einzuordnen ist. Wenn die Rechtsnatur des allgemeinen Verrechnungskontovertrags ausnahmsweise erörtert wird,[616] wird das Deckungsverhältnis zwischen dem Zahler und seinem Zahlungsdienstleister bei der digitalen Zahlung allgemein als Geschäftsbesorgungsvertrag eingeordnet.[617] Bei der Überweisung wird das Rechtsverhältnis zwischen dem Kunden und der Bank oder der Überweisungsvertrag im Schrifttum ebenfalls überwiegend als Geschäftsbesorgungsvertrag qualifiziert.[618] Da die Überweisung eine Grundform des bargeldlosen Zahlungsverkehrs darstellt und ihre Kernelemente mit dem Verrechnungskontovertrag teilt, dürfte man die vertragstypologische Einordnung des Überweisungsvertrags als ein Indiz für die des allgemeinen Verrechnungskontovertrags ansehen.

bb) Stellungnahme

Der Ansicht, dass der Verrechnungskontovertrag als Geschäftsbesorgungsvertrag einzuordnen ist, ist zuzustimmen. Gemäß § 396 VG ist der Geschäftsbesorgungsvertrag eine Vereinbarung zwischen Auftraggeber und Auftragnehmer, wonach der Auftragnehmer die Angelegenheiten des Auftraggebers erledigt. Das sich aus dem Verrechnungskontovertrag ergebende Pflichtenprogramm entspricht exakt dieser geschäftsbesorgungsrechtlichen Definition. Nach dem Verrechnungskontovertrag verpflichtet sich der Zahlungsdienstleister, auf Rechnung des Kunden

615 Sie sind in den Kapiteln 9 bis 23 des Vertragsgesetzes geregelt; es handelt sich um folgende Vertragstypen: Kaufvertrag (买卖合同), Vertrag über die Lieferung von Strom, Wasser, Gas und Wärme (供用电、水、气、热力合同), Schenkungsvertrag (赠与合同), Darlehensvertrag (借款合同), Mietvertrag (租赁合同), Finanzierungsleasing-Vertrag (融资租赁合同), Werkvertrag (承揽合同), Bauleistungsvertrag (建筑工程合同), Beförderungsvertrag (运输合同), Technikvertrag (技术合同), Aufbewahrungsvertrag (保管合同), Lagervertrag (仓储合同), Geschäftsbesorgungsvertrag (委托合同), Kommissionsvertrag (行纪合同) und Maklervertrag (居间合同).

616 Soweit ersichtlich nur *Li, Jianxing/Shi, Yue*, Zhejiang Social Sciences 2017/11, S. 54 ff.

617 Vgl. *Li, Jianxing/Shi, Yue*, Zhejiang Social Sciences 2017/11, S. 54 f.

618 S. *Huang*, Das Rechtssystem des Banküberweisungsverkehrs in der VR China, S. 80; *Zhu, Xiaozhe*, Chinese Journal of Law 2018/2, S. 126 Fn. 48; tendenziell auch *Qi, Muti*, Law Science 2014/11, S. 57.

Geldmittel entgegenzunehmen, zu zahlen sowie zu verrechnen, was bereits dem ersten Anschein nach als „Erledigung der Angelegenheiten des Auftraggebers (des Kunden)" i. S. d. § 396 VG zu qualifizieren ist. Zudem sieht § 399 S. 1 VG ausdrücklich vor, dass der Auftragnehmer den Auftrag nach den Anweisungen des Auftraggebers erledigen muss. Diese Anforderung an den Auftragnehmer stimmt mit den Charakteristika des Verrechnungskontovertrags insoweit überein, als der Zahlungsdienstleister normalerweise nur aufgrund der konkreten Anweisung des Kunden eine bestimmte Transaktion wie etwa die Überweisung ausführen kann und darf, da die für die einzelnen Transaktionen erforderlichen Informationen, etwa Zahlungsempfänger und -betrag, erst durch die Anweisung des Kunden festgelegt werden.[619]

c) *Der Verrechnungskontovertrag und das Kontoguthaben*

Wenn dem Kunden kein Überziehungskredit von der Bank gewährt wird, ist die Bank zur Ausführung bargeldloser Zahlungen erst dann verpflichtet, wenn ausreichendes Kontoguthaben zur Verfügung steht. Dieses Kontoguthaben auf dem Verrechnungskonto bildet regelmäßig den Gegenstand eines vom Verrechnungskontovertrag abzugrenzenden Vertrags, welchen man als Sparvertrag (储蓄合同), Einlagenvertrag (存款合同) oder Spareinlagenvertrag (储蓄存款合同) bezeichnet.[620] Im Schrifttum wird der Spareinlagenvertrag überwiegend als unregelmäßiger Verwahrungsvertrag[621] i. S. d. § 378 VG qualifiziert,[622] wonach die Bank verpflichtet ist, Geld gleicher Art und Menge zurückzugeben (§ 378 S. 1 VG).

---

619 Vgl. *Li, Jianxing/Shi, Yue*, Zhejiang Social Sciences 2017/11, S. 55; im Ergebnis auch *Zhu, Xiaozhe*, Chinese Journal of Law 2018/2, S. 126 Fn. 48; zum Kreditkartenvertrag *Jin, Yin*, Oriental Law 2015/2, S. 154 f.

620 Im Folgenden wird dieser Vertrag einheitlich als *Spareinlagenvertrag* bezeichnet. Die unterschiedlichen Bezeichnungen dürften auf die damalige Unterscheidung zwischen Spar- und Einlagenkonto zurückführen sein, nach der sich, unterschieden anhand des Kontoinhabers, das Sparkonto spezifisch auf Privatpersonen und das Einlagenkonto auf Einheiten bezog. Heute wird diese terminologische Unterscheidung nicht mehr streng eingehalten. Vgl. *Huang*, Das Rechtssystem des Banküberweisungsverkehrs in der VR China, S. 73.

621 Auch als Verbrauch-Verwahrungsvertrag (消费寄托/保管合同) bezeichnet.

622 Vgl. *Chen, Chengtang*, Law Science 2016/6, S. 98; *Li, Jiannan*, Journal of Jinan University (Philosophy and Social Sciences) 2006/6, S. 43; *Zhu, Xiaozhe*, Chinese Journal of Law 2018/2, S. 119.

Diese terminologische Abgrenzung zwischen dem Verrechnungskontovertrag und dem Spareinlagenvertrag wird in der Rechtsprechung jedoch nicht stets streng eingehalten. Nicht selten sprechen die Gerichte einfach vom Sparvertrag[623] oder Spareinlagenvertrag[624], obwohl es sich tatsächlich um eine Rechtsfrage, die sich auf den Verrechnungskontovertrag bezieht, handelt. Diese Vermischung könnte darauf zurückzuführen sein, dass in der Praxis das Verrechnungskonto meistens eine Doppelfunktion innehat, da es zum einen zur Ausführung der bargeldlosen Zahlungen und zum anderen für die Sichteinlagen dient.[625] In Anbetracht der sehr verschiedenen Vertragsinhalte und Rechtswirkungen des Verrechnungskonto- und Spareinlagenvertrags ist es jedoch wünschenswert, beide Verträge voneinander klar zu differenzieren.[626]

3. *Das Zahlungsinstrument*

Im bargeldlosen Zahlungsverkehr werden üblicherweise Zahlungskarten (Debitkarte und Kreditkarte) und Digital-Banking eingesetzt. Zahlungskarten und Digital-Banking stellen sich als typische Fälle des *Zahlungsinstruments* i. S. d. deutschen § 1 Abs. 20 ZAG dar. Dem chinesischen Recht fehlt es jedoch an einem vergleichbaren gesetzlichen Begriff des *Zahlungsinstruments*. Eine Regel wie etwa § 675v BGB, dessen Anwendbarkeit den Einsatz eines Zahlungsinstruments voraussetzt, findet man im chinesischen Recht auch nicht. Für den Zweck der vorliegenden Arbeit wird im Rahmen des chinesischen Rechts auch der Begriff des Zahlungsinstruments i. S. d. § 1 Abs. 20 ZAG verwendet, jedoch nur zu beschreibenden Zwecken. Im chinesischen Recht ist mit dem Begriff des Zahlungsinstruments bisher keine eigenständige rechtliche Bedeutung verbunden.

a) Debitkarte

Bei Eröffnung eines Verrechnungskontos beantragt der Kunde üblicherweise eine Debitkarte. Im Jahr 2019 gab es in China insgesamt 7,673 Milliarden

---

623 Z. B. Urteil des Zweiten MVG der Stadt Shanghai vom 20.12.2004, AOVG 2005/4, S. 40–44 (顾俊诉上海交行储蓄合同纠纷案，《最高人民法院公报》2005年第4期，第40–44页).

624 Z. B. Urteil des VG des Bezirks Gulou der Stadt Nanjing der Provinz Jiangsu vom 26.11.2008, AOVG 2009/2, S. 44–48 (王永胜诉中国银行股份有限公司南京河西支行储蓄存款合同纠纷案，《最高人民法院公报》2009年第2期，第44–48页).

625 So auch in Deutschland, s. *Einsele*, Bank- und Kapitalmarktrecht, § 3 Rn. 5.

626 Vgl. *Canaris*, Bankvertragsrecht, Rn. 318; *Einsele*, Bank- und Kapitalmarktrecht, § 3 Rn. 5.

gültige Debitkarten, was 91,14% aller gültigen Bankkarten (8,419 Milliarden) ausmachte.[627] Ähnlich wie in Deutschland kann man mit der Debitkarte auch in China mittels POS-Systems zahlen und mittels der Geldautomaten (ATM) ein- und auszahlen sowie überweisen.[628] Zur Nutzung des POS-Systems oder der ATM muss man zunächst die Debitkarte in das POS-Terminal oder die ATM einstecken und dann die PIN richtig eingeben. Heutzutage bietet die Bank mit der Debitkarte auch eine Funktion der Kleinbetragszahlung, wobei der Kunde bis zu einem begrenzten Betrag ohne Unterschrift oder Eingabe der PIN zahlen kann. Dies ist mit der kontaktlosen Zahlung in Deutschland[629] vergleichbar.

b) *Kreditkarte*

Um eine (Universal-)Kreditkarte zu erlangen, schließt der Kunde üblicherweise einen Emissionsvertrag mit seiner Bank. Mit der Kreditkarte wird dem Kunden ein bestimmter Kreditbetrag gewährt, über welchen er ohne Vorhandensein eines Haben-Saldos auf dem Konto verfügen darf. Die Kreditkarte in China funktioniert sehr ähnlich wie die in Deutschland. Bei der Zahlung im Präsenzgeschäft steckt der Kunde die Kreditkarte in das vom Vertragsunternehmen bereitgestellte Terminal ein, welches die Kreditkarte ausliest. Sodann unterzeichnet entweder der Kunde den vom Terminal generierten Leistungsbeleg oder gibt die PIN ein. Zudem kann die Kreditkarte auch wie die Debitkarte bei der ATM eingesetzt werden, um ein- und auszuzahlen sowie zu überweisen. Hierbei ist ebenfalls erforderlich, die Kreditkarte in die ATM einzustecken und die PIN einzugeben. Bei der Zahlung im Distanzgeschäft sind die Karteninformationen wie etwa die Kreditkartennummer, das Verfallsdatum und die Prüfzahl einzugeben; gegebenenfalls ist auch der durch das Mobiltelefon des Kunden empfangene Code einzugeben. Schließlich ist auch die Funktion der Kleinbetragszahlung, welche ohne Unterschrift oder Eingabe der PIN erfolgt, nach Vereinbarung möglich.

---

627 *PBoC*, Überblick über die Zahlungsverkehrsabwicklung 2019, S. 2.

628 Es gibt auch einen kleinen technischen Unterschied: In Deutschland wird die Überweisung normalerweise durch ein anderes Service-Terminal als die Geldautomaten durchgeführt; in China dient dieselbe ATM sowohl zur Ein- und Auszahlung als auch zur Überweisung.

629 Vgl. oben Kap. 1 B. II. 1. d).

c) *Digital-Banking*

Zum Zweck dieser Untersuchung wird der Begriff des Digital-Bankings i. w. S. verwendet, um verschiedene Formen wie etwa Online- und Mobil-Banking einzuschließen.[630] Das Digital-Banking funktioniert in China grundsätzlich ebenfalls mittels des PIN/TAN-Verfahrens. Mit der Kundenerkennung und der PIN loggt man sich in das Digital-Banking-Portal auf dem Computer, Mobiltelefon oder anderen Endgerät ein. Zur Erteilung eines Zahlungsauftrags muss man grundsätzlich eine zusätzliche TAN eingeben. Zwar treten die TAN-Verfahren in der Praxis in vielfältigen Formen auf und unterscheiden sich je nach dem Zahlungsdienstleister, man kann jedoch vier Grundtypen beobachten. Den ersten Grundtyp bildet das einfache TAN- und iTAN-Verfahren, wobei man eine TAN-Liste von der Bank erhält und bei der Transaktion durch das Digital-Banking eine TAN aus dieser Liste eingeben muss. Den zweiten Grundtyp bildet das smsTAN-Verfahren, wobei die TAN von der Bank per SMS an das Mobiltelefon des Kunden übermittelt wird. Den dritten Grundtyp bildet das eToken- oder ePasswort-Verfahren, wobei ein eToken- oder ePasswort-Generator zum Einsatz kommt. Bei der Transaktion durch das Digital-Banking muss der Kunde den einmaligen und grundsätzlich kurzzeitig gültigen Token oder das Passwort, welches vom Generator entweder automatisch oder nach Eingabe der PIN des Generators oder bestimmter Informationen wie etwa des Zahlungsbetrags generiert wird, eingeben, um einen Zahlungsauftrag erfolgreich zu erteilen. Der letzte Grundtyp ist das USB-Key-Verfahren. Hierbei erhält der Kunde von der Bank ein USB-Key-Gerät, welches durch den eingebetteten Micro-Smartcard-Prozessor die Transaktionsdaten über ein digitales Zertifikat verschlüsseln, entschlüsseln sowie elektronisch signieren kann. Das USB-Key-Gerät hat regelmäßig auch eine eigene PIN. Bei der Transaktion verbindet der Kunde zunächst das USB-Key-Gerät mit dem Endgerät, mit welchem er sich in das Digital-Banking-Portal eingeloggt hat. Nach Eingabe der Transaktionsdaten im Digital-Banking-Portal gibt der Kunde nach Anforderung die PIN des USB-Key-Geräts ein, sodann werden die Transaktionsdaten auf dem Display dieses Geräts zur Überprüfung angezeigt. Je nachdem, ob die Transaktionsdaten richtig sind, kann der Kunde entsprechend mit der OK- oder C(ancel)-Taste auf dem USB-Key-Gerät die Transaktion bestätigen oder abbrechen.

630 Zum Zweck dieser Untersuchung wird das Telefon-Banking ausgeschlossen.

4. *Die Nutzungsvereinbarung hinsichtlich der Zahlungsinstrumente und der Verrechnungskontovertrag*

Zur Nutzung der Zahlungsinstrumente wird vom Kunden oft verlangt, mit der Bank einen Vertrag namens Dienstleistungsvereinbarung (oft bei der Debitkarte und beim Online-Banking) oder Emissionsvereinbarung (oft bei der Kreditkarte) abzuschließen. Die Dienstleistungs- oder Emissionsvereinbarung (im Folgenden Nutzungsvereinbarung genannt) wird normalerweise ferner durch die Sonderbedingungen der Bank hinsichtlich der einzelnen Zahlungsinstrumente ergänzt.

Die Nutzungsvereinbarung hinsichtlich der Zahlungsinstrumente verändert nicht das grundlegende Rechtsverhältnis zwischen der Bank und dem Kunden, das durch den Verrechnungskontovertrag begründet und als Geschäftsbesorgungsvertrag eingeordnet wird. Vielmehr ergänzt sie insoweit dieses Rechtsverhältnis, als sie die Art und Weise der Ausführung der Zahlungstransaktion bezüglich der einzelnen Zahlungsinstrumente, etwa das Verfahren zur Erteilung der Zahlungsanweisung, konkretisiert. Die Grundinhalte der Nutzungsvereinbarung zwischen der Bank und dem Kunden stellen sich noch als „Erledigung von Angelegenheiten des Auftraggebers durch den Auftragnehmer" i. S. d. § 396 VG dar. Auf die Nutzungsvereinbarung sind deshalb die geschäftsbesorgungsrechtlichen Regeln anwendbar.

B. Risikoverteilung in der Rechtsprechung

Da spezielle und einheitliche gesetzliche Reglungen bezüglich der Risikoverteilung beim Missbrauch von Zahlungsinstrumenten in China fehlen, wird die Behandlung der daraus entstehenden Rechtsfragen im Wesentlichen dem Gericht überlassen. Hierbei spielt das Gericht in der Praxis tatsächlich eine wichtige Rolle und versucht mühsam, durch Entscheidungen einen sachgerechten Maßstab zu entwickeln. Inwieweit es dem Gericht gelingt, diese Aufgabe zu erfüllen, ist jedoch eine Frage, auf die im Folgenden näher einzugehen ist.

I. Typische Fälle im Amtsblatt des OVG

In China werden wenige zivilrechtliche Fälle unmittelbar vom OVG entschieden,[631] was die Ermittlung der Ansicht des OVG schwer macht. Als eine gewisse

---

631 Zur Begründung siehe *Lu, Pei*, Die Wahrung der Rechtseinheit in Deutschland und der VR China, S. 202 f.

Kompensation dienen die sogenannten „Typischen Fälle“ (典型案例), welche vom OVG ausgewählt und im Amtsblatt des OVG (AOVG) veröffentlicht werden. Zwar haben die „Typischen Fälle“ keine *rechtliche* Bindungswirkung gegenüber den Untergerichten,[632] man darf jedoch davon ausgehen, dass sie angesichts der „Autorität des OVG“ in der Praxis keinesfalls einfach ignoriert werden, so dass sie zumindest eine gewisse *praktische* Bindungswirkung darstellen können.[633] Vor diesem Hintergrund ist es sinnvoll, die den Missbrauch des Zahlungsinstruments betreffenden „Typischen Fälle“ zu betrachten, um die Maßstäbe sowie die Vorgehensweise der Rechtsprechung hinsichtlich der Risikoverteilung herauszufinden. Zum Zweck der vorliegenden Untersuchung wurden insgesamt acht relevante Fälle im AOVG, die jeweils in den Jahren 2001 bis 2017 veröffentlicht wurden, ausgewählt.

1. *Fall 1 (AOVG 2001/5)*[634]

Die Klägerin, eine Bank, verlangte vom Beklagten, einem Kunden, die Zahlung der durch den Einsatz der Kreditkarte entstandenen und noch nicht erstatteten Beträge samt Zinsen. Der Beklagte verweigerte dies, weil seine Kreditkarte und sein Personalausweis geraubt und dann vom Täter missbräuchlich eingesetzt worden seien. Zudem erhob der Beklagte eine Widerklage und machte einen Rückzahlungsanspruch geltend, da die Klägerin bereits sein Konto belastet hatte. Die Sonderbedingungen der Kreditkarte der Bank enthielten folgende Klausel: „Die mit der Kreditkarte einhergehenden Risiken und Schäden, die vor der Verlustmeldung sowie innerhalb von 24 Stunden des Tages, der auf den Tag der Verlustmeldung der Kreditkarte folgt, erfolgen, trägt der Karteninhaber.“ Ohne

632 Im Gegensatz dazu haben die sogenannten *Leitentscheidungen* (指导案例), die ebenfalls vom OVG veröffentlicht werden, gewissermaßen eine rechtliche Bindungswirkung. Gemäß § 7 der Bestimmungen des Obersten Volksgerichts zur Arbeit der Anleitung mit Fällen vom 26.11.2011 (deutsche Übersetzung von *Pißler*, ZChinR 2012, 33 f.) müssen die Leitentscheidungen, die das Oberste Volksgericht veröffentlicht hat, von Volksgerichten aller Stufen herangezogen werden, wenn sie ähnliche Fälle behandeln. Zum System der Leitentscheidungen allgemein vgl. *Ahl*, ZChinR 2012, 1, 10 ff.; *Lu, Pei*, Die Wahrung der Rechtseinheit in Deutschland und der VR China, S. 229 ff.

633 So auch *Lu, Pei*, Die Wahrung der Rechtseinheit in Deutschland und der VR China, S. 227 m. w. N.

634 Urteil des MVG der Stadt Xining, AOVG 2001/5, S. 166–167 (中国银行青海省分行诉梁国治返还信用卡透支款纠纷案，《最高人民法院公报》2001年第5期，第166–167页).

Überprüfung ihrer Wirksamkeit folgte das Berufungsgericht dieser Klausel und entschied, dass der Beklagte die Beträge samt Zinsen zu tragen hatte, die durch den Einsatz der Kreditkarte vor sowie innerhalb eines Tags nach der Verlustmeldung des Beklagten entstanden. Die Widerklage wurde abgewiesen.

2. *Fall 2 (AOVG 2005/4)*[635]

Der Kläger, ein Kunde, begehrte von der Beklagten, seiner Bank, die Zahlung des Betrags, der infolge einer missbräuchlichen Abhebung von Bargeld durch einen Dritten von seinem Konto der Debitkarte abgebucht wurde, einschließlich der Zinsen. Der Dritte hatte ein Lesegerät, welches die vom Magnetstreifen gespeicherten Informationen und die PIN der Bankkarte lesen und speichern konnte, an der Eingangstür zum Bankselbstbedienungsbereich installiert und mit folgendem Hinweis versehen: „Bitte ziehen Sie Ihre Karte durch das Gerät und geben Sie Ihre PIN ein, bevor Sie die Bank betreten." Der Kläger hatte sich nach diesen Anforderungen verhalten. Auf diese Weise erlangte der Dritte die Informationen sowie die PIN der Debitkarte des Klägers. Er kopierte sodann diese Debitkarte und verwendete sie zum Missbrauch.

Das Gericht war der Auffassung, dass die Bank nach § 6 Geschäftsbankgesetz und § 60 Abs. 2 VG dazu verpflichtet sei, „die Sicherheit ihrer Geschäftsbereiche zu gewährleisten, der Straftat vorzubeugen, den Einleger auf kriminelle Maßnahmen rechtzeitig hinzuweisen und die legalen Rechtsinteressen des Einlegers vor Verletzung zu schützen." Auf dieser Grundlage wurde die Beklagte verurteilt, nach § 107 VG dem Kläger Schadensersatz zu leisten, weil sie die oben angeführten Pflichten verletzt habe, was „zu der Verringerung der Geldmittel bei der Debitkarte des Klägers […] führte."

3. *Fall 3 (AOVG 2006/2)*[636]

Der Kläger, ein Kunde, nahm die Beklagte, eine Bank, auf Zahlung von Schadensersatz i. H. v. 53.006 CNY in Anspruch. Der Kläger wollte am Schalter der Beklagten Bargeld abheben. Die Beklagte veranlasste ihn jedoch, sich das Bargeld

635 Urteil des Zweiten MVG der Stadt Shanghai vom 20.12.2004, AOVG 2005/4, S. 40–44 (顾俊诉上海交行储蓄合同纠纷案，《最高人民法院公报》2005年第4期，第40–44页).

636 Urteil des MVG der Stadt Hengyang vom 28.07.2004, AOVG 2006/2, S. 44–48 (周培栋诉江东农行储蓄合同纠纷案，《最高人民法院公报》2006年第2期，第44–48页).

an der ATM nach den auf dem Bildschirm angezeigten Nutzungsanweisungen auszahlen zu lassen, obwohl der Kläger klarstellte, dass er keine Kenntnisse über die Nutzung der ATM besitze. Nachdem der Kläger die ATM erfolglos bedient hatte, wandte er sich erneut an die Angestellte der Beklagten und stellte fest, dass seine Debitkarte beim Gebrauch der ATM gerade heimlich von einem Dritten durch eine andere Karte ersetzt wurde. Da er sich weder an die Debitkarten- noch an die Sparbuchnummer erinnern konnte, lehnte die Beklagte seine Verlustmeldung ab und erklärte, dass die Verlustmeldung nur bei der Bankfiliale, die sein Konto eröffnet hatte, erstellt werden könne. Als der Kläger 27 Minuten später in der Bankfiliale eintraf und den Verlust meldete, hatte der Dritte bereits 53.006 CNY von seinem Konto abgehoben.

Die Klage hatte zum Teil Erfolg. Das erstinstanzliche Gericht sah die Vertragsverletzung der Beklagten zunächst darin, dass sie die Pflicht zur Gewährleistung der Auszahlung (保证支付义务) nach § 33 Geschäftsbankgesetz verletzt habe, da sie diese Pflicht nicht nach den Anforderungen des Klägers auf geeignete Weise erfüllt habe. Zudem sei die Beklagte zur Wahrung der Vertraulichkeit für die Einleger verpflichtet, was der Auffassung des erstinstanzlichen Gerichts nach so auszulegen sein sollte, dass die Beklagte für sichere und vertrauliche Umgebungen für die bei der Bank Transaktionen tätigenden Einleger sorgen sollte. Auch dies habe die Beklagte nicht erfüllt. Schließlich nahm die Beklagte die Verlustmeldung nicht entgegen, was das erstinstanzliche Gericht ebenfalls als Vertragsverletzung bewertete. Die Beklagte wurde dann nach § 107 VG zum Schadensersatz verurteilt. Die Höhe des Schadensersatzes betrug jedoch nur 40.000 CNY, nämlich ungefähr 75.46% des Streitwerts (53.006 CNY), weil der Kläger versehentlich seine Debitkarte und PIN verlor und deshalb der Ansicht des erstinstanzlichen Gerichts nach für den Schaden mitverantwortlich sei.

Das Urteil des erstinstanzlichen Gerichts wurde vom Berufungsgericht aufrechterhalten. Die Begründung des erstinstanzlichen Gerichts ergänzte das Berufungsgericht dahingehend, dass gemäß § 29 Abs. 1 Geschäftsbankgesetz den Einlegern die freie Wahl unter den verschiedenen Arten der Abhebung (取款自由) zustehe, so dass sie zwischen Abhebungen am Schalter oder durch die ATM frei wählen dürften und der Angestellte der Bank die Nutzung der ATM erforderlichenfalls erklären und vorführen müsse. Auch diese Pflicht habe die Beklagte verletzt.

4. *Fall 4 (AOVG 2009/2)*[637]

In diesem Fall verlangte der Kläger, ein Kunde, von der Beklagten, seiner Bank, die Rückzahlung des wegen Drittmissbrauchs auf seinem Konto der Debitkarte abgebuchten Betrags. Der Dritte war an die Kartendaten des Klägers herangekommen, indem er ein Lesegerät an der Eingangstür und eine Videokamera oben auf der ATM installiert hatte. Mit den Kartendaten hatte der Dritte dann zwei Kartendubletten hergestellt und diese zur Abhebung und Bezahlung eingesetzt.

Auch diese Klage hatte Erfolg. Unter Heranziehung des § 29 Abs. 1 Geschäftsbankgesetz sah das Gericht die Pflichtverletzung der Beklagten darin, dass sie für keine sichere und vertrauliche Umgebung für die bei der Bank Transaktionen tätigenden Einleger gesorgt habe. Bezüglich der Einwände der Beklagten, sie sei nicht für den durch Kriminalität verursachten Schaden verantwortlich, führte das Gericht aus, dass der Missbrauch des Dritten das Vermögenseigentum der Beklagten, nicht das des Klägers verletzt habe, weshalb die durch den Einlagenvertrag zwischen den Parteien begründeten Schuldverhältnisse nicht berührt seien. Zudem habe die Beklagte ihre Pflicht zur Gewährleistung der Auszahlung von Einlagen gemäß § 33 Geschäftsbankgesetz verletzt, indem sie die Einlagen des Klägers an den Unbefugten zahlte.

5. *Fall 5 (AOVG 2010/12)*[638]

a) *Sachverhalt und Entscheidung*

Der Kläger, ein Kunde, nahm den Beklagten, einen Vertragshändler, auf Schadensersatz in Anspruch. Diesem Fall lag der Sachverhalt zugrunde, dass die Räuber, die durch Durchsuchung des Klägers seine Kreditkarten geraubt und durch Drohung die PIN der Kreditkarten erlangt haben, die geraubten Kreditkarten beim Beklagten mit gefälschter Unterzeichnung eingesetzt hatten. Das Gericht vertrat die Ansicht, dass der Beklagte wegen nicht sorgfältiger Überprüfung der Unterschrift für den Schaden des Klägers mitverantwortlich sei, da die auf dem Leistungsbeleg gefälschte Unterzeichnung weder mit der eingetragenen Unterzeichnung auf der Rückseite, noch mit dem als *Pinyin* bezeichneten Namen auf

---

637 Urteil des VG des Bezirks Gulou der Stadt Nanjing der Provinz Jiangsu vom 26.11.2008, AOVG 2009/2, S. 44–48 (王永胜诉中国银行股份有限公司南京河西支行储蓄存款合同纠纷案，《最高人民法院公报》2009年第2期，第44–48页).

638 Urteil des VG des Bezirks Yinzhou der Stadt Ningbo der Provinz Zhejiang vom 06.01.2010, AOVG 2010/12, S42–44 (蔡红辉诉金才来信用卡纠纷案，《最高人民法院公报》2010年第12期，第42–44页).

der Vorderseite der Kreditkarten übereinstimme. Zugleich führte das Gericht aus, dass die Haftung des Beklagten entsprechend verringert werden solle, da der Kläger unter Drohung der Kriminellen die PIN offenlegte. Im Ergebnis wurde entschieden, dass der Beklagte 60% des Schadens des Klägers trug.

b) Kritik

Diese Rechtsprechung bereitet erhebliche Probleme, weil der Anspruchsgegner im vorliegenden Fall der Kreditkartenemittent, nicht der Vertragspartner sein sollte. Gegen den Vertragshändler steht dem Kunden als Kläger bei Drittmissbrauch kein Schadensersatzanspruch zu, da er keinen Schaden infolge Drittmissbrauchs erlitten hat. Bei Drittmissbrauch steht dem Kreditkartenemittenten wegen fehlender Anweisung des Kunden kein Aufwendungsersatzanspruch zu, so dass er vom Kunden keine Zahlung verlangen kann.[639] Hat der Kreditkartenemittent das Konto des Kunden belastet, steht dem Kunden ein geschäftsbesorgungsrechtlicher Herausgabeanspruch zu, so dass der Fehlbetrag zurückgebucht werden muss.[640] Gegenüber dem Vertragshändler hat der Kunde mithin keinen Schaden erlitten.

Zudem ist die Rechtsprechung auch insoweit fehlerhaft, als sie dem Kunden vorwirft, unter dem Einfluss der Drohung der Kriminellen die PIN preisgegeben zu haben. In diesem Fall hat der Karteninhaber die Handlungsfreiheit wegen der Drohung verloren, weshalb richtigerweise kein Verschulden angenommen werden darf.

6. *Fall 6 (AOVG 2015/3)*[641]

Der Kläger, ein Kunde, begehrte von der Beklagten, einer Bank, die Rückzahlung der Einlagen samt Zinsen. Ein Dritter (*Xu*) und ein Angestellter (*Chen*) der Beklagten hatten ein Finanzprodukt mit einem jährlichen Zinssatz von 16% hergestellt, um den Kläger zu betrügen. Als der Kläger zum Investment in dieses Finanzprodukt ein Konto bei der Beklagten eröffnete, aktivierte *Chen*, der Angestellte der Beklagten, heimlich die Online-Banking-Funktion und erhielt auch das USB-Key-Gerät, welches er dann an *Xu* weiterreichte. Nachdem der Kläger Geld auf das Konto eingezahlt hatte, loggte sich *Xu* mit dem USB-Key-Gerät

639 Vgl. unten Kap. 3 C. I. 2.

640 Vgl. unten Kap. 3 C. I. 3.

641 Urteil des Zweiten MVG der Stadt Shanghai, AOVG 2015/3, S. 24–25 (俞建水与中国工商银行股份有限公司上海市鞍山路支行、中国工商银行股份有限公司上海市杨浦支行储蓄存款合同纠纷案，《最高人民法院公报》2015年第3期，第24–25页).

in das Online-Banking ein und überwies das Geld von diesem Konto auf sein eigenes.

Die Klage hatte Erfolg. Das Gericht stützte sich im Wesentlichen auf die Tatsache, dass *Chen* heimlich das Online-Banking eröffnete und das USB-Key-Gerät an *Xu* weiterreichte. Daraus leitete das Gericht ein klares Verschulden der Beklagten bei der Verwaltung von Personal und Geschäftsbereich sowie beim operativen Prozess des Einlagengeschäfts ab, wodurch der Betrug zustande kommen konnte. Im Vergleich dazu habe sich der Kläger sorgfältig verhalten. Deshalb sei die Beklagte zur Rückzahlung der Einlagen sowie Zinsen verpflichtet.

7. *Fall 7 (AOVG 2017/8)*[642]

Der Kläger, ein Kunde, verlangte von der Beklagten, einer Bank, die Rückzahlung seiner Einlagen i. H. v. 14.498.470 CNY[643] samt Zinsen. Im April 2011 veranlasste *Li*, der bis zur Kündigung des Arbeitsvertrags mit der Beklagten als deren Angestellter tätig war, den Kläger, ein Konto bei der Beklagten zu eröffnen, um Geschäfte mit hohen Zinsen zu tätigen. Am 26. April 2011 eröffnete der Kläger das erste Konto bei der Beklagten. 6 Minuten später wurde ohne Kenntnis des Klägers die Online-Banking-Funktion für dessen Konto mit einer gefälschten Unterschrift eröffnet und das USB-Key-Gerät auch nicht an ihn übergeben. Von den 6 Millionen CNY, die der Kläger auf diesem Konto eingezahlt hatte, überwies *Li* insgesamt 5.999.010 CNY per Online-Banking mit dem USB-Key-Gerät dieses Kontos. Am 28. Juni 2011 eröffnete der Kläger das zweite Konto bei der Beklagten. Diesmal unterzeichnete er den Antrag zur Aktivierung der Online-Banking-Funktion, erhielt jedoch kein USB-Key-Gerät. Die Unterschrift des Klägers auf den Unterlagen zur Bestätigung der Übergabe des USB-Key-Geräts wurde gefälscht. Auf dieses zweite Konto zahlte der Kläger insgesamt 8,5 Millionen CNY ein, von denen *Li* insgesamt 8.499.460 CNY überwies.

Das OVG vertrat die Auffassung, dass es für die Haftungsverteilung im vorliegenden Fall darauf ankomme, ob die Beklagte rechtswidrige Handlungen vorgenommen und der Kläger seine Sorgfaltspflicht erfüllt habe. Für das erste Konto habe der Kläger nicht die Aktivierung der Online-Banking-Funktion beantragt, deshalb trage allein die Beklagte den bei diesem Konto entstandenen Schaden, der wegen rechtswidriger Aktivierung der Online-Banking-Funktion durch die

642 Urteil des OVG am 12.06.2017, AOVG 2017/8, S. 29–37 (伊立军与中国工商银行股份有限公司盘锦分行银行卡纠纷案，最高人民法院民事判决书(2017)最高法民再174号，《最高人民法院公报》2017年第8期，第29–37页).

643 14.500.000 CNY in der ersten Instanz.

Beklagte verursacht wurde. Für das zweite Konto habe zum einen der Kläger seine Sorgfaltspflicht verletzt, da er zwar durch Unterzeichnung die Aktivierung der Online-Banking-Funktion beantragt, jedoch die Hinweise zur Sorgfaltspflicht bezüglich des USB-Key-Geräts auf dem Antragformular missachtet und nicht die Übergabe des USB-Key-Geräts vom Bankangestellten gefordert habe. Zum anderen habe auch die Beklagte rechtswidrig gehandelt, da sie das USB-Key-Gerät nicht an den Kläger übergegeben habe, was die Pflicht zur Gewährleistung der Sicherheit der Einlagen der Einleger gemäß § 6 Geschäftsbankgesetz verletzt habe. Dem Kunden als natürlicher Person gegenüber habe die Bank offensichtlich eine beherrschende Stellung, weshalb sie die maximale Sorgfalts- und Risikohinweispflicht erfüllen müsse. Im Ergebnis wurde der Beklagten 99% des aus dem zweiten Konto hervorgehenden Schadens auferlegt.

8. *Fall 8 (AOVG 2017/12)*[644]

Der Kläger, ein Kunde, machte den durch Drittmissbrauch entstandenen Schaden gegen die Beklagte, seine Bank, geltend. Dem Streit lag der vom Gericht festgestellte Sachverhalt zugrunde, dass ein Dritter mit einer Kartendublette an der ATM Geld vom Konto des Klägers abgehoben hat. Das zweitinstanzliche Gericht hat die Klage für gerechtfertigt erklärt. Im Wesentlichen führte das Gericht aus, dass die Geschäftsbank gemäß § 6 sowie § 33 Geschäftsbankgesetz zur Gewährleistung der Sicherheit der Einlagen der Einleger verpflichtet sei, woraus abgeleitet werden könne, dass die Beklagte die Vertraulichkeit der durch die Debitkarte gespeicherten Daten sicherstellen müsse. Zudem sei diejenige, nämlich die Beklagte, die die Zahlungskarten ausgegeben habe und die relevante Infrastruktur bereitgestellt habe, auch dazu verpflichtet, die Kartendubletten aufzudecken. Im vorliegenden Fall habe die Beklagte gegen diese Pflicht zur Gewährleistung der Sicherheit verstoßen, was zum Schaden des Klägers geführt habe, deshalb sei sie zum Schadensersatz verpflichtet.

644 Urteil des MVG der Stadt Nanjing am 23.02.2016, AOVG 2017/12, S. 38–41 (宋鹏诉中国工商银行股份有限公司南京新门口支行借记卡纠纷案，《最高人民法院公报》2017年第12期，第38–41页).

II. Merkmale der Risikoverteilung in der Rechtsprechung: Auf dem Schadensersatzanspruch des Kunden gegen die Bank basierende Eingleisigkeit der Risikoverteilung[645]

Betrachtet man die obigen im AOVG veröffentlichten „typischen Fälle" im Licht des Risikoverteilungssystems bei Missbrauch von Zahlungsinstrumenten im deutschen Recht, welches zwischen Aufwendungs- und Schadensersatzanspruch differenziert (§§ 675u S. 1, 675v Abs. 1, Abs. 3 BGB), fällt vor allem die strukturelle Besonderheit der Risikoverteilung in der chinesischen Rechtsprechung auf, dass sich fast alle Gerichte allein auf den Schadensersatzanspruch konzentrieren, ohne oder zumindest ohne ausdrücklich den Aufwendungsersatzanspruch der Bank oder den Erstattungsanspruch des Kunden zu erwähnen. Dieses Merkmal kann man als *Eingleisigkeit der Risikoverteilung* bezeichnen.

Hinsichtlich des Schadensersatzanspruchs in der chinesischen Rechtsprechung tritt zudem der Unterschied auf, dass der Schadensersatzanspruch meistens *vom Kunden gegen die Bank* geltend gemacht wird,[646] während es sich bei § 675v Abs. 1, Abs. 3 BGB gerade um den umgekehrten Fall handelt. Diese Behandlung in der chinesischen Rechtsprechung ist jedoch zweifelhaft, da der Schadensersatzanspruch des Kunden impliziert, dass der Kunde aufgrund des Missbrauchs einen Schaden erlitten hat, was allerdings unter Berücksichtigung seines Herausgabeanspruchs nicht der Fall ist.[647] Dies ist im Folgenden im Rahmen der Risikoverteilung nach den allgemeinen gesetzlichen Regelungen näher zu beleuchten.

C. Risikoverteilung nach den allgemeinen gesetzlichen Regelungen

Da das Rechtsverhältnis zwischen dem Zahler und seinem Zahlungsdienstleister als Geschäftsbesorgungsvertrag i. S. d. § 396 VG eingeordnet wird, ist auch die Risikoverteilung bei Drittmissbrauch nach den geschäftsbesorgungsvertraglichen Regelungen zu bestimmen.

---

645 Diesen Terminus verwendet *Omlor*, ZfRV 2013, 80, 83 im Rahmen des US-amerikanischen Rechts.

646 Vgl. Fall 2 (AOVG 2005/4), Fall 3 (AOVG 2006/2), Fall 4 (AOVG 2009/2), Fall 6 (AOVG 2015/3), Fall 7 (AOVG 2017/8), Fall 8 (AOVG 2017/12).

647 Vgl. ausführlich unten Kap. 3 C. I. 3. und 4. b) aa).

I. Aufwendungsersatzanspruch des Zahlungsdienstleisters durch die Anweisung des Zahlers

Bezüglich der Vorschuss- sowie Aufwendungsersatzpflicht des Auftraggebers sieht § 398 VG vor: „Der Auftraggeber muss die Aufwendungen zur Erledigung des Auftrags im Voraus bezahlen. Zur Erledigung des Auftrags notwendige Aufwendungen, die der Auftragnehmer vorgeschossen hat, muss der Auftraggeber mit Zinsen erstatten.“[648] Diese Vorschrift ist mit §§ 669 f. BGB vergleichbar und fungiert als eine zentrale Anspruchsgrundlage für die Risikoverteilung beim Missbrauch von Zahlungsinstrumenten, da sie (genauer gesagt, ihr S. 2) die Voraussetzungen des Aufwendungsersatzanspruchs des Zahlungsdienstleisters bestimmt.

1. Tatbestände des Aufwendungsersatzanspruchs im Allgemeinen

a) Vom Auftragnehmer vorgeschossene Aufwendungen?

Dem Wortlaut des § 398 S. 2 VG nach setzt der Aufwendungsersatzanspruch des Auftragnehmers zunächst voraus, dass der Auftragnehmer die Aufwendungen *vorgeschossen* hat. Das ist etwa beim Kreditkartenverfahren der Fall, wenn der Kreditkartenemittent als Auftragnehmer zunächst einen Zahlungsvorgang ausführt, jedoch erst nach einem bestimmten Zeitraum den Zahlungsbetrag abrechnet. In diesem Fall hat der Kreditkartenemittent die Aufwendungen *vorgeschossen*.

Beim Einsatz der Debitkarte führt der Zahlungsdienstleister als Auftragnehmer einen Zahlungsvorgang in der Regel jedoch nur aus, wenn ausreichendes Guthaben auf dem Konto des Zahlers vorhanden ist. In diesem Fall hat der Auftragnehmer keine Aufwendungen vorgeschossen. Vielmehr muss der Zahler als Auftraggeber dem Zahlungsdienstleister Vorschuss leisten (§ 398 S. 1 VG). Dem Wortlaut des § 398 S. 2 VG nach würde dem Auftragnehmer in diesem Fall kein Aufwendungsersatzanspruch zustehen, da kein Vorschuss vom ihm geleistet wurde. Eine solche Auslegung würde zu einem untragbaren Wertungswiderspruch führen, weil es für den Aufwendungsersatzanspruch des Auftragnehmers nicht darauf ankommen darf, ob die Aufwendung vom Auftragnehmer oder vom Auftraggeber vorgeschossen wird. Zudem stimmte diese Auslegung auch nicht mit dem Zweck der Vorschusspflicht des Auftraggebers nach § 398 S. 1 VG überein, denn sie würde bedeuten, dass man den dem Vorschuss entnommenen

648 Chinesisch:“委托人应当预付处理委托事务的费用。受托人为处理委托事务垫付的必要费用，委托人应当偿还该费用及其利息。”

Betrag nicht mit einem Aufwendungsersatzanspruch verrechnen dürfte, was die Rechtmäßigkeit der Nutzung des vom Auftraggeber geleisteten Vorschusses durch den Auftragnehmer in Frage stellen würde. Zur Überwindung dieses Problems ist erforderlich, die beiden Fälle gleichzustellen und den Aufwendungsersatzanspruch des Auftragnehmers unabhängig davon zu bejahen, ob die Aufwendungen vom Auftragnehmer oder vom Auftraggeber vorgeschossen werden.

b) *Zur Erledigung des Auftrags notwendige Aufwendungen*

Nach § 398 S. 2 VG sind nur solche Aufwendungen ersatzfähig, die zur Erledigung des Auftrags dienen und auch dazu notwendig sind. Hinsichtlich der Anforderungen an die *Notwendigkeit* ist es zwar im Schrifttum umstritten, ob ein objektiver[649] oder ein subjektiver[650] Maßstab anzulegen ist. Man ist sich jedoch insoweit überwiegend einig, dass die Notwendigkeit „nach der Natur des Auftrags und den Umständen im Zeitpunkt der Auftragserledigung" zu beurteilen ist.[651] Dem ist zwar grundsätzlich zuzustimmen, allerdings muss man sich vor Augen halten, dass die Frage der Notwendigkeit erst relevant wird, wenn Anweisungen des Auftraggebers fehlen. Wie im deutschen Recht (§ 665 BGB)[652] gilt der Grundsatz der Anweisungsbindung des Auftragnehmers auch für das chinesische Geschäftsbesorgungsrecht, und wird sogar deutlicher[653] zum Ausdruck gebracht, indem § 399 S. 1 VG vorsieht: „Der Auftragnehmer muss den Auftrag nach den Anweisungen des Auftraggebers erledigen." Nach dieser Anforderung ist der Auftragnehmer auch zur Befolgung der Anweisungen des Auftraggebers verpflichtet, wenn er eine Entscheidung über Aufwendungen trifft.[654] Weicht der Auftragnehmer von den Anweisungen ab, ist für die Notwendigkeit der Aufwendungen grundsätzlich auf den Maßstab bezüglich der Befugnis des Auftragnehmers zur Abweichung abzustellen.[655] Nach § 399 S. 2 VG darf der

---

649 S. *Hu, Kangsheng* (Hrsg.), Kommentar zum Vertragsgesetz, S. 619 f.

650 S. *Han, Shiyuan*, Contract Law, S. 561.

651 *Hu, Kangsheng* (Hrsg.), Kommentar zum Vertragsgesetz, S. 619; *Jiang, Ping* (Hrsg.), Erläuterung des Vertragsgesetzes, S. 340; ebenfalls in diese Richtung *Cui, Jianyuan*, Contract Law, S. 656; *Wang, Liming*, Untersuchung des Vertragsrechts, Band III, S. 702.

652 Vgl. Staudinger/*Martinek*/*Omlor*, § 665 Rn. 1.

653 Der Grundsatz der Weisungsbindung wird mittelbar aus § 665 BGB abgeleitet, vgl. Staudinger/*Martinek*/*Omlor*, § 665 Rn. 1.

654 So auch in Deutschland, vgl. Staudinger/*Martinek*/*Omlor*, § 670 Rn. 12; MüKoBGB/*Schäfer*, § 670 Rn. 24.

655 So auch in Deutschland, vgl. MüKoBGB/*Schäfer*, § 670 Rn. 25.

Auftragnehmer von den Anweisungen nur dann abweichen, wenn entweder der Auftraggeber zugestimmt hat (HS 1) oder wenn die Umstände drängen und der Auftraggeber nicht zu kontaktieren ist (HS 2).

2. *Aufwendungsersatzanspruch des Zahlungsdienstleisters: Ohne Anweisung kein Aufwendungsersatzanspruch*

Nimmt man an, dass das Rechtsverhältnis zwischen dem Zahler und seinem Zahlungsdienstleister als Geschäftsbesorgungsvertrag einzuordnen ist, finden die Regelungen der §§ 396 ff. VG grundsätzlich Anwendung. Dabei spielen § 399 VG und § 398 VG in Bezug auf die Risikoverteilung im Missbrauchsfall eine zentrale Rolle. Gemäß § 399 S. 1 VG darf der Zahlungsdienstleister als Auftragnehmer einen Zahlungsvorgang nur dann ausführen, wenn der Zahler als Auftraggeber eine Anweisung erteilt hat. Liegt eine Anweisung des Zahlers vor, ist der Zahlungsdienstleister zum einen zur Ausführung des Zahlungsvorgangs verpflichtet, zum anderen steht ihm ein Aufwendungsersatzanspruch gemäß § 398 S. 2 VG zu. Dies gilt unabhängig davon, ob es sich um Debitkarte, Kreditkarte[656] oder Digital-Banking handelt. Umgekehrt darf der Zahlungsdienstleister vom Zahler keinen Aufwendungsersatz verlangen, falls keine Anweisung des Zahlers vorliegt. Kurz gesagt gilt auch hier[657] der Grundsatz: Ohne Anweisung kein Aufwendungsersatzanspruch.

3. *Herausgabeanspruch des Zahlers*

In der Praxis wird der Zahlungsbetrag im Missbrauchsfall trotz fehlender Anweisung meistens dem Konto des Zahlers belastet.[658] Daher stellt sich die Frage, welche Rechtsbehelfe dem Zahler zustehen.

Im Rahmen des Geschäftsbesorgungsvertrags kommt der Herausgabeanspruch des Auftragnehmers gemäß § 404 VG in Betracht. Danach muss der Auftragnehmer dem Auftraggeber das bei Erledigung des Auftrags erlangte Vermögen weitergeben. Das erlangte Vermögen umfasst nicht nur Sachen, sondern auch Geldmittel sowie andere Vermögensgüter.[659] Zwar differenziert § 404 VG

---

656 Bezüglich der Kreditkarte ausdrücklich so *Chen, Liru*, Journal of Comparative Law 2004/5, S. 61.

657 Zum deutschen Recht s. oben Kap. 2 A. I.

658 Das ist etwa bei den meisten oben dargestellten „typischen Fällen" (Fälle 2 bis 8) der Fall.

659 S. *Hu, Kangsheng* (Hrsg.), Kommentar zum Vertragsgesetz, S. 625 f.; *Jiang, Ping* (Hrsg.), Erläuterung des Vertragsgesetzes, S. 348; *Cui, Jianyuan*, Contract Law, S. 654; *Wang, Liming*, Untersuchung des Vertragsrechts, Band III, S. 711.

nicht zwischen den zwei Erscheinungsformen des Vermögens – nämlich dem zur Ausführung des Auftrags Erhaltenen und dem aus der Geschäftsbesorgung Erlangten – wie § 667 BGB; diese beiden Erscheinungsformen des Vermögens sind jedoch auch gemäß § 404 VG herauszugeben,[660] denn sie fallen ohne Zweifel unter den Wortlaut des § 404 VG. Der Vorschuss, den der Auftragnehmer gemäß § 398 S. 1 VG erhalten hat, ist deshalb dem Auftraggeber insoweit herauszugeben, als er bis zur Beendigung des Auftrags noch nicht aufgebraucht wurde.[661]

Im bargeldlosen Zahlungsverkehr kann der Zahler den Herausgebeanspruch gemäß § 404 VG gegen seinen Zahlungsdienstleister geltend machen, wenn der Zahlungsdienstleister wegen der Ausführung eines nicht durch den Zahler angewiesenen Zahlungsvorgangs sein Verrechnungskonto belastet, so dass das Guthaben auf diesem Konto entsprechend herabgesetzt wurde. Da dem Zahlungsdienstleister in diesem Fall kein Aufwendungsersatzanspruch zusteht, darf er den dem Guthaben entnommenen Zahlungsbetrag nicht als Vorschuss verwenden, sondern muss dem Zahler diesen Betrag nach § 404 VG herausgeben.[662] Wie dieser Anspruch zu erfüllen ist, wird vom Gesetz nicht weiter präzisiert. Nach § 62 Nr. 5 VG soll die Vertragspflicht in der Art und Weise erfüllt werden, welche für die Verwirklichung des Vertragszwecks von Vorteil ist, soweit der Vertrag dies nicht klar bestimmt. Diesem Gedanken nach ist es vorzugswürdig, die Herausgabepflicht „in Natur" zu erfüllen.[663] Wenn es sich um eine Belastung des Verrechnungskontos des Zahlers handelt, geschieht die Herausgabe durch Rückbuchung auf dieses Konto; Bargeld ist zurückzuzahlen.

4. *Probleme der Rechtsprechung*

a) *Schadensersatzanspruch des Zahlers*

Wie oben bereits ausgeführt wurde, herrscht in der Rechtsprechung die Eingleisigkeit der Risikoverteilung vor: Die Gerichte beschäftigen sich überwiegend allein mit der Begründung eines Schadensersatzanspruchs des Zahlers. Die Frage, ob es sich um einen vertraglichen oder einen deliktischen Schadensersatzanspruch handelt, wird nicht von allen Gerichten klar beantwortet. In den

---

660 S. *Han, Shiyuan*, Contract Law, S. 559; im Ergebnis ebenso *Wang, Liming*, Untersuchung des Vertragsrechts, Band III, S. 711.

661 S. *Han, Shiyuan*, Contract Law, S. 559; *Hu, Kangsheng* (Hrsg.), Kommentar zum Vertragsgesetz, S. 619; *Jiang, Ping* (Hrsg.), Erläuterung des Vertragsgesetzes, S. 341.

662 Zur gleichen dogmatischen Konstruktion im deutschen Recht vgl. *Liesecke*, WM 1975, 238, 241; Staudinger/*Omlor*, § 675u Rn. 18.

663 Zum deutschen Recht vgl. Staudinger/*Omlor*, § 675u Rn. 18.

Fällen 2 (AOVG 2005/4), 3 (AOVG 2006/2) und 8 (AOVG 2017/12)[664] berufen sich die Gerichte auf § 107 VG als Anspruchsgrundlage, was den Schadensersatzanspruch deutlich als vertraglichen qualifiziert. In den anderen Fällen darf man vernünftigerweise vermuten, dass die Gerichte ebenfalls von einem vertraglichen Schadensersatzanspruch ausgehen, da entweder die Pflichtverletzung des Zahlungsdienstleisters als „Vertragsverletzung" (违约) in der Zusammenfassung der Entscheidung eingeordnet wird (Fall 4 (AOVG 2009/2)) oder die Wirksamkeit des Spareinlagenvertrags als ein Argument oder eine Voraussetzung für die Begründung des Schadensersatzanspruchs vorgebracht wird (Fälle 6 (AOVG 2015/3) und 7 (AOVG 2017/8)).

b) Dogmatische Begründung und Interessenausgleich

aa) Fehler in der dogmatischen Begründung

Die Begründung eines Schadensersatzanspruchs des Zahlers durch das Gericht wirft eine schwierige dogmatische Frage auf: Worin liegt der Schaden des Kunden im Missbrauchsfall?[665] Betrachtet man die obige Rechtsprechung, fällt auf, dass diese Frage von den Gerichten erstaunlicherweise fast nicht erörtert wird, als ob es selbstverständlich wäre, dass der Kunde wegen Drittmissbrauchs einen Schaden erlitten hätte. Eine plausible Erklärung scheint darin zu bestehen, dass die Einlagen des Kunden wegen Abbuchung des Zahlungsbetrags von seinem Konto auch im Missbrauchsfall erlöschen, so dass der Kunde einen Schaden erleide.[666] Diese sogenannte „absolute Wirkung der Abbuchungen" hat scharfe Kritik erfahren, da das Bankkonto der Natur nach eine Art von Bilanzbuch darstelle und eine Änderung der Buchungen auf das Bankkonto ohne angemessenen Grund keinesfalls die Forderung des Kunden gegen die Bank unmittelbar bestimme.[667] Diese Auffassung wurde grundsätzlich auch vom Volksgericht im Fall 4 (AOVG 2009/2) geteilt, wo die Begründung darauf hinwies, dass die durch den Einlagenvertrag zwischen dem Kunden und seiner Bank begründeten Schuldverhältnisse nicht durch den Drittmissbrauch berührt würden.[668] Aus dieser Ansicht darf man ableiten, dass die Forderung des Kunden gegen seine

---

664 In den Fällen 3 (AOVG 2006/2) und 8 (AOVG 2017/12) wird § 107 VG zwar nur vom erstinstanzlichen, nicht vom zweitinstanzlichen Gericht zitiert, die Begründung des zweitinstanzlichen Gerichts weicht jedoch nicht von der des erstinstanzlichen ab.

665 Gleiche Zweifel bei *Xie, Gen*, Zhejiang Social Sciences 2013/2, S. 83 f.

666 Ausdrücklich so *Wang, Jianping*, Political Science and Law 2004/5, S. 64.

667 Vgl. *Xie, Gen*, Zhejiang Social Sciences 2013/2, S. 84.

668 Vgl. auch *Xie, Gen*, Zhejiang Social Sciences 2013/2, S. 84 f.

Bank nicht einfach durch Drittmissbrauch erlischt, weshalb der Kunde keinen Schaden erleidet, was wiederum die Geltendmachung eines Schadensersatzanspruchs überflüssig macht bzw. diesen Anspruch mangels Schadens gar nicht entstehen lässt.[669] Diese Erkenntnis hat sich allerdings in den folgenden Entscheidungen nicht durchsetzen können. Als Beweis für diesen Befund dient der Fall 8 (AOVG 2017/12) aus dem Jahre 2017, in welchem das Gericht seine Entscheidung auf § 107 VG, der u. a. den vertraglichen Schadensersatzanspruch regelt, stützt.

bb) *Mangelhafter Interessenausgleich: Risikotragung des Kunden als Ausgangspunkt?*

Über den dogmatischen Fehler hinaus kommt es zugleich zu einem mangelhafter Interessenausgleich zwischen dem Kunden und seiner Bank aufgrund der Eingleisigkeit der Risikoverteilung in der Rechtsprechung. Wenn der Kunde sich zur Korrektur der wegen Drittmissbrauchs durch seine Bank vorgenommenen Belastung seines Kontos auf einen Schadensersatzanspruch gegen seine Bank berufen muss, liegt es nahe, daraus zu schließen, dass die Person, die zuerst das Missbrauchsrisiko trägt, der Kunde und nicht die Bank ist, da der Kunde, nicht aber die Bank, den „Schaden" erlitten hat. Dass die Risikotragung des Kunden den Ausgangspunkt bildet, widerspricht gerade der Interessenlage, die durch den Grundsatz „Ohne Anweisung kein Aufwendungsersatzanspruch" der Bank erreicht wird. Denn bei Geltung dieses Grundsatzes trägt zuerst die Bank das Missbrauchsrisiko, so dass sie die Abbuchung aufgrund des Herausgabeanspruches des Kunden durch erneute Gutschrift rückgängig machen muss.[670]

c) *Lösungsansätze*

Die oben dargestellten Probleme werden im Schrifttum bisher fast nie zur Diskussion gestellt; deshalb fehlen auch entsprechende Lösungsansätze. Nur vereinzelt wird bemerkt, dass die Forderung des Einlegers gegen seine Bank nicht deshalb erlösche, weil die Bank Geld an eine unberechtigte dritte Person auszahle; infolgedessen solle der Einleger eine Feststellungsklage gegen seine Bank erheben, um das Bestehen seiner Forderung gegen die Bank zu bestätigen.[671]

Allerdings besteht das Hauptanliegen des Einlegers im Missbrauchsfall nicht lediglich in der Feststellung des Bestehens seiner Forderung; vielmehr will er

---

669 Ähnlich *Xie, Gen*, Zhejiang Social Sciences 2013/2, S. 85.

670 Vgl. oben Kap. 3 C. I. 1 und 2.

671 S. *Xie, Gen*, Zhejiang Social Sciences 2013/2, S. 81.

meistens die Belastung des Kontos von der Bank durch erneute Gutschrift rückgängig machen.[672] Dieses Anliegen kann nur durch eine Leistungsklage erreicht werden, weshalb es auch zweifelhaft scheint, ob der Einleger gerade ein rechtliches Interesse an der Feststellungsklage hat. Diese Bedenken lassen sich leicht auflösen, wenn man den Herausgabeanspruch des Einlegers/Kunden gemäß § 404 VG gegen die Bank anerkennt und erforderlichenfalls im Wege der Leistungsklage durchsetzt.

II. Aufwendungsersatzanspruch des Zahlungsdienstleisters aufgrund einer Rechtsscheinvollmacht

Im Fall von Drittmissbrauch steht dem Zahlungsdienstleister kein Aufwendungsersatzanspruch gemäß § 398 S. 2 VG gegen den Zahler zu, da die Anweisung nicht vom Zahler, sondern von einem unbefugten Dritten erteilt wird. Im deutschen Recht könnte der vom unbefugten Dritten erteilte Zahlungsauftrag bzw. die Autorisierung kraft Rechtsscheintatbestands dem Zahler zugerechnet werden, so dass der Zahlungsdienstleister trotz fehlender Autorisierung des Zahlers den Aufwendungsersatzanspruch gegen ihn erlangt.[673] In diesem Zusammenhang stellt sich die Frage, ob und wie man zu einem mit dem deutschen Recht vergleichbaren Ergebnis im chinesischen Recht kommen kann. Auf diese Frage ist im Folgenden näher einzugehen.

1. *Rechtsscheinvollmacht* versus *Leistung an den Quasi-Besitzer einer Forderung*

Um die vom unbefugten Dritten erteilte Anweisung dem Zahler zuzurechnen, bringt man im Schrifttum zwei verschiedene Rechtsfiguren zum Einsatz: die *Rechtsscheinvollmacht* und *Leistung an den Quasi-Besitzer einer Forderung*. Um die Anwendbarkeit beider Rechtsinstitute näher diskutieren zu können, ist es notwendig, zunächst deren Grundlage zu verdeutlichen.

a) *Die Leistung an den Quasi-Besitzer einer Forderung im Allgemeinen*

Das Rechtsinstitut der Leistung an den Quasi-Besitzer einer Forderung hat seinen Ursprung in Art. 1240 französischer Code civil a. F.[674] (Art. 1342-3

672 Zustimmend auch *Xie*, *Gen*, Zhejiang Social Sciences 2013/2, S. 81.

673 Vgl. oben Kap. 2 B. III.

674 Art. 1240 französischer Code civil a. F.: „Le paiement fait de bonne foi à celui qui est en possession de la créance est valable, encore que le possesseur en soit par la suite évincé." Dazu vgl. *Ferid*, Das Französische Zivilrecht, Erster Band, Rn. 2 D 14 (S. 521).

französischer Code civil n. F.[675]), welcher über Art. 478 japanisches ZGB letztlich von Art. 310 Nr. 2 ZGB der Republik China rezipiert wurde.[676] Zwar ist dieses Rechtsinstitut in Festlandchina nicht gesetzlich geregelt, in der Lehre ist seine Existenz jedoch anerkannt.[677]

Bezüglich der Rechtsfolge der Leistung an den Quasi-Besitzer einer Forderung stimmt man darin überein, dass eine solche Leistung so behandelt wird, als ob der Schuldner an den Gläubiger geleistet hätte, so dass das Schuldverhältnis zwischen dem Schuldner und dem Gläubiger erlischt.[678] Allerdings sind die Tatbestände der Leistung an den Quasi-Besitzer einer Forderung wenig eindeutig. Zwar wird üblicherweise im Schrifttum vertreten, dass die Leistung an den Quasi-Besitzer einer Forderung drei Tatbestandsvoraussetzungen aufweise: Der Empfänger der Leistung muss ein Quasi-Besitzer der Forderung sein; der Schuldner muss gutgläubig sein; und der Schuldner hat die geschuldete Leistung bereits vollbracht.[679] Jedoch sind bereits die genaue Bedeutung und der Umfang dessen, was als „Quasi-Besitz der Forderung“ anzusehen sein soll, nicht endgültig bestimmt.[680] Einer weiten Definition nach können alle Personen, die man nach den allgemeinen Geschäftsbräuchen als Gläubiger ansehen dürfte, als Quasi-Besitzer der Forderung angesehen werden.[681] Eine andere Ansicht will den Quasi-Besitzer der Forderung auf diejenige Person beschränken, die entweder eine Forderungsurkunde (债权文书) besitze oder einen Anschein erweckt habe, kraft dessen der Schuldner sie als Gläubiger ansehen dürfe.[682] Zudem ist es auch umstritten, ob man seitens des Schuldners über dessen Gutgläubigkeit

---

675 Art. 1342–3 französischer Code civil n. F.: „Le paiement fait de bonne foi à un créancier apparent est valable.“

676 S. *Lu, Yen-Pin*, Die Risikoverteilung im bargeldlosen Zahlungsverkehr, S. 77.

677 Vgl. *Han, Shiyuan*, The Law of Contract, S. 336; *Qi, Muti*, Law Science 2013/3, S. 87 ff.; *Wang, Liming*, Untersuchung des Vertragsrechts, Band II, S. 264; *Yang, Lixin/Ye, Jun*, Peking University Law Journal 1994/3, S. 26 ff.; *Zhu, Guangxin*, Study on General Principles of Contract Law, Band II, S. 522 ff.

678 S. *Han, Shiyuan*, The Law of Contract, S. 336; *Qi, Muti*, Law Science 2013/3, S. 87; *Yang, Lixin/Ye, Jun*, Peking University Law Journal 1994/3, S. 29.

679 S. *Qi, Muti*, Law Science 2013/3, S. 87; *Wang, Jianping*, Political Science and Law 2004/5, S. 60; *Wang, Liming*, Untersuchung des Vertragsrechts, Band II, S. 264; *Yang, Lixin/Ye, Jun*, Peking University Law Journal 1994/3, S. 28 f.

680 S. *Qi, Muti*, Law Science 2013/3, S. 87.

681 S. *Han, Shiyuan*, The Law of Contract, S. 336; *Wang, Jianping*, Political Science and Law 2004/5, S. 60; *Wang, Liming*, Untersuchung des Vertragsrechts, Band II, S. 264.

682 S. *Qi, Muti*, Law Science 2013/3, S. 89 ff.; *Yang, Lixin/Wang, Lingfang*, Seeking Truth 2015/1, S. 83; *Yang, Lixin/Ye, Jun*, Peking University Law Journal 1994/3, S. 28.

hinaus auch das Nichtvorliegen des Vertretenmüssens fordern soll.[683] Aufseiten des Gläubigers stellt sich schließlich die Frage, ob das Vorliegen eines Vertretenmüssens eine Voraussetzung ist.[684] Diesbezüglich kann man auf den ersten Blick annehmen, dass der überwiegenden Ansicht nach das Vertretenmüssen des Gläubigers grundsätzlich nicht erforderlich ist, da im Schrifttum dies meistens mit keinem Wort erwähnt wird.[685] Soweit diese Frage vereinzelt weiter erörtert wird, stimmen die Ansichten nicht völlig überein.[686]

b) *Die Rechtsscheinvollmacht im Allgemeinen*

Die Rechtsscheinvollmacht in der VR China wird jetzt durch § 172 des Allgemeinen Teils des Zivilrechts der VR China (ATZR), der am 15. März 2017 erlassen wurde und seit 1. Oktober 2017 angewendet wird, geregelt. § 172 ATZR, der § 49 VG[687] fast wortgleich[688] übernommen hat, sieht vor:

> „Wenn jemand ohne Vertretungsmacht, über die Vertretungsmacht hinaus oder nach Beendigung der Vertretungsmacht noch eine Vertretungshandlung vornimmt, [und] das Gegenüber Grund zu der Annahme hat, dass der Handelnde Vertretungsmacht hat, ist diese Vertretungshandlung wirksam."

---

683 Vgl. *Qi, Muti*, Law Science 2013/3, S. 91 f. Dies bejahend *Wang, Jianping*, Political Science and Law 2004/5, S. 60; *Yang, Lixin/Ye, Jun*, Peking University Law Journal 1994/3, S. 28 f.

684 Vgl. *Qi, Muti*, Law Science 2013/3, S. 92; *Xie, Gen*, Zhejiang Social Sciences 2013/2, S. 85.

685 Vgl. *Wang, Chengtang*, The Jurist 2018/5, S. 137; *Xie, Gen*, Zhejiang Social Sciences 2013/2, S. 85; vgl. auch *Han, Shiyuan*, The Law of Contract, S. 336; *Wang, Liming*, Untersuchung des Vertragsrechts, Band II, S. 264; *Yang, Lixin/Ye, Jun*, Peking University Law Journal 1994/3, S. 28 f.

686 Dies bejahend *Yang, Lixin/Wang, Lingfang*, Seeking Truth 2015/1, S. 84 (dies jedoch im Rahmen des Mitverschuldens berücksichtigend); *Zhu, Guangxin*, Study on General Principles of Contract Law, Band II, S. 523 f.; verneinend *Wang, Chengtang*, The Jurist 2018/5, S. 137; *Xie, Gen*, Zhejiang Social Sciences 2013/2, S. 86; differenzierend *Qi, Muti*, Law Science 2013/3, S. 92 ff.

687 § 49 VG: „Wenn jemand ohne Vertretungsmacht, über die Vertretungsmacht hinaus oder nach Beendigung der Vertretungsmacht einen Vertrag im Namen eines Vertretenen einrichtet, [und] das Gegenüber Grund zu der Annahme hat, dass der Handelnde Vertretungsmacht hat, ist diese Vertretungshandlung wirksam."

688 Die Änderung besteht darin, dass „einen Vertrag im Namen eines Vertretenen einrichtet" in § 49 VG durch „noch eine Vertretungshandlung vornimmt" in § 172 ATZR ersetzt wird. Vgl. *Chen, Su* (Hrsg.), Commentary on General Principles of the Civil Code, S. 1225.

Dem Wortlaut nach kommt § 172 ATZR erst zur Anwendung, wenn es dem Handelnden, der eine Vertretungshandlung vornimmt, an der Vertretungsmacht fehlt.[689] Das Fehlen der Vertretungsmacht liegt vor, wenn der Handelnde von Anfang an keine Vertretungsmacht hat, seine Vertretungsmacht überschreitet oder die Vertretungsmacht beendigt wird. Diese gesetzlich eingeteilten drei Untertypen dienen lediglich zur Präzisierung der Fälle, in denen die Vertretungsmacht des Handelnden fehlt, bringen jedoch keine unmittelbare rechtsanwendungsrelevante Funktion hervor.[690]

Trotz der Undeutlichkeit des Wortlauts von § 172 ATZR (und § 49 VG) geht man im Schrifttum[691] und in der Rechtsprechung[692] einhellig davon aus, dass zwei weitere Tatbestände für die Rechtsscheinvollmacht gemäß § 172 ATZR erforderlich sind, nämlich zum einen, dass *ein objektiver Rechtsschein der Vertretungsmacht* vorliegt, und zum anderen, dass das Gegenüber *subjektiv gutgläubig und nicht fahrlässig* auf diesen Rechtsschein vertraut hat. Diese zwei Tatbestände sind weiter vom OVG in einer Interpretation, nämlich § 13 der Anleitungsansicht des Obersten Volksgerichts zu einigen Fragen der Behandlung von Streitfällen zu zivil- und handelsrechtlichen Verträgen in der gegenwärtigen Situation,[693] ausdrücklich bestätigt

689 Vgl. *Liang, Huixing*, General Theory to Civil Law, S. 245; *Zhu, Qingyu*, The General Theory of Civil Law, S. 369.

690 S. *Yang, Fang*, The Jurist 2017/6, S. 158; tendenziell a. A. *Bu, Yuanshi*, Chinese Civil Code, Chapter 15 Rn. 5 (S. 167).

691 Vgl. *Liang, Huixing*, General Theory to Civil Law, S. 245 f.; *Wang, Liming*, Untersuchung des ATZR, S. 672 ff.; *Yang, Fang*, The Jurist 2017/6, S. 163, 170; *Zhu, Qingyu*, The General Theory of Civil Law, S. 369 ff.

692 Urteil des OVG vom 29.09.2013, AOVG 2015/7, S. 28–36 (李德勇与中国农业银行股份有限公司重庆云阳支行储蓄存款合同纠纷案，最高人民法院民事判决书(2013)民提字第95号，《最高人民法院公报》2015年第7期，第28–36页).

693 Erlassen und in Kraft gesetzt am 7. Juli 2009; deutsche Übersetzung von *Pißler*, ZChinR 2009, 296 ff.; § 13 lautet: „Das Institut der Rechtsscheinvollmacht gemäß § 49 Vertragsgesetz verlangt nicht nur, dass die Handlung des Vertreters ohne Vertretungsmacht objektiv den Anschein erzeugt hat, als habe er Vertretungsmacht, sondern verlangt auch, dass die andere Seite subjektiv gutgläubig und nicht fahrlässig darauf vertraut hat, dass der Handelnde Vertretungsmacht hat. Behauptet die andere Partei des Vertrags, dass Rechtsscheinvollmacht vorliegt, muss sie die Beweislast übernehmen, indem sie nicht nur mittels formeller Faktoren wie Vertragsurkunden, offizieller Stempel, Unterschriften oder Stempel beweisen muss, dass die Vertretungshandlung den objektiven Anschein erzeugt hat, er habe Vertretungsmacht, sondern muss auch beweisen, dass sie gutgläubig und nicht fahrlässig darauf vertraut hat, dass der Handelnde Vertretungsmacht hat."

worden.[694] Trotzdem kann man auch eine Tendenz in der Rechtsprechung beobachten, diese zwei Tatbestände meistens nicht klar voneinander zu trennen, sondern es für das Vorliegen eines Rechtsscheins darauf ankommen zu lassen, ob das Gegenüber mit der erforderlichen Sorgfalt gehandelt hat.[695]

Stark umstritten ist die Frage, ob man einen Zurechnungstatbestand seitens des Vertretenen verlangen soll.[696] Eine einhellige Ansicht fehlt auch in der Rechtsprechung.[697] Als Ausgangspunkt erkennt man zwar an, dass dem Wortlaut nach weder § 172 ATZR noch § 49 VG die Zurechenbarkeit zum Vertretenen vorsieht.[698] Die zutreffende wohl h. L.[699] streitet jedoch dafür, die Zurechenbarkeit zum vermeintlich Vertretenen zu fordern.[700] Diese Ansicht stützt sich im Wesentlichen auf das Selbstbestimmungsprinzip, das besagt, dass ein durch einen Dritten vorgenommenes Fremdgeschäft, das nicht von dem Willen des vermeintlich Vertretenen gedeckt sei, ihm erst dann auferlegt werden dürfe, wenn ihm der Rechtsschein der Vertretungsvollmacht zurechenbar sei.[701] Die Zurechenbarkeit zum vermeintlich Vertretenen sei entweder durch Rechtsfortbildung des § 172 ATZR (oder § 49 VG) als ein eigenständiger Tatbestand hinzuzufügen[702] oder in den Tatbestand der Gutgläubigkeit des Gegenübers zu integrieren.[703] Hinsichtlich der Kriterien der Zurechenbarkeit wurden auch eine Reihe von Ansätzen,

---

694 Vgl. *Pißler*, ZChinR 2009, 262, 264 f.

695 S. *Yang, Fang*, The Jurist 2017/6, S. 170 f.

696 Überblick über den Streit sowie die Gesetzgebungsgeschichte bei *Bu, Yuanshi*, Chinese Civil Code, Chapter 15 Rn. 15 ff. (S. 169 f.); *Chen, Su* (Hrsg.), Commentary on General Principles of the Civil Code, S. 1224 f., 1227 ff.; *Yang, Fang*, The Jurist 2017/6, S. 165 ff.; *Zhu, Hu*, Chinese Journal of Law 2017/2, S. 58 f.

697 Für einen Überblick über die Rechtsprechung vgl. *Yang, Fang*, The Jurist 2017/6, S. 165 f.

698 S. *Yang, Fang*, The Jurist 2017/6, S. 165 m. w. N.

699 Diese Ansicht als (wohl) h. L. ansehend auch *Bu, Yuanshi*, Chinese Civil Code, Chapter 15 Rn. 17 (S. 169); *Jin, Yin*, Oriental Law 2015/2, S. 156 Fn. 49; *Ran, Keping*, Science of Law 2016/1, S. 73; *Yang, Fang*, The Jurist 2017/6, S. 159.

700 Vgl. *Jin, Yin*, Oriental Law 2015/2, S. 156 m. w. N; *Wang, Liming*, Untersuchung des ATZR, S. 678; *Yang, Daixiong*, Law Science 2013/2, S. 60 ff.; *Yang, Fang*, The Jurist 2017/6, S. 167 ff.; *Zhu, Qingyu*, The General Theory of Civil Law, S. 370.

701 Vgl. *Chen, Su* (Hrsg.), Commentary on General Principles of the Civil Code, S. 1228 f.; *Wang, Liming*, Untersuchung des ATZR, S. 680; *Yang, Daixiong*, Law Science 2013/2, S. 60 ff.; *Yang, Fang*, The Jurist 2017/6, S. 165; *Zhu, Hu*, Chinese Journal of Law 2017/2, S. 63; *Zhu, Qingyu*, The General Theory of Civil Law, S. 370.

702 Vgl. *Yang, Fang*, The Jurist 2017/6, S. 167 m. w. N.

703 Vgl. *Ran, Keping*, Science of Law 2016/1, S. 78; *Yang, Fang*, The Jurist 2017/6, S. 168; *Yin, Tian*, Modern Law Science 2000/5, S. 117.

etwa das Verschuldensprinzip, das Veranlassungsprinzip, das Risikoprinzip und letztlich eine „Gesamtschau aller Umstände“, entwickelt.[704] Die diesbezügliche Diskussion im chinesischen Schrifttum geht deutlich auf den Meinungsstreit im deutschen Recht zurück, denn üblicherweise wird die relevante deutsche Literatur zitiert und als Argumentation hervorgebracht.[705] Für den Zweck der vorliegenden Arbeit genügt es, sich der h. M. im deutschen Recht[706] anzuschließen und auch im chinesischen Recht auf das Verschuldensprinzip als Maßstab der Zurechenbarkeit zum Vertretenen abzustellen.[707]

Schließlich muss eine Kausalität zwischen dem Rechtsschein der Vertretungsmacht und der Vornahme des Rechtsgeschäfts des Gegenübers bestehen.[708] Dieses Tatbestandsmerkmal ist wenig umstritten.

c) *Anwendbarkeit der Rechtsscheinvollmacht oder der Leistung an den Quasi-Besitzer einer Forderung?*

aa) *Argumentation für die Anwendbarkeit der Leistung an den Quasi-Besitzer einer Forderung*

Im Schrifttum geht eine Ansicht davon aus, dass die *Leistung an den Quasi-Besitzer einer Forderung* auf den Fall von Drittmissbrauch Anwendung finden könne, so dass die Forderungen des Einlegers gegen seine Bank aufgrund Auszahlung an den unbefugten Dritten durch die ATM auch erlöschen könnten[709] oder die Leistung des Kreditkartenemittenten an den unbefugten Besitzer der Kreditkarte als Quasi-Besitzer der Forderung auch gegenüber dem berechtigten Kreditkarteninhaber wirksam sei.[710] Im Vergleich dazu sei die Anwendbarkeit der Rechtsscheinvollmacht deshalb ausgeschlossen, weil das Vertrauen des Zahlungsdienstleisters im Fall von Drittmissbrauch nicht auf das Vorliegen einer Vertretungsmacht, sondern darauf bestehe, dass er an den echten Gläubiger

---

704 Für eine Zusammenfassung vgl. *Bu, Yuanshi*, Chinese Civil Code, Chapter 15 Rn. 18 (S. 169); *Zhu, Hu*, Chinese Journal of Law 2017/2, S. 58 f. jeweils m. w. N.

705 Für eine auf der deutschen Literatur beruhende Zusammenfassung vgl. *Yang, Daixiong*, Peking University Law Journal 2015/5, S. 1161.

706 Vgl. oben Kap. 2 B. I. 4.

707 Zustimmend *Yang, Fang*, The Jurist 2017/6, S. 169 m. w. N.

708 Vgl. *Liang, Huixing*, General Theory to Civil Law, S. 246; *Yang, Fang*, The Jurist 2017/6, S. 171.

709 Vgl. *Qi, Muti*, Law Science 2013/3, S. 89 f.; *Wang, Chengtang*, The Jurist 2018/5, S. 132 ff.; *Wang, Jianping*, Political Science and Law 2004/5, S. 59 ff.; in diese Richtung auch *Xie, Gen*, Zhejiang Social Sciences 2013/2, S. 85.

710 Vgl. *Yang, Lixin/Wang, Lingfang*, Seeking Truth 2015/1, S. 82 f.

geleistet habe.[711] Zudem wird auch vertreten, dass es sich beim Fall einer Auszahlung an den unbefugten Dritten um ein Zweipersonenverhältnis handele, was mit der Rechtsscheinvollmacht als einem Dreipersonenverhältnis nicht übereinstimme.[712]

bb) Stellungnahme: Vorzug der Anwendung der Rechtsscheinvollmacht im Recht der VR China

(1) Analoge Anwendung der Rechtsscheinvollmacht auf das Handeln unter fremdem Namen

Zwar ist der Ansicht zuzustimmen, dass es sich beim Fall von Drittmissbrauch des Zahlungsinstruments regelmäßig um ein *Handeln unter fremdem Namen*, nicht aber um ein Handeln in fremdem Namen handelt. Allerdings ist im Schrifttum überwiegend anerkannt, dass die Regelung der Vertretung ohne Vertretungsmacht sowie der Rechtsscheinvollmacht auf das Handeln unter fremdem Namen grundsätzlich analoge Anwendung finden kann, wenn das Gegenüber nur mit dem Namensträger kontrahieren will.[713] Im Fall eines Drittmissbrauchs des Zahlungsinstruments will der Zahlungsdienstleister in der Regel nur mit dem berechtigten Kunden kontrahieren und nur seine Anweisungen befolgen. Stammt die Anweisung von einem Dritten unter dem Namen des berechtigten Kunden, fragt sich der Zahlungsdienstleister, ob und wie diese Anweisung auch gegen den berechtigten Kunden wirken kann. Mit demselben Problem konfrontiert sieht sich der Zahlungsdienstleister, wenn ihm eine dritte Person von Anfang an ohne Vertretungsmacht im Namen des berechtigten Kunden eine Anweisung erteilt hat und er infolgedessen einen Auftrag ausgeführt hat. Auf Grund derselben Interessenlage wäre es wünschenswert, die beiden Konstellationen gleichzustellen und die Regelung der Rechtsscheinvollmacht heranzuziehen.[714]

---

711 Vgl. *Qi, Muti*, Law Science 2013/3, S. 90; *Yang, Lixin/Wang, Lingfang*, Seeking Truth 2015/1, S. 83.

712 Vgl. *Qi, Muti*, Law Science 2013/3, S. 90.

713 Vgl. *Jin, Yin*, Studies in Law and Business 2014/5, S. 110; *ders.*, Oriental Law 2015/2, S. 156; *Ran, Keping*, Law Science 2014/2, S. 91; *ders.*, China Legal Science 2015/1, S. 185 f.; *Sun, Weifei*, Journal of Law Application (Judicial Case) 2017/22, S. 74 f.; *Yang, Daixiong*, China Legal Science 2010/4, S. 94 ff.; *Zhu, Hu*, Chinese Journal of Law 2017/2, S. 71.

714 Vgl. auch *Jin, Yin*, Oriental Law 2015/2, S. 156.

(2) *Rechtsscheinvollmacht als gesetzlich geregeltes Rechtsinstitut*

Im Recht der VR China ist die Rechtsscheinvollmacht als geschriebenes Rechtsinstitut (§ 172 ATZR, § 49 VG) gesetzlich geregelt, während es dem Rechtsinstitut der sog. Leistung an den Quasi-Besitzer einer Forderung an einer gesetzlichen Regelung fehlt.[715] Vermutlich aus diesem Grund ist dieses Rechtsinstitut bisher sowohl der Rechtswissenschaft als auch der Rechtsprechung relativ unbekannt, so dass es weder wissenschaftlich vertieft untersucht noch in der Rechtsprechung als eine eindeutige Rechtsfigur anerkannt ist.[716] Vor diesem Hintergrund ist es nicht verwunderlich, dass die Tatbestände der Leistung an den Quasi-Besitzer einer Forderung bisher noch nicht endgültig geklärt wurden.[717] Im Gegensatz dazu gewährleistet die Rechtsscheinvollmacht als gesetzlich geregeltes Rechtsinstitut, die zudem von reicher Literatur und zahlreicher Rechtsprechung flankiert wird,[718] relativ hohe Rechtssicherheit und Vorhersehbarkeit der Rechtsanwendung. Infolgedessen sollte der Anwendung der Rechtsscheinvollmacht auf den Fall des Drittmissbrauchs des Zahlungsinstruments Vorzug gegeben werden.[719]

(3) *Das Problem der Zurechenbarkeit*

Schließlich gibt es noch einen großen Unterschied zwischen der Rechtsscheinvollmacht und der Leistung an den Quasi-Besitzer einer Forderung. Während die Zurechenbarkeit zum Vertretenen beim ersten Rechtsinstitut von der wohl h. L. verlangt wird,[720] ist die Zurechenbarkeit zum Gläubiger bei letzterem nicht erforderlich.[721] Da beide Rechtsinstitute auf dem Gedanken des Vertrauensschutzes beruhen, wirft diese Ungleichbehandlung die Frage auf, ob das Rechtsinstitut der Leistung an den Quasi-Besitzer einer Forderung ebenfalls die

---

715 Vgl. *Forschungsgruppe des Zweiten MVG der Stadt Beijing*, Journal of Law Application 2017/3, S. 47; *Qi, Muti*, Law Science 2013/3, S. 87.

716 So auch *Qi, Muti*, Law Science 2013/3, S. 87 f.

717 Vgl. oben Kap. 3 C. II. 1. a).

718 Guter Überblick dazu bei *Yang, Fang*, The Jurist 2017/6, S. 158 ff.

719 Im Ergebnis ebenso *Forschungsgruppe des Zweiten MVG der Stadt Beijing*, Journal of Law Application 2017/3, S. 47.

720 Vgl. oben Kap. 3 C. II. 1. b).

721 Vgl. oben Kap. 3 C. II. 1. a); a. A. *Yang, Lixin/Wang, Lingfang*, Seeking Truth 2015/1, S. 84 (die Zurechenbarkeit jedoch im Rahmen des Mitverschuldens berücksichtigend); *Zhu, Guangxin*, Study on General Principles of Contract Law, Band II, S. 523 f.; differenzierend *Qi, Muti*, Law Science 2013/3, S. 92 ff.

Zurechenbarkeit zum echten Gläubiger voraussetzen sollte.[722] Meiner Meinung nach ist dies zu bejahen, um ein Gleichgewicht zwischen der Privatautonomie des echten Gläubigers einerseits und dem Vertrauensschutz des Gegenübers andererseits zu halten.[723] Im Recht der VR China lässt sich jedoch der eventuelle Streit am besten dadurch vermeiden, dass man die Rechtsscheinvollmacht anstatt der Leistung an den Quasi-Besitzer einer Forderung anwendet.

(4) Zwischenergebnis

Aus den oben dargestellten Gründen ist die Schlussfolgerung zu ziehen, im Recht der VR China der Anwendung der Rechtsscheinvollmacht auf die Fälle von Drittmissbrauch des Zahlungsinstruments Vorzug zu geben.

2. Anwendung der Rechtsscheinvollmacht bei Drittmissbrauch von Zahlungsinstrumenten

Nachdem die (analoge) Anwendbarkeit der Rechtsscheinvollmacht gemäß § 172 ATZR auf den Missbrauch von Zahlungsinstrumenten geklärt wurde, ist deren konkrete Anwendung anhand der einzelnen Zahlungsinstrumente näher zu beleuchten. Soweit die im Rahmen der Leistung an den Quasi-Besitzer einer Forderung zur Diskussion gestellten Fragen und Ansichten für die Rechtsscheinvollmacht relevant sind, lassen sie sich auch entsprechend in die folgende Analyse integrieren.

a) Rechtsschein

aa) Zahlungskarte: Die Diskussion um die Kartendublette

Bezüglich der Rechtsscheinvollmacht (sowie der Leistung an den Quasi-Besitzer einer Forderung) beim Zahlungskartenverfahren konzentriert sich die Diskussion im Schrifttum überwiegend auf die Geeignetheit der Kartendubletten als Rechtsscheinsträger. Bei den Kartendubletten handelt es sich im Wesentlichen um Magnetstreifenkarten, da die auf dem Magnetstreifen der Karten gespeicherten Daten ausgelesen und kopiert werden können, was bei den EMV-Chipkarten

722 Diese Frage ist auch in Japan (vgl. *Qi, Muti*, Law Science 2013/3, S. 92 m. w. N.), wo das Rechtsinstitut der Leistung an den Quasi-Besitzer einer Forderung gesetzlich geregelt wird, umstritten.

723 Im Ergebnis ebenso *Lu, Yen-Pin*, Die Risikoverteilung im bargeldlosen Zahlungsverkehr, S. 88 f.

nicht möglich ist.[724] Bei den Kartentransaktionen lesen die ATM oder das POS-Terminal nur die Kartendaten aus; die Echtheit der Kartendubletten ist deshalb nicht feststellbar, weil sie dieselben Daten wie die Originalkarten gespeichert haben.[725] In der VR China werden die Magnetstreifenkarten bislang noch eingesetzt, was den Missbrauch durch Kartendubletten ermöglicht.[726]

Die Frage, ob die Kartendubletten einen Rechtsschein begründen können, ist umstritten. Eine h. L. hat sich insoweit noch nicht herausgebildet. Einer Ansicht nach kann auch die Kartendublette als Rechtsscheinsträger dienen, weil auch sie mit den auf der Kartendublette gespeicherten Daten das Vertrauen des Zahlungsdienstleisters erwecken dürfe, dass der Besitzer der Kartendublette der Berechtigte sei.[727] Die Gegenansicht stützt sich im Wesentlichen darauf, dass ein Rechtschein deshalb nicht vorliege, weil beim erfolgreichen Einsatz einer Kartendublette der Zahlungsdienstleister seine Prüfungspflicht hinsichtlich der Echtheit der Zahlungskarte verletzt habe.[728] Umgekehrt wird vereinzelt die Kartendublette als Rechtsscheinsträger anerkennt, wenn die Bank die Überprüfungspflicht sorgfältig erfüllt habe.[729] An dieser Argumentation wird zu Recht ausgesetzt, dass sie den Rechtsschein und die Zurechenbarkeit zum Gegenüber vermischt habe.[730]

Im Ergebnis ist der Gegenansicht zuzustimmen. Wenn zum einen die durch die echte Karte gespeicherten Daten leicht von einem unbefugten Dritten auf eine Kartendublette übertragen werden können, zum anderen der Zahlungsdienstleister nicht in der Lage ist, die Kartendublette (etwa durch ATM) auszulesen, wird keine hinreichende Sicherheit im Kartenzahlungsverfahren gewährleistet, weshalb die Kartendubletten nicht als ein hinreichender Rechtsscheinsträger angesehen werden dürfen. Ob den Zahlungsdienstleister dafür ein Verschulden trifft, ist nicht auf der Ebene des Rechtsscheins zu berücksichtigen.

---

724 S. *M. Koch*, Missbrauch von Zahlungsauthentifizierungsinstrumenten, S. 48; *Wang, Chengtang*, The Jurist 2018/5, S. 131.

725 Vgl. *Wang, Chengtang*, The Jurist 2018/5, S. 131.

726 Vgl. als Beispiel dazu Fall 8 (AOVG 2017/12).

727 S. *Wang, Chengtang*, The Jurist 2018/5, S. 134; *Yang, Lixin*/*Wang, Lingfang*, Seeking Truth 2015/1, S. 83; in diese Richtung auch *Qi, Muti*, Law Science 2013/3, S. 90 f.

728 Vgl. *Forschungsgruppe des Zweiten MVG der Stadt Beijing*, Journal of Law Application 2017/3, S. 47; *Hou, Chunlei*, Zivilrechtliche Analyse der Kreditkartentransaktionen, S. 106.

729 Vgl. *Liu, Yu*, Journal of Law Application 2003/1–2, S. 132.

730 Vgl. *Qi, Muti*, Law Science 2013/3, S. 90.

bb) Digital-Banking

Der Rechtsschein im Rahmen des Digital-Bankings wird im Schrifttum nur ausnahmsweise ausdrücklich erörtert. Einer Meinung nach wird im Fall der durch einen Dritten missbräuchlich ausgeführten Überweisung durch Online-Banking ein Rechtsschein angenommen, wenn die Bank nachgewiesen habe, dass das Zahlungssystem des Online-Bankings sicher und zuverlässig sei und die Bank streng nach dem operativen Prozess das Bankzahlungsgeschäft durchgeführt habe.[731] Grundsätzlich geht diese Überlegung in die richtige Richtung, da sie auf die Sicherheit des Systems des Online-Bankings abstellt, um einen Rechtsschein zu begründen. Die schwierigere Aufgabe ist jedoch, die geeigneten Kriterien festzulegen, anhand derer man im konkreten Fall beurteilen kann, ob die Sicherheit des Systems des Online-Bankings ein geeignetes Niveau erreicht, so dass ein Rechtsschein angenommen werden darf. Bisher fehlen solche Kriterien im chinesischen Recht.

cc) Europäische „starke Kundenauthentifizierung" als Vorbild für die künftige Entwicklung

Durch Art. 97 PSD2 und RTS 2018/389 wurde die „starke Kundenauthentifizierung" im bargeldlosen Zahlungsverkehr in Europa eingeführt,[732] was zugleich einen geeigneten Maßstab zur Festlegung des Rechtsscheins im Missbrauchsfall bietet.[733] Dies kann für die künftige Entwicklung des chinesischen Rechts als Vorbild dienen.

Die Kundenauthentifizierung beim Zahlungskartenverfahren und Online-Banking in der chinesischen Bankpraxis ähnelt bereits sehr der Praxis in Deutschland. In beiden Ländern werden insbesondere Zahlungskarte und PIN zur Authentifizierung im Zahlungskartenverfahren (zumindest bei der Debitkarte) verbreitet eingesetzt;[734] im Online-Banking gilt überwiegend das PIN/TAN-Verfahren.[735] Deshalb verfügt die VR China auch über eine geeignete technische und praktische Grundlage in der Bankpraxis, um im Wege der Gesetzgebung Regelungen einzuführen, die mit der starken Kundenauthentifizierung in Europa vergleichbar sind.

---

731 S. *Forschungsgruppe des Zweiten MVG der Stadt Beijing*, Journal of Law Application 2017/3, S. 47.

732 Vgl. dazu ausführlich oben Kap. 1 C. II.

733 Vgl. dazu ausführlich oben Kap. 2 B. III. 1. b) bb).

734 Vgl. oben Kap. 1 B. II. 1 und 2 (Deutschland) und Kap. 3 A. II. 3. a) und b) (China).

735 Vgl. oben Kap. 1 B. III (Deutschland) und oben Kap. 3 A. II. 3. c) (China).

b) *Das gutgläubige und nicht fahrlässige Vertrauen des Zahlungsdienstleisters*

Zur Begründung einer Rechtsscheinvollmacht gemäß § 172 ATZR muss der Zahlungsdienstleister gutgläubig und nicht fahrlässig auf den Rechtsschein vertraut haben.[736] Diesbezüglich konzentriert sich die Diskussion im Schrifttum auf die Überprüfungspflicht der Bank hinsichtlich der Echtheit der Zahlungskarte. Im Ergebnis wird zumeist Fahrlässigkeit der Bank angenommen, weil die Echtheit der Kartendubletten bei den Transaktionen durch ATM oder das POS-System nicht überprüft wurde.[737] Dieser Ansicht ist jedoch entgegenzutreten. Die Überprüfung der Echtheit der Kartendubletten durch ATM oder das POS-Terminal wäre auch dann nicht möglich, wenn die Bank bei der Überprüfung größtmögliche Sorgfalt angewandt hätte, da diese Überprüfung wegen der technischen Natur der Magnetstreifenkarten von Anfang an nicht möglich ist.[738] Infolgedessen stellt die erfolglose Überprüfung keine Fahrlässigkeit der Bank dar.[739] Allerdings kommt im Fall der Kartendubletten die Rechtsscheinvollmacht ohnehin nicht in Betracht, weil hierbei ein hinreichender Rechtsschein nicht vorliegt.[740]

Über die Fälle von Kartendubletten hinaus stellt sich die Frage, nach welchem Kriterium zu bestimmen ist, ob die Bank fahrlässig auf den Rechtsschein im bargeldlosen Zahlungsverkehr vertraut hat. Bezüglich des Maßstabs für die Fahrlässigkeit im Rahmen der allgemeinen Rechtsscheinvollmacht wird vertreten, dass dem Gegenüber grundsätzlich keine allgemeine Prüfungsobliegenheit aufzuerlegen sei.[741] Vielmehr solle man durch eine Gesamtbetrachtung aller Umstände feststellen, ob die Auferlegung einer bestimmten Nachforschungsobliegenheit im Einzelfall dem Gegenüber zumutbar oder angemessen sei.[742] Im Anschluss an diesen allgemeinen Maßstab dürfte man davon ausgehen, dass der Bank auch keine allgemeine Nachforschungspflicht obliegt, wenn sie gutgläubig

---

736 Vgl. oben Kap. 3 C. II. 1. b).

737 Vgl. *Forschungsgruppe des Zweiten MVG der Stadt Beijing*, Journal of Law Application 2017/3, S. 47; *Jin, Yin*, Oriental Law 2015/2, S. 156; *Qi, Muti*, Law Science 2013/3, S. 93 f.; *Yang, Lixin/Wang, Lingfang*, Seeking Truth 2015/1, S. 86 (Annahme einer groben Fahrlässigkeit); a. A. *Xie, Gen*, Zhejiang Social Sciences 2013/2, S. 86.

738 Vgl. oben Kap. 3 C. II. 2. a) aa).

739 Im Ergebnis ebenso *Xie, Gen*, Zhejiang Social Sciences 2013/2, S. 86.

740 Vgl. oben Kap. 3 C. II. 2. a) aa).

741 Vgl. *Wang, Liming*, Untersuchung des ATZR, S. 676; *Yang, Fang*, The Jurist 2017/6, S. 171.

742 Vgl. *Wang, Liming*, Untersuchung des ATZR, S. 676 f.; *Yang, Fang*, The Jurist 2017/6, S. 171 m. w. N.

auf den Rechtsschein im Rahmen eines einzelnen Zahlungsgeschäfts vertraut. Dafür spricht auch der Umstand, dass es sich beim bargeldlosen Zahlungsverkehr regelmäßig um ein Massengeschäft handelt, weshalb die Überprüfung der Echtheit einer bestimmten Zahlung durch die Bank nur einen Ausnahmefall bilden kann. Im Gegensatz dazu ist es der Bank vorzuwerfen, wenn sie trotz des Verdachts eines Missbrauchs keine Nachforschungen anstellt, so dass ihre Fahrlässigkeit in diesen Fällen bejaht werden dürfte.[743]

c) *Zurechenbarkeit zum echten Kunden*

Die Zurechenbarkeit des Rechtsscheins zum echten Kunden im Missbrauchsfall wird im Schrifttum weder im Rahmen der Leistung an den Quasi-Besitzer einer Forderung noch im Rahmen der Rechtsscheinvollmacht ausführlich diskutiert. Vereinzelt wird vertreten, dass ein Rechtsschein dem Kunden zurechenbar sei, wenn er dadurch entstehe, dass der Kunde seine Forderungsurkunde, seinen Personalausweis bzw. die PIN nicht sorgfältig verwahrt habe.[744] Im Gegensatz dazu liege keine Zurechenbarkeit in den Fällen vor, in denen die Daten der Zahlungskarte durch das an der Eingangstür zum Bankselbstbedienungsbereich installierte Lesegerät ausgelesen und sodann zur Herstellung der Kartendublette und zum Missbrauch genutzt werden.[745] Ein anderer Autor versucht, die Fälle des Verschuldens des Kreditkarteninhabers aufzulisten. Demnach verhalte sich der Kreditkarteninhaber grob fahrlässig, wenn er einem anderen die PIN oder die Kreditkarte zur Nutzung überlasse, die PIN auf der Kreditkarte vermerke oder in vergleichbarer Weise handele;[746] eine einfache Fahrlässigkeit liege vor, wenn er die PIN und die Kreditkarte zusammen aufbewahre, eine leicht herauszufindende PIN wie etwa das Geburtsdatum verwende oder in vergleichbarer Weise handele.[747]

Die oben im Schrifttum dargestellten Fälle stimmen im Wesentlichen mit dem Verschuldensprinzip als Maßstab der Zurechenbarkeit des Rechtsscheins überein. Dem ist grundsätzlich zuzustimmen. Da im bargeldlosen Zahlungsverkehr sich der Missbrauch üblicherweise dadurch realisieren lässt, dass der unbefugte Dritte die zur Überprüfung der Identität des echten Kunden dienenden Zahlungskarten bzw. Daten wie etwa PIN oder TAN erlangt und dann zum

---

743 Tendenziell ebenso *Yang, Fang*, The Jurist 2017/6, S. 171.

744 Vgl. *Qi, Muti*, Law Science 2013/3, S. 94.

745 Vgl. *Qi, Muti*, Law Science 2013/3, S. 95.

746 Vgl. *Yang, Lixin*/*Wang, Lingfang*, Seeking Truth 2015/1, S. 86.

747 Vgl. *Yang, Lixin*/*Wang, Lingfang*, Seeking Truth 2015/1, S. 86.

Missbrauch verwendet, sollte die Zurechenbarkeit des Rechtsscheins zum echten Kunden darauf abstellen, dass dieser fahrlässig dem Dritten das Erlangen der Zahlungskarten bzw. geheimen Daten ermöglicht hat. Der echte Kunde handelt fahrlässig, wenn er die Zahlungskarten bzw. geheimen Daten freiwillig preisgibt oder nicht sorgfältig aufbewahrt; er handelt aber grundsätzlich nicht allein deshalb fahrlässig, weil er eine schwache PIN wie etwa das Geburtsdatum ausgewählt hat, es sei denn, dies ist durch Gesetz oder vertragliche Vereinbarung mit der Bank ausdrücklich verboten.

III. Schadensersatzanspruch des Zahlungsdienstleisters

Steht dem Zahlungsdienstleister ein Aufwendungsersatzanspruch gegen den Zahler weder aufgrund von Anweisungen des Zahlers noch aufgrund einer Rechtscheinvollmacht im Missbrauchsfall zu, so entsteht ihm ein Schaden. Da ein Geschäftsbesorgungsvertrag zwischen dem Zahlungsdienstleister und dem Zahler besteht und der Zahler seine Vertragspflichten verletzt haben könnte, kommt ein Schadensersatzanspruch des Zahlungsdienstleisters wegen Vertragsverletzung des Zahlers in Betracht. Dies ist im Folgenden näher zu beleuchten.

1. *Haftung des Zahlers*

Die Ausgangsfrage des Schadensersatzanspruchs des Zahlungsdienstleisters im chinesischen Recht bezieht sich auf die Anspruchsgrundlage. Da eine dem § 675v BGB vergleichbare spezialgesetzliche Regelung im chinesischen Recht fehlt, muss man auf die allgemeinen Vorschriften, die den vertraglichen Schadensersatzanspruch regeln, zurückgreifen. Angesichts der geschäftsbesorgungsrechtlichen Einordnung des Rechtsverhältnisses zwischen dem Zahler und seinem Zahlungsdienstleister sind zunächst die Sonderregelungen des Schadensersatzes beim Geschäftsbesorgungsvertrag zu berücksichtigen.

a) *Schadensersatzpflicht des Zahlers nach geschäftsbesorgungsvertraglicher Regelung: Anwendbarkeit des § 407 VG?*

Angesichts der geschäftsbesorgungsvertraglichen Einordnung der Rechtsbeziehung zwischen dem Zahler als Auftraggeber und seinem Zahlungsdienstleister als Auftragnehmer ist zunächst zu ermitteln, ob eine Sonderregelung des Schadensersatzanspruchs des Auftragnehmers beim Geschäftsbesorgungsvertrag besteht, nach der im Missbrauchsfall der Zahlungsdienstleister den Schadensersatz vom Zahler verlangen kann. Dabei kommt § 407 VG in Betracht, der vorsieht: „Wenn der Auftragnehmer bei der Erledigung des Auftrags aus Gründen, die er nicht zu vertreten hat, einen Schaden erleidet, kann er vom Auftraggeber

Schadensersatz verlangen." Demnach steht dem Auftragnehmer ein Schadensersatzanspruch zu, insofern er bei der Erledigung des Auftrags einen Schaden erleidet und das Entstehen des Schadens nicht zu vertreten hat. Die Besonderheit dieses Schadensersatzanspruchs besteht darin, dass zum einen den Auftragnehmer für den Schaden kein Verschulden treffen darf,[748] zum anderen jedoch auch kein Verschulden seitens des Auftraggebers erforderlich ist.[749] Danach trägt der Auftraggeber das Risiko, dass der Schaden dem Auftragnehmer bei der Erledigung des Auftrags durch Zufall entsteht.[750] Dies lässt sich durch den Gedanken des Ausgleichs von Risiko und Interesse rechtfertigen, da der Auftraggeber von der Geschäftsbesorgung durch den Auftragnehmer profitiert, weshalb er das damit verbundene Risiko auch tragen muss.[751]

Fraglich ist es, ob § 407 VG auch auf die Fälle des Missbrauchs von Zahlungsinstrumenten Anwendung finden kann, so dass dem schuldlosen Zahlungsdienstleister selbst dann ein Schadensersatzanspruch zusteht, wenn der Zahler den Missbrauch nicht zu vertreten hat. Ein solcher Fall ist denkbar, wenn ein Räuber durch Bedrohung des Bankkunden dessen Zahlungskarte sowie PIN erlangt und missbräuchlich verwendet. In einem solchen Fall haben weder der Kunde noch der Zahlungsdienstleister schuldhaft gehandelt. Dem Wortlaut des § 407 VG nach ist nur der Schaden des Auftragnehmers, der *bei der Erledigung des Auftrags* entsteht, ersetzbar; darunter versteht man, dass die Erledigung des Auftrags für das Entstehen des Schadens kausal sein muss.[752] Im Fall des Missbrauchs des Zahlungsinstruments hat der echte Kunde überhaupt keine Anweisung erteilt. Deshalb liegt hier auch kein Auftrag vor, so dass der wegen Drittmissbrauchs entstandene Schaden nicht durch Erledigung des Auftrags des echten Kunden verursacht wird.[753] Für diese Lösung spricht zudem auch

748 Vgl. *Han, Shiyuan*, Contract Law, S. 561; *Hu, Kangsheng* (Hrsg.), Kommentar zum Vertragsgesetz, S. 628; *Wang, Liming*, Untersuchung des Vertragsrechts, Band III, S. 705.

749 S. *Cui, Jianyuan*, Contract Law, S. 657; *Han, Shiyuan*, Contract Law, S. 561; *Jiang, Ping* (Hrsg.), Erläuterung des Vertragsgesetzes, S. 351; *Li, Yongjun/Yi, Jun*, Vertragsrecht, S. 579.

750 Vgl. *Wang, Liming*, Untersuchung des Vertragsrechts, Band III, S. 704 f.

751 Vgl. *Jiang, Ping* (Hrsg.), Erläuterung des Vertragsgesetzes, S. 350; *Wang, Liming*, Untersuchung des Vertragsrechts, Band III, S. 705.

752 S. *Jiang, Ping* (Hrsg.), Erläuterung des Vertragsgesetzes, S. 351; *Wang, Liming*, Untersuchung des Vertragsrechts, Band III, S. 705.

753 Ähnlich auch in Taiwan, *Lu, Yen-Pin*, Die Risikoverteilung im bargeldlosen Zahlungsverkehr, S. 194 f.

die systematische Auslegung. Denn gemäß §§ 398 S. 2 i. V. m. 399 S. 1 VG steht ohne Anweisung des echten Kunden dem Zahlungsdienstleister kein Aufwendungsersatzanspruch zu.[754] Diese Regelung könnte durch eine Anwendung des § 407 VG, nach welchem der echte Kunde für den Missbrauch verschuldensunabhängig haften würde, umgegangen werden.[755] Schließlich profitiert der echte Kunde überhaupt nicht vom Missbrauch durch den unbefugten Dritten, was mit dem Gedanken des Ausgleichs von Risiko und Interesse, auf welchem § 407 VG beruht, nicht im Einklang steht.[756] Infolgedessen ist § 407 VG im Fall des Missbrauchs des Zahlungsinstruments nicht anwendbar.

b) Schadensersatzpflicht wegen Vertragsverletzung nach allgemeinen Regeln

Da, wie soeben gesehen, die Sonderregelung des Schadensersatzanspruchs des Auftragnehmers gemäß § 407 VG nicht auf den Fall des Missbrauchs eines Zahlungsinstruments anwendbar ist, greift die allgemeine Regelung des Schadensersatzanspruchs wegen Vertragsverletzung. Vor einer in Einzelheiten gehenden Erörterung des Schadensersatzanspruchs des Zahlungsdienstleisters ist es hilfreich, sich zunächst einen Überblick über den Schadensersatzanspruch wegen Vertragsverletzung im chinesischen Vertragsgesetz zu verschaffen.

aa) Die Grundlage der Schadensersatzpflicht wegen Vertragsverletzung im Vertragsgesetz

Der allgemeine Schadensersatzanspruch wegen Vertragsverletzung wird durch § 107 VG geregelt, der formuliert: „Wenn eine Partei Vertragspflichten nicht oder nicht gemäß den Vereinbarungen erfüllt, haftet sie wegen der Vertragsverletzung darauf, weiter zu erfüllen, Maßnahmen zur Abhilfe zu ergreifen oder den Schaden zu ersetzen." Dem Wortlaut des § 107 VG nach ist es klar, dass der Schadensersatzanspruch wegen Vertragsverletzung kein Verschulden voraussetzt.

---

754 Vgl. oben Kap. 3 C. I. 2.

755 Ähnlich auch in Taiwan, *Lu, Yen-Pin*, Die Risikoverteilung im bargeldlosen Zahlungsverkehr, S. 195.

756 Im Anschluss an das österreichische Recht argumentiert *Lu, Yen-Pin* (Die Risikoverteilung im bargeldlosen Zahlungsverkehr, S. 195 f.) im Rahmen des Rechts Taiwans, dass die verschuldensunabhängige Haftung des Auftraggebers nur dann Anwendung finde, wenn er ein „überzeugendes Interesse" am Auftrag habe, was jedoch bei der Anwendung des Zahlungsinstruments nicht vorliege, da sowohl der Zahler als auch der Zahlungsdienstleister davon profitiert haben.

Im Anschluss daran geht die h. M. davon aus, dass der Schadensersatzanspruch wegen Vertragsverletzung im chinesischen Recht im Prinzip verschuldensunabhängig ist.[757] Zudem stützt sich die h. M. auch auf die Gesetzgebungsgeschichte des § 107 VG, welche zeigt, dass der im Gesetzgebungsverfahren gemachte Vorschlag zur Einführung des Verschuldensprinzips für den Schadensersatzanspruch wegen Vertragsverletzung vom Gesetzgeber nicht angenommen wurde.[758] Schließlich wird auch das rechtsvergleichende Argument vorgebracht, dass das chinesische Vertragsgesetz sich an die internationalen einheitlichen Regelwerke wie etwa CISG[759], PICC[760] und PECL[761] angelehnt hat, die ebenfalls von einem verschuldensunabhängigen Schadensersatzanspruch ausgehen.[762]

Zugleich wird jedoch auch verbreitet anerkannt, dass in bestimmten Fällen vom Prinzip der Verschuldensunabhängigkeit des Schadensersatzanspruchs wegen Vertragsverletzung abzuweichen ist. Zum einen sieht das Vertragsgesetz auch ausdrücklich verschuldensabhängige Schadensersatzansprüche vor. Beispiele dafür sind etwa die *culpa in contrahendo* gemäß § 42 VG[763] und der

757 Vgl. *Cui, Jianyuan*, Contract Law, S. 338; *Han, Shiyuan*, The Law of Contract, S. 748; *Liang, Huixing*, in: ders. (Hrsg.): Civil and Commercial Law Review, Vol. 8, S. 1 ff.; *Wang, Liming*, Untersuchung des Vertragsrechts, Band II, S. 434 f.; a. A. *Liu, Kaixiang*, Vertragsrecht, S. 408 f.; *Zhu, Guangxin*, Study on General Principles of Contract Law, Band II, S. 669 f.; deutschsprachig *Hu, Jian*, Haftung für Erfüllungsgehilfen, S. 104 ff.; *Li, Yunyang*, Rücksichtnahmepflichten, S. 118 f. jeweils m. w. N.

758 Vgl. nur *Liang, Huixing*, in: ders. (Hrsg.): Civil and Commercial Law Review, Vol. 8, S. 1 ff. Deutschsprachige Literatur: *Hu, Jian*, Haftung für Erfüllungsgehilfen, S. 105 ff.; *Li, Yunyang*, Rücksichtnahmepflichten, S. 118.

759 Vgl. Art. 45 Abs. 1 lit. b CISG, der den verschuldensunabhängigen Schadensersatzanspruch des Käufers regelt (Schlechtriem/Schwenzer/Schroeter/*Müller-Chen*, CISG Art. 45 Rn. 23 m. w. N.) und Art. 61 Abs. 1 lit. b CISG, der den verschuldensunabhängigen Schadensersatzanspruch des Verkäufers regelt (Schlechtriem/Schwenzer/Schroeter/*Mohs*, CISG Art. 61 Rn. 5 m. w. N.).

760 Vgl. Art. 7.4.1 PICC, der den verschuldensunabhängigen Schadensersatzanspruch des Gläubigers regelt (*UNIDROIT*, Art. 7.4.1 PICC 2016, S. 270).

761 Vgl. Art. 9:501 (1) PECL, der den verschuldensunabhängigen Schadensersatzanspruch des Gläubigers regelt (Jansen/Zimmermann/*Zimmermann*, Art. 9:501 (1) Rn. 1 ff.).

762 Vgl. *Han, Shiyuan*, The Performance Interest in Chinese Contract Law: Monetary Awards, in: Chen-Wishart/Loke/Ong (Hrsg.): Studies in the Contract Laws of Asia: Remedies for Breach of Contract, S. 41; *Hu, Jian*, Haftung für Erfüllungsgehilfen, S. 107 f.; *Li, Yunyang*, Rücksichtnahmepflichten, S. 118 f.; *Liang, Huixing*, in: ders. (Hrsg.): Civil and Commercial Law Review, Vol. 8, S. 4 f.

763 Dazu ausführlich *Li, Yunyang*, Rücksichtnahmepflichten, S. 43 ff.

Schadensersatzanspruch des Auftraggebers gemäß § 406 Abs. 1 VG, wobei beim entgeltlichen Geschäftsbesorgungsvertrag das Verschulden des Auftragnehmers und beim unentgeltlichen Vorsatz oder grobe Fahrlässigkeit vorausgesetzt werden.[764] Zum anderen ist nach einer verbreiteten Auffassung im Schrifttum das Verschuldenselement oft erforderlich, wenn es sich bei der Vertragsverletzung um nicht leistungsbezogene Nebenpflichten[765] oder verhaltens- statt erfolgsbezogener Vertragspflichten[766] handelt.

Aus der obigen Darstellung lässt sich die Schlussfolgerung ziehen, dass das chinesische Vertragsrecht zwar im Prinzip vom verschuldensunabhängigen Schadensersatzanspruch wegen Vertragsverletzung ausgeht, den verschuldensabhängigen Schadensersatzanspruch aber auch kennt.[767]

bb) Die Schadensersatzpflicht des Zahlers im Besonderen

Für die Schadensersatzpflicht des Zahlers im Missbrauchsfall ist zunächst das Vorliegen der Vertragspflichtverletzung des Zahlers festzustellen. Ob hierbei das Verschulden des Zahlers erforderlich ist, kommt auf die Rechtsnatur der verletzten Vertragspflichten an. In diesem Zusammenhang stellt sich die Vorfrage, welche Vertragspflichten den Zahler überhaupt treffen, deren Verletzung zum Missbrauch des Zahlungsinstruments führen könnte.

c) Vertragspflichtverletzung und Verschulden des Zahlers in der Praxis

In der Praxis sind die Vertragspflichten des Zahlers in der Regel in den AGB der Banken ausdrücklich niedergelegt. Für die Debitkarte fordert die Bank üblicherweise in den Sonderbedingungen der Debitkarten, dass der Kunde sowohl die Debitkarte als auch ihre PIN zweckmäßig aufbewahren soll.[768] Für die Kreditkarte

---

764 Vgl. *Wang, Liming*, Untersuchung des Vertragsrechts, Band III, S. 709 f. Gemäß § 406 Abs. 2 VG haftet der Auftragnehmer jedoch verschuldensunabhängig, wenn er seine Vollmacht überschreitet, vgl. *Cui, Jianyuan*, Contract Law, S. 655.

765 Dazu ausführlich *Li, Yunyang*, Rücksichtnahmepflichten, S. 96 ff., insbesondere S. 123 ff.

766 Vgl. *Hu, Jian*, Haftung für Erfüllungsgehilfen, S. 124 ff.; *Li, Yunyang*, Rücksichtnahmepflichten, S. 123 f.; *Zhu, Guangxin*, Tribune of Political Science and Law 2008/4, S. 88; *ders.*, Study on General Principles of Contract Law, Band II, S. 669 f.

767 So auch *Han, Shiyuan*, The Law of Contract, S. 748; *Wang, Hongliang*, The General Theory of Obligation Law, S. 222 ff.; *Wang, Liming*, Untersuchung des Vertragsrechts, Band II, S. 437.

768 Für ein AGB-Beispiel vgl. § 7 Abs. 2 der Bedingungen für die Debitkarte der Industrial and Commercial Bank of China (Fassung vom 18.06.2012) (《中国工商银行借记卡章程》2012年6月18日版).

wird eine ähnliche Sorgfaltspflicht des Kunden in den Sonderbedingungen der Kreditkarten bestimmt, so dass der Kunde zur zweckmäßigen Aufbewahrung der Kreditkarte, der PIN sowie der anderen Authentifizierungsmittel verpflichtet ist.[769] Die Pflicht zur zweckmäßigen Aufbewahrung der Authentifizierungsmittel des Digital-Bankings legt die Bank ebenfalls in den Sonderbedingungen des Digital-Bankings fest.[770] Da im bargeldlosen Zahlungsverkehr die Identität des echten Kunden meistens mithilfe verschiedener Authentifizierungsmittel wie etwa der Zahlungskarte und PIN beim Zahlungskartenverfahren und des PIN/TAN-Verfahrens beim Digital-Banking-Verfahren feststellt wird,[771] ist es nicht erstaunlich, dass die AGB der Banken üblicherweise die Sorgfaltspflicht des Kunden zum Schutz der Authentifizierungsmittel vorsehen. Dem Wortlaut der „zweckmäßigen Aufbewahrung" (妥善保管) ist zu entnehmen, dass es sich bei dieser Sorgfaltspflicht lediglich um eine verhaltensbezogene Pflicht handelt, so dass die Schadensersatzpflicht des Kunden wegen Verletzung dieser Sorgfaltspflicht zusätzlich sein Verschulden voraussetzt. Dafür spricht zudem die ständige Auslegung der „zweckmäßigen Aufbewahrung" bei den anderen Vertragstypen im Vertragsgesetz, wonach es sich bei der Verletzung dieser Pflicht um eine verschuldensabhängige Haftung handelt.[772] Eine solche verschuldensabhängige Haftung wird z. B. angenommen, wenn der Mieter aufgrund nicht zweckmäßiger Aufbewahrung der Mietsachen gemäß § 222 VG[773] bzw. der Verwahrer beim entgeltlichen Verwahrungsvertrag wegen nicht zweckmäßiger Aufbewahrung der zu verwahrenden Sache gemäß § 374 Alt. 1 VG[774] zum Schadensersatz verpflichtet ist. Infolgedessen ist auch bei der nicht zweckmäßigen Aufbewahrung der Authentifizierungsmittel von einer verschuldensabhängigen Schadensersatzpflicht des Kunden auszugehen.

Darüber hinaus wird eine mit § 675l Abs. 1 S. 2 BGB vergleichbare *Verlustmeldungspflicht* des Kunden ebenfalls üblicherweise in den AGB der Banken

769 Für ein AGB-Beispiel vgl. § 11 Abs. 3 S. 2 und 3 der Bedingungen für die Päonien-Kreditkarte der Industrial and Commercial Bank of China (Fassung vom 01.01.2017) (《中国工商银行牡丹信用卡章程》2017年1月1日版).

770 Für ein AGB-Beispiel vgl. § 13 Abs. 1 der Bedingungen für das Online-Banking der Aktiengesellschaft der Bank of China (《中国银行股份有限公司电子银行章程》).

771 Vgl. oben Kap. 3 A. II. 3.

772 Vgl. *Li, Yunyang*, Rücksichtnahmepflichten, S. 125 m. w. N.

773 Vgl. *Han, Shiyuan*, Contract Law, S. 453; *Hu, Jian*, Haftung für Erfüllungsgehilfen, S. 120 m. w. N.; *Wang, Liming*, Untersuchung des Vertragsrechts, Band III, S. 319.

774 Vgl. *Han, Shiyuan*, Contract Law, S. 545; *Hu, Jian*, Haftung für Erfüllungsgehilfen, S. 120 ff. m. w. N.; *Hu, Kangsheng* (Hrsg.), Kommentar zum Vertragsgesetz, S. 592.

geregelt. Demnach ist der Kunde verpflichtet, den Verlust oder den Diebstahl der Zahlungskarte unverzüglich anzuzeigen.[775] Die Verlustmeldungspflicht gilt auch für das Digital-Banking, wenn der Kunde vom Drittmissbrauch, vom Verlust der Vertraulichkeit der PIN oder von den anderen Verdachtsfällen Kenntnis erlangt hat.[776] Die Verlustmeldung kann entweder vorläufig oder dauerhaft sein. Eine vorläufige Verlustmeldung ist regelmäßig nur für einen beschränkten Zeitraum von etwa fünf[777] oder fünfzehn[778] Tagen gültig. Mit einer dauerhaften Verlustmeldung wird das Zahlungskonto dauerhaft gesperrt.[779] Ob bei der Verletzung der Verlustmeldungspflicht eine verschuldensabhängige oder -unabhängige Haftung greift, ist für die Haftungsverteilung häufig ohne Belang, denn der Kunde hat zumindest fahrlässig gehandelt, wenn er trotz Kenntnis keine Verlustmeldung erstellt, so dass er ohnehin für den daraus entstandenen Schaden haftet.

2. Minderung der Haftung des Zahlers

a) Mitverschulden im Allgemeinen

Ist eine Partei wegen Vertragsverletzung zum Schadensersatz verpflichtet, dann muss sie den gesamten durch ihre Vertragsverletzung verursachten Schaden einschließlich des nach Vertragserfüllung zu erlangenden Gewinns ersetzen,

775 § 15 S. 1 der Bedingungen für die Große Mauer-Debitkarte der Aktiengesellschaft der Bank of China (Fassung von 2017) (《中国银行股份有限公司长城借记卡章程》2017年版); § 20 Abs. 3 S. 1 der Bedingungen für die Kreditkarte der Aktiengesellschaft der Bank of China (Fassung von 2017) (《中国银行股份有限公司信用卡章程》2017年版).

776 § 13 Nr. 8 der Bedingungen für das Online-Banking der Industrial and Commercial Bank of China (Fassung vom 15.09.2016) (《中国工商银行电子银行章程》2006年9月15日版); § 16 Nr. 8 der Bedingungen für das Online-Banking der Aktiengesellschaft der Bank of China (《中国银行股份有限公司电子银行章程》).

777 § 15 S. 4 der Bedingungen für die Große Mauer-Debitkarte der Aktiengesellschaft der Bank of China (Fassung von 2017) (《中国银行股份有限公司长城借记卡章程》2017年版); § 6 Abs. 1 der Emissionsvereinbarung der Drache-Debitkarte der China Construction Bank (Fassung 2018) (《中国建设银行龙卡借记卡领用协议》2018年版).

778 § 16 Abs. 2 S. 1 der Bedingungen für das Online-Banking der Industrial and Commercial Bank of China (Fassung vom 15.09.2016) (《中国工商银行电子银行章程》2016年9月15日版).

779 § 6 Abs. 1 S. 2 HS 2 der Emissionsvereinbarung der Drache-Debitkarte der China Construction Bank (Fassung von 2018) (中国建设银行龙卡借记卡领用协议2018年版).

soweit dies den Schaden nicht überschreitet, den diese Partei bei Errichtung des Vertrags als mögliche Folge einer Vertragsverletzung vorhergesehen hat oder vorhersehen musste (§ 113 Abs. 1 VG). Im Kontext des Missbrauchs des Zahlungsinstruments bezieht sich der dem Zahlungsdienstleister entstandene Schaden im Wesentlichen auf den Zahlungsbetrag, was für den Zahler in der Regel vorhersehbar ist.

Der Schadensersatz des Schädigers wegen Vertragsverletzung kann jedoch in den Fällen gemindert werden, in denen der Geschädigte bei der Entstehung des Schadens schuldhaft mitgewirkt hat (Mitverschulden).[780] Dies wird ausdrücklich durch das OVG in § 30 der Erläuterungen des Obersten Volksgerichts zu Fragen der Rechtsanwendung bei der Behandlung von Streitfällen zu Kaufverträgen a. F.[781] vorgesehen. Diese für den Kaufvertrag geltende Regel ist gemäß § 174 VG[782] auch für andere entgeltliche Verträge entsprechend anwendbar.[783] Zudem wird auch die Ansicht vertreten, dass dem § 120 VG[784] eine allgemeine Regelung des Mitverschuldens, die für verschiedene Vertragstypen gilt, zu entnehmen ist.[785] Für den Zweck der vorliegenden Arbeit ist nicht näher auf die

780 Vgl. *Han, Shiyuan*, The Law of Contract, S. 797 ff.; *Wang, Liming*, Untersuchung des Vertragsrechts, Band II, S. 677 ff.; *Zhu, Guangxin*, Study on General Principles of Contract Law, Band II, S. 720 ff.

781 Die Erläuterungen des Obersten Volksgerichts zu Fragen der Rechtsanwendung bei der Behandlung von Streitfällen zu Kaufverträgen a. F. wurden am 10. Mai 2012 bekannt gemacht und werden seit dem 1. Juli 2012 angewendet (deutsche Übersetzung von *Pißler*, ZChinR 2014, 373 ff.). § 30 sieht vor: „Verursacht eine Partei eines Kaufvertrags der anderen Partei durch Vertragsverletzung einen Schaden, [und] hat die andere Partei auch den Eintritt des Schadens verschuldet, muss das Volksgericht unterstützten, wenn die vertragsverletzende Partei einen Abzug von oder eine Minderung der entsprechenden Schadenersatzsumme geltend macht."

782 § 174 VG sieht vor: „Soweit die Gesetze Vorschriften für andere Verträge [über Leistungen] gegen Entgelt enthalten, gelten diese Vorschriften, soweit es keine solchen Vorschriften gibt, werden die Vorschriften zum Kaufvertrag entsprechend angewandt."

783 Urteil des OVG am 03.07.2017 (武汉农村商业银行股份有限公司积玉桥支行诉徐州市顺凯商贸有限公司储蓄存款合同纠纷再审案，最高人民法院民事判决书(2016)最高法民再231号).

784 § 120 VG sieht vor: „Wenn beide Seiten den Vertrag verletzen, haftet jeder seiner Verletzung entsprechend."

785 So *Wang, Hongliang*, The General Theory of Obligation Law, S. 417 f.; *Zhu, Guangxin*, Study on General Principles of Contract Law, Band II, S. 723 f.; tendenziell auch *Han, Shiyuan*, The Law of Contract, S. 808.

gesetzliche Grundlage des Mitverschuldens einzugehen, da im Ergebnis das Mitverschulden grundsätzlich allgemein anerkannt wird.[786]

b) Mitverschulden des Zahlungsdienstleisters in der Praxis

Dem Wortlaut der gesetzlichen Regelung[787] sowie der h. L.[788] nach setzt das Mitverschulden zum einen das Verschulden des Geschädigten und zum anderen die Mitverursachung des Schadens durch den Geschädigten voraus. Vereinzelt wird auch eine Obliegenheitsverletzung des Geschädigten als eine Voraussetzung des Mitverschuldens verlangt.[789] Dem ist zuzustimmen.[790]

Im Kontext des Drittmissbrauchs des Zahlungsinstruments stellt sich die Frage, in welchen Fällen ein Mitverschulden des Zahlungsdienstleisters angenommen werden kann. Da die Mitverursachung des Schadens durch das Verhalten des Zahlungsdienstleisters meistens leicht festzustellen ist, kommt es beim Mitverschulden häufig darauf an, welche Obliegenheiten den Zahlungsdienstleister treffen und ob er sie schuldhaft verletzt hat. Sowohl die oben dargestellten „typischen Fälle" im AOVG[791] als auch das Schrifttum[792] gehen jedoch in eine andere Richtung, nämlich dass der Kunde als Geschädigter angesehen wird;[793] infolgedessen beschäftigt man sich mit der Frage, ob und in welchen Fällen die

---

786 Eine für alle Vertragstypen anwendbare allgemeine Reglung über das Mitverschulden wird in § 592 Abs. 2 des Zivilgesetzbuchs der VR China vorgesehen, der lautet: „Verursacht eine Partei der anderen Partei durch Vertragsverletzung einen Schaden, [und] hat die andere Partei [auch] den Eintritt des Schadens verschuldet, kann die Schadenersatzsumme entsprechend gemindert werden."

787 Gemäß § 30 der Erläuterungen des Obersten Volksgerichts zu Fragen der Rechtsanwendung bei der Behandlung von Streitfällen zu Kaufverträgen setzt das Mitverschulden voraus, dass der Geschädigte „auch den Eintritt des Schadens verschuldet" hat.

788 Vgl. *Cui, Jianyuan*, Contract Law, S. 378 f.; *Han, Shiyuan*, The Law of Contract, S. 800 ff.; *Wang, Liming*, Untersuchung des Vertragsrechts, Band II, S. 679.

789 Vgl. *Wang, Hongliang*, The General Theory of Obligation Law, S. 419; *Zhang, Gu*, Archiv für chinesisch-deutsches Privatrecht Vol. 4 (2008), S. 43.

790 Mithilfe der Obliegenheitsverletzung kann man den „Verantwortungsbereich des Geschädigten" exakter bestimmen, vgl. *Zhang, Gu*, Archiv für chinesisch-deutsches Privatrecht Vol. 4 (2008), S. 45 f.; für die Erforderlichkeit der Obliegenheitsverletzung im deutschen Recht vgl. *Looschelders*, Schuldrecht AT, § 50 Rn. 13.

791 Vgl. oben Kap. 3 B. I.

792 Vgl. *Feng, Hui*, Journal of Social Sciences 2016/2, S. 92; *Forschungsgruppe des Zweiten MVG der Stadt Beijing*, Journal of Law Application 2017/3, S. 46; *Peng, Bing*, Journal of Social Sciences 2013/11, S. 90.

793 Vgl. oben Kap. 3 C. I. 4. a).

Bank ihre Pflichten verletzt hat, so dass der Schadensersatzanspruch des Kunden gegen die Bank begründet werden kann. Diese Diskussion über die Pflichtverletzung der Bank kann man auch im vorliegenden Zusammenhang für die Feststellung der Obliegenheitsverletzung der Bank fruchtbar machen, wenn man durch einen Perspektivenwechsel aus der Sicht des Schadensersatzanspruchs der Bank gegen den Kunden denkt, wobei der Sorgfaltsverstoß der Bank zu ihrem Mitverschulden und sodann zur Kürzung ihres Schadensersatzanspruchs führen kann.

In der Rechtsprechung wird das Verschulden der Bank in der Regel angenommen, wenn sie die Kartendubletten nicht erfolgreich prüft.[794] Über die zur Überprüfung der Kartendubletten erforderlichen technischen Mittel verfüge eher die Bank als kartenherausgebendes Institut als der Kunde, deshalb solle die Bank für ihren technischen Fehler verantwortlich sein, wenn die Echtheit der Zahlungskarten nicht überprüfbar sei.[795] Zudem handelt die Bank auch schuldhaft, wenn sie die Sicherheit und die Vertraulichkeit ihres Geschäftsraums nicht gewährleistet, so dass technische Manipulationen an den ATM wie etwa Skimming[796] oder der Diebstahl der Zahlungskarte[797] in ihrem Geschäftsraum erfolgen und zum Missbrauch des Zahlungsinstruments führen.

In der Praxis tauchen nicht selten Fälle auf, in denen die Online-Banking-Funktion ohne Zustimmung des Kunden von einem Angestellten der Bank aktiviert und das USB-Key-Gerät dem Kunden nicht übergeben wird.[798] In diesen Fällen wird das Verschulden der Bank im Wesentlichen deshalb angenommen, weil sie den Arbeitsprozess und die Vorgaben zum ordentlichen Geschäftsbetrieb nicht eingehalten habe; aufseiten des Kunden wird grundsätzlich kein Verschulden angenommen.[799] In einem ähnlichen Fall hatte der Bankangestellte, obwohl der Kunde die Online-Banking-Funktion beantragt hatte, weder das USB-Key-Gerät an ihn übergeben, noch hatte der Kunde aktiv nach diesem Gerät gefragt.[800] Der Auffassung des OVG nach ist die Bank für den dadurch erfolgten Missbrauch überwiegend verantwortlich und trägt 99% des daraus entstandenen Schadens, weil die Bank wegen ihrer offensichtlichen und beherrschenden Stellung die maximale Sorgfalts- und Risikohinweispflicht zu erfüllen

794 Vgl. Fall 8 (AOVG 2017/12), dahingehend auch Fall 2 (AOVG 2005/4) und Fall 4 (AOVG 2009/2).
795 Vgl. Fall 8 (AOVG 2017/12).
796 Vgl. Fall 2 (AOVG 2005/4) und Fall 4 (AOVG 2009/2).
797 Vgl. Fall 3 (AOVG 2006/2).
798 Vgl. Fall 6 (AOVG 2015/3) und Fall 7 (AOVG 2017/8).
799 Vgl. Fall 6 (AOVG 2015/3) und Fall 7 (AOVG 2017/8).
800 Vgl. Fall 7 (AOVG 2017/8).

hat, während der Kunde wegen Verletzung der angemessenen Sorgfaltspflicht 1% des Schadens trägt.[801]

3. *Ausschluss der Haftung des Zahlers*

Wie oben bereits dargestellt, ist der Kunde nach den AGB der Banken regelmäßig zur Verlustmeldung verpflichtet, wenn die Zahlungskarte verloren gegangen oder gestohlen wird oder er beim Digital-Banking vom Drittmissbrauch, vom Verlust der Vertraulichkeit der PIN oder von den anderen Verdachtsfällen Kenntnis erlangt hat.[802] Nach den AGB der Banken tritt eine haftungsausschließende Wirkung mit der erfolgreichen Verlustmeldung[803] ein, so dass der Kunde für die nach der Verlustmeldung ausgeführten Transaktionen nicht haftet.[804] Vereinzelt wird dieser Haftungsausschlussgrund durch die AGB der Banken klar ausgeschlossen, wenn der Kunde kollusiv, in betrügerischer Absicht oder gegen Treu und Glauben handelt oder die Mitwirkung zur Ermittlung des Missbrauchs verweigert.[805] Diese durch die AGB der Banken geschaffene Rechtslage ist im Wesentlichen mit § 675v Abs. 5 S. 1 und 3 BGB vergleichbar.

---

801 Vgl. Fall 7 (AOVG 2017/8).

802 Vgl. oben Kap. 3 C. III. 1 c.

803 Früher trat diese haftungsausschließende Wirkung erst nach 24 Stunden des Tages, der auf den Tag der Verlustmeldung folgt, ein, vgl. Fall 1 (AOVG 2001/5).

804 So ausdrücklich § 20 Abs. 3 S. 2 der Bedingungen für die Kreditkarte der Aktiengesellschaft der Bank of China (Fassung von 2017) (《中国银行股份有限公司信用卡章程》2017年版); § 6 Abs. 2 S. 2 der Emissionsvereinbarung der Drache-Debitkarte der China Construction Bank (Fassung 2018) (《中国建设银行龙卡借记卡领用协议》2018年版). Häufig folgt dies aus einem Umkehrschluss der AGB-Klausel der Banken, nach der der Kunde nur für die Transaktionen haftet, die vor der Verlustmeldung oder nach deren Gültigkeitszeitraum erfolgen, vgl. § 15 S. 5 der Bedingungen für die Große Mauer-Debitkarte der Aktiengesellschaft der Bank of China (Fassung von 2017) (《中国银行股份有限公司长城借记卡章程》2017年版); § 16 Abs. 2 S. 2 der Bedingungen für das Online-Banking der Industrial and Commercial Bank of China (Fassung vom 15.09.2016) (《中国工商银行电子银行章程》2016年9月15日版).

805 Vgl. § 20 Abs. 3 S. 3 der Bedingungen für die Kreditkarte der Aktiengesellschaft der Bank of China (Fassung von 2017) (《中国银行股份有限公司信用卡章程》2017年版); § 6 Abs. 5 Nr. 2 und 3 der Emissionsvereinbarung der Drache-Debitkarte der China Construction Bank (Fassung 2018) (《中国建设银行龙卡借记卡领用协议》2018年版).

IV. Exkurs: Risikoabwälzung durch Legitimationsabreden[806] in den AGB der Banken

In der Praxis wird die oben dargestellte gesetzliche Rechtslage der Risikoverteilung bei Drittmissbrauch nicht selten durch die AGB der Banken modifiziert, wobei unter anderem die Legitimationsabreden von besonderer Bedeutung sind. Da die Legitimationsabreden sich in aller Regel als AGB-Klauseln (§ 39 Abs. 2 VG) darstellen, unterliegen sie der Inhaltskontrolle der AGB. Im Folgenden ist zunächst die Bedeutung der Legitimationsabreden zu beleuchten, um die Grundlage zur Erörterung der Inhaltskontrolle dieser Klauseln zu legen.

1. Bedeutung der Legitimationsabreden

Unter Legitimationsabreden versteht man diejenigen Klauseln in den AGB der Banken, nach denen die unter Verwendung der PIN vorgenommenen Transaktionen als vom Kunden selbst vorgenommen gelten. Eine typische Formulierung solcher Abreden ist: „Alle Transaktionen, die unter Verwendung der PIN vorgenommen werden, gelten gegenüber der kartenausgebenden Bank als vom Karteninhaber selbst vorgenommen.“[807] Dieser Klausel nach gilt eine Zahlung immer als vom Kunden angewiesen, solange eine PIN eingesetzt wird, unabhängig davon, ob die Zahlungsanweisung tatsächlich vom Kunden oder von einem unbefugten Dritten missbräuchlich erteilt wird. Die Legitimationsabreden zielen mithin darauf ab, die Verwendung der PIN der Anweisung oder Autorisierung des Kunden gleichzustellen.[808] Auf dieser Weise steht der Bank bei Verwendung der PIN selbst dann ein Aufwendungsersatzanspruch zu, wenn die PIN vom unbefugten Dritten missbräuchlich verwendet wird. Das Missbrauchsrisiko wird mithin auf den Kunden verlagert.

Im Schrifttum wird vereinzelt die Auffassung vertreten, dass die Legitimationsabreden als widerlegbare Vermutung auszulegen sind.[809] Als Ausgangspunkt

---

806 Diesen Terminus verwendet *Emmenegger*, in: dies. (Hrsg.), Zahlungsverkehr, S. 87, 100 im Rahmen des schweizerischen Rechts.

807 Fall 8 (AOVG 2017/12); vgl. auch § 17 S. 1 der Bedingungen für die Große Mauer-Debitkarte der Aktiengesellschaft der Bank of China (Fassung von 2017) (《中国银行股份有限公司长城借记卡章程》2017年版); § 15 Abs. 1 S. 1 der Bedingungen für die Kreditkarte der Aktiengesellschaft der Bank of China (Fassung von 2017) (《中国银行股份有限公司信用卡章程》2017年版); *Jin*, *Yin*, Oriental Law 2015/2, S. 151 m. w. N.

808 Vgl. *Jin*, *Yin*, Oriental Law 2015/2, S. 153.

809 Vgl. *Jin*, *Yin*, Oriental Law 2015/2, S. 153.

gesteht diese Auffassung zu, dass sowohl der klare Wortlaut „*gelten*“ in den Legitimationsabreden als auch der Wille des AGB-Verwenders für eine *unwiderlegbare* Vermutung sprechen.[810] Gestützt auf § 41 S. 2 VG[811], wonach Mehrdeutigkeiten zum Nachteil des AGB-Verwenders gehen, streitet sie allerdings für die Möglichkeit, Legitimationsabreden als widerlegbare Vermutung anzusehen, so dass der Kunde die Beweislast dafür trägt, dass die Transaktionen trotz Verwendung der PIN nicht von ihm autorisiert wurden.[812] Dieser Ansicht ist nicht zuzustimmen. Die Anwendbarkeit des § 41 S. 2 VG setzt voraus, dass die AGB-Klauseln mehrdeutig sind und deshalb einer Auslegung bedürfen. Bei den Legitimationsabreden ist das zweifellos nicht der Fall – das teilt auch die hier besprochene Auffassung, weshalb § 41 S. 2 VG überhaupt nicht anwendbar ist. Zudem widerspricht diese Auffassung auch § 41 S. 1 VG, wonach die AGB-Klauseln im allgemein üblichen Sinne auszulegen sind.

2. *Inhaltskontrolle der Legitimationsabreden*

a) *Inhaltskontrolle der AGB im Allgemeinen*

Gemäß § 39 Abs. 2 VG sind AGB die Klauseln, die von der Partei zur wiederholten Verwendung entworfen und nicht bei der Errichtung des Vertrags mit der anderen Seite ausgehandelt werden. Bei Einbeziehung der AGB ist der AGB-Verwender gemäß § 39 Abs. 1 HS 2 VG verpflichtet, auf Klauseln, welche die Haftung des AGB-Verwenders ausschließen oder einschränken, in angemessener Weise hinzuweisen und auf Verlangen der anderen Seite diese Klauseln zu erklären.[813]

---

810 Vgl. *Jin*, *Yin*, Oriental Law 2015/2, S. 153.

811 § 41 VG: „Allgemeine Geschäftsbedingungen müssen bei Streitigkeiten über ihre Auslegung im allgemein üblichen Sinne ausgelegt werden. Wenn mehrere Auslegungen möglich sind, müssen sie in dem Sinn ausgelegt werden, der für die Seite, die sie gestellt hat, nicht von Vorteil ist. Wenn allgemeine Geschäftsbedingungen mit Klauseln im Widerspruch stehen, die keine allgemeinen Geschäftsbedingungen sind, gelten die Klauseln, die keine allgemeinen Geschäftsbedingungen sind.“

812 Vgl. *Jin*, *Yin*, Oriental Law 2015/2, S. 153.

813 § 39 VG regelt nicht die Rechtsfolgen bei einem Verstoß gegen die Hinweis- und Erklärungspflicht. Das OVG sieht sie als anfechtbar (§ 9 der Erläuterungen des Obersten Volksgerichts zu einigen Fragen des Vertragsgesetzes der Volksrepublik China (Teil 2), deutsche Übersetzung von *Pißler*, ZChinR 2009, 288 ff.) an. § 496 Abs. 2 S. 2 des Zivilgesetzbuchs der VR China sieht jedoch ausdrücklich vor, dass bei Verstoß gegen die Hinweis- und Erklärungspflicht die AGB-Klauseln nicht Bestandteil eines Vertrags sind.

Bezüglich der Inhaltskontrolle der AGB sieht § 40 VG vor: „Allgemeine Geschäftsbedingungen, bei denen einer der in §§ 52 und 53 bestimmten Umstände vorliegt oder [bei denen] der AGB-Steller seine Haftung ausschließt, die Haftung der anderen Seite erhöht oder Hauptrechte der anderen Seite ausschließt, sind unwirksam." §§ 52 und 53 VG sehen die allgemeinen Fälle vor, in denen Vertragsbedingungen unwirksam sind;[814] sie sind sowohl auf AGB als auch auf Individualverträge anwendbar und stellen nicht speziell auf die AGB ab. Den besonderen Maßstab für die Inhaltskontrolle der AGB enthält mithin § 40 HS 2 VG, der ausdrücklich drei Umstände aufzählt, bei denen die AGB unwirksam sind: Ausschluss der Haftung des AGB-Verwenders, Erhöhung der Haftung und Ausschluss der Hauptrechte des Vertragspartners des AGB-Verwenders. Schließlich fungiert das Gerechtigkeitsprinzip, insbesondere das Äquivalenzprinzip beim gegenseitigen Vertrag, als ein Generalmaßstab der Inhaltskontrolle der AGB.[815] Diesbezüglich sieht § 39 Abs. 1 HS 1 VG ausdrücklich vor, dass der AGB-Verwender nach dem Gerechtigkeitsgrundsatz die Rechte und Pflichten der Parteien gegeneinander festsetzen muss, wenn zur Errichtung eines Vertrags AGB verwendet werden. Im Übrigen enthalten § 26 Abs. 2 und 3 Verbraucherschutzgesetz Regeln für die Inhaltskontrolle von AGB in Verträgen zwischen einem Unternehmer und einem Verbraucher. Allerdings verfolgen diese Absätze grundsätzlich ähnliche Maßstäbe wie das Vertragsgesetz;[816] auf sie ist mithin nicht näher einzugehen.

b) *Inhaltskontrolle der Legitimationsabreden in der Rechtsprechung: Fall 8 (AOVG 2017/12)*

Mit der Frage der Inhaltskontrolle der Legitimationsabreden hat sich auch die Rechtsprechung beschäftigt. In einem jungen Urteil, nämlich dem Fall 8 (AOVG 2017/12), geht das Gericht ohne nähere Begründung davon aus, dass die Legitimationsabreden nur für die echte Debitkarte, nicht für die Kartendublette gelten. Dieser Fall wurde zwar nicht vom OVG entschieden, bei dessen Veröffentlichung im AOVG wurde jedoch die Auffassung bezüglich der Legitimationsabreden vom OVG als ein Punkt in der Zusammenfassung der Entscheidung übernommen, was den Eindruck erweckt, dass das OVG dieser Auffassung zustimmt.

---

814 Dazu ausführlich *Kriebel*, Die AGB-Kontrolle in der VR China, S. 14 ff.

815 Vgl. *He, Xuxu*, The Jurist 2018/6, S. 182 f.; *Zhu, Yan*, Rechtsvergleich der Inhaltskontrolle von AGB in Deutschland und Formularklauseln in China, S. 143 f.

816 Vgl. *Kriebel*, Die AGB-Kontrolle in der VR China, S. 21.

c) *Stellungnahme*

Im Vergleich mit den allgemeinen Grundsätzen der Risikoverteilung sind die Legitimationsabreden für den Kunden sehr nachteilig. Zum einen wäre die tatsächliche Anweisung des Kunden überflüssig, solange die PIN verwendet wird, so dass der Wille des Kunden keine Rolle mehr spielen würde.[817] Zum anderen würde der durch das Rechtsinstitut der Rechtsscheinvollmacht zum Ausdruck gebrachte Interessenausgleich zwischen der Bank und dem Kunden außer Acht gelassen, da bei Drittmissbrauch die Bank gestützt auf die Legitimationsabreden ohne weiteres den Aufwendungsersatzanspruch geltend machen kann, selbst wenn die Voraussetzungen der Rechtsscheinvollmacht nicht vorliegen, etwa wenn die Bank nicht gutgläubig oder der Missbrauch dem Kunden nicht zurechenbar ist.[818] Diese den Kunden unangemessen beeinträchtigenden AGB-Klauseln sind gemäß § 40 HS 2 VG als unwirksam zu bewerten.[819]

Auf dieser Grundlage ist der Auffassung der Rechtsprechung entgegenzutreten. Zum einen kann die Verwendung einer echten Zahlungskarte nicht gewährleisten, dass die Transaktion vom Kunden angewiesen wurde. In der Praxis treten die Fälle, in denen die gestohlene echte Zahlungskarte missbräuchlich verwendet wird,[820] nicht selten auf. Zum anderen spricht zwar der Einsatz einer echten Zahlungskarte für das Vorliegen eines Rechtsscheins.[821] Die Gutgläubigkeit der Bank und die Zurechenbarkeit zum Kunden können aber nicht allein deshalb ohne Weiteres angenommen werden; infolgedessen wird die Rechtsscheinvollmacht nicht wegen der Echtheit der Zahlungskarte automatisch angenommen. Nach der Legitimationsabrede würde aber der Bank immer ein Aufwendungsersatzanspruch zustehen, obwohl die Verwendung der echten Zahlungskarte weder die Anweisung des Kunden noch die Rechtsscheinvollmacht sicherstellt. Auch beim Einsatz einer echten Zahlungskarte sind die Legitimationsabreden mithin nach § 40 HS 2 VG unwirksam.

---

817 Vgl. *Jin, Yin*, Oriental Law 2015/2, S. 157.

818 Vgl. *Jin, Yin*, Oriental Law 2015/2, S. 157 f.

819 Vgl. *Jin, Yin*, Oriental Law 2015/2, S. 158.

820 Vgl. Fall 3 (AOVG 2006/2).

821 Die Verwendung einer Kartendublette wird dagagen nicht als ein hinreichender Rechtsschein angesehen, vgl. oben Kap. 3 C. II. 2. a) aa).

D. Risikoverteilung im E-Commerce-Gesetz 2018

I. Einleitung

Am 31. August 2018 wurde das E-Commerce-Gesetz der VR China bekanntgemacht, und seit 1. Januar 2019 wird es angewendet. Unter den Anwendungsbereich des E-Commerce-Gesetzes fallen grundsätzlich alle Arten von E-Commerce (§ 2 Abs. 1 E-Commerce-Gesetz),[822] unter welchem die gewerblichen Aktivitäten des Verkaufs von Waren und der Erbringung von Dienstleistungen über das Informationsnetz wie etwa das Internet zu verstehen sind (§ 2 Abs. 2 E-Commerce-Gesetz). Da die durch E-Commerce-Transaktionen entstandenen Geldschulden heute üblicherweise unter Einbeziehung des Zahlungsdienstleisters bargeldlos getilgt werden, hat das E-Commerce-Gesetz auch spezialisierte Regeln für bargeldlose Zahlungen eingeführt, welche unter anderem die Risikoverteilung im Missbrauchsfall behandeln.

Gemäß § 53 Abs. 1 E-Commerce-Gesetz können die an E-Commerce-Aktivitäten beteiligten Parteien vereinbaren, den Preis im Wege der elektronischen Zahlung zu zahlen. Aus § 53 Abs. 2 S. 1 E-Commerce-Gesetz ist abzuleiten, dass derjenige, der elektronische Zahlungsdienste anbietet oder nutzt, jeweils als *Anbieter elektronischer Zahlungsdienste* und *Nutzer* bezeichnet wird. Hinsichtlich der Definition der elektronischen Zahlung sah § 31 Abs. 1 des ersten Entwurfs des E-Commerce-Gesetzes vor, dass die elektronische Zahlung sich auf die Übermittlung der Geldmittel auf elektronischem Weg zum Zweck der E-Commerce-Aktivtäten zwischen dem Zahler und dem Zahlungsempfänger bezieht. Zwar wurde die gesetzliche Definition der elektronischen Zahlung, die § 31 Abs. 1 des ersten Entwurfs des E-Commerce-Gesetzes enthielt, seit dem zweiten Entwurf ohne Angabe von Gründen gestrichen, die Literatur schließt sich jedoch grundsätzlich dieser gestrichenen Definition an.[823] In der Praxis erfolgt die elektronische Zahlung beim Online-Handel in vielfältiger Form, so dass sowohl das E-Geld als auch das Online-Banking eingesetzt werden kann,

---

822 Vom Anwendungsbereich ausgenommen sind Finanzprodukte und -dienstleistungen sowie über das Informationsnetz bereitgestellte Inhaltsdienste wie etwa Nachrichteninformationen, Audio- und Videoprogramme, Veröffentlichungen, kulturelle Produkte und andere Inhaltsdienste (§ 2 Abs. 3 S. 2 E-Commerce-Gesetz).

823 Vgl. *Gesetzgebungsausschuss des E-Commerce-Gesetzes* (Hrsg.), Kommentar zum E-Commerce-Gesetz, S. 163; *Yang, Dong*/*Huang, Yinxu*, Journal of Soochow University (Philosophy & Social Science Edition) 2019/1, S. 63; *Zhao, Xudong* (Hrsg.), Kommentar zum E-Commerce-Gesetz, S. 401.

wobei jeweils der Nicht-Bank-Zahlungsdienstleister und die Bank der Anbieter elektronischer Zahlungsdienste sind. Da der Untersuchungsgegenstand der vorliegenden Arbeit sich nicht auf die E-Geld-Institute erstreckt, genügt es hier, darauf hinzuweisen und auch davon auszugehen, dass die elektronische Zahlung i. S. d. § 53 Abs. 1 E-Commerce-Gesetz ohne Zweifel das Online-Banking einschließt, so dass die von diesem Gesetz vorgesehenen spezialisierten Regeln der Risikoverteilung im Missbrauchsfall auf das Online-Banking im Rahmen der E-Commerce-Transaktionen anwendbar sind.

II. Regelungsinhalt der Risikoverteilung im E-Commerce-Gesetz

Die zentrale Vorschrift für die Risikoverteilung im Missbrauchsfall ist § 57 Abs. 2 E-Commerce-Gesetz, der vorsieht:

> „Den durch die nicht autorisierte Zahlung verursachten Schaden trägt der Anbieter elektronischer Zahlungsdienste; der Anbieter elektronischer Zahlungsdienste trägt keine Haftung, wenn er nachweisen kann, dass die nicht autorisierte Zahlung durch das Verschulden des Nutzers verursacht wurde.“

Auf diese Vorschrift ist im Folgenden näher einzugehen.

1. § 57 Abs. 2 HS 1: Autorisierung und Erstattungsanspruch des Nutzers

a) Autorisierung und Zahlungsanweisung

Die Anwendung des § 57 Abs. 2 HS 1 E-Commerce-Gesetz setzt voraus, dass die Zahlung nicht autorisiert wurde. Dies ist beispielsweise der Fall, wenn ein unbefugter Dritter eine Zahlungsanweisung erteilt hat und der Anbieter elektronischer Zahlungsdienste trotzdem die Zahlung noch ausführt.[824] Es fehlt jedoch an einer gesetzlichen Definition der Autorisierung. Einer zutreffenden Ansicht nach wird sie in Anlehnung an Art. 64 Abs. 1 S. 1, Abs. 2 UAbs. 2 PSD2 mit der Zustimmung des Nutzers gleichgestellt.[825] Stimmt der Nutzer einer elektronischen Zahlung zu, ist diese Zahlung ihm gegenüber wirksam, so dass der

---

824 Vgl. *Gesetzgebungsausschuss des E-Commerce-Gesetzes* (Hrsg.), Kommentar zum E-Commerce-Gesetz, S. 179; *Yang, Dong/Huang, Yinxu*, Journal of Soochow University (Philosophy & Social Science Edition) 2019/1, S. 66; *Zhao, Xudong* (Hrsg.), Kommentar zum E-Commerce-Gesetz, S. 444.

825 Vgl. *Gesetzgebungsausschuss des E-Commerce-Gesetzes* (Hrsg.), Kommentar zum E-Commerce-Gesetz, S. 179; *Yang, Dong/Huang, Yinxu*, Journal of Soochow University (Philosophy & Social Science Edition) 2019/1, S. 66.

Anbieter elektronischer Zahlungsdienste zur Belastung des Kontos des Nutzers berechtigt ist. In diesem Fall liegt überhaupt kein Missbrauch vor und § 57 Abs. 2 E-Commerce-Gesetz kommt nicht zur Anwendung.

Mit dem Begriff der Autorisierung im engen Zusammenhang steht die (elektronische) Zahlungsanweisung, die trotz mehrfachen Erscheinens – etwa in §§ 53 Abs. 2 S. 2, 55, 57 Abs. 3 S. 1 E-Commerce-Gesetz – ebenfalls nicht gesetzlich definiert wird. Unglücklicherweise formuliert § 57 Abs. 3 S. 1 E-Commerce-Gesetz: „Erlangt der Anbieter elektronischer Zahlungsdienste Kenntnis davon, dass *die Zahlungsanweisung nicht autorisiert wird* [Hervorh. d. Verf.], oder erhält er die Anzeige des Nutzers, dass *die Zahlungsanweisung nicht autorisiert* [Hervorh. d. Verf.] wird, muss er unverzüglich Maßnahmen ergreifen, um eine Ausweitung des Schadens zu verhindern." Der Wortlaut dieser Vorschrift erweckt den Eindruck, dass die Zahlungsanweisung sich an den tatsächlichen Transaktionen der Zahlungen orientiert, weshalb sie vom Nutzer autorisiert werden muss, um gegenüber dem Zahler wirksam zu sein. Diese Auslegung geht jedoch in die falsche Richtung. Zum einen muss die Zahlungsanweisung als eine Willenserklärung des Nutzers ausgelegt werden, da sie detaillierte, zur Ausführung einer elektronischen Zahlung unentbehrliche Informationen wie etwa den Zahlungsbetrag und den Zahlungsempfänger beinhaltet (§ 55 Abs. 1 E-Commerce-Gesetz), durch welche ein auf einen Rechtserfolg gerichteter Wille des Nutzers gegenüber dem Anbieter elektronischer Zahlungsdienste geäußert wird. Zum anderen ist in § 56 E-Commerce-Gesetz[826] von der Vollendung der „*elektronische[n] Zahlung*" statt der *Zahlungsanweisung* die Rede, was dafür spricht, dass die tatsächliche Transaktion der Zahlung im E-Commerce-Gesetz als *(elektronische) Zahlung* bezeichnet wird. Aus einer Gesamtbetrachtung ist die Ansicht zu bevorzugen, dass die Zahlungsanweisung als eine Willenserklärung des Nutzers verstanden wird.[827] Geht man von dieser Ansicht aus, stellt sich dann die Frage der Beziehung der Zahlungsanweisung zur Autorisierung. Dazu kann die Überlegung zum Verhältnis des Zahlungsauftrags i. S. d. § 675f Abs. 4 S. 2 BGB zur Autorisierung i. S. d. § 675j Abs. 1 S. 1 BGB in der deutschen Literatur[828]

826 § 56 E-Commerce-Gesetz: „Der Anbieter elektronischer Zahlungsdienste hat dem Nutzer die Informationen zur Bestätigung der Zahlung in der vereinbarten Weise rechtzeitig und genau zur Verfügung zu stellen, nachdem er *die elektronische Zahlung* [Hervorh. d. Verf.] vollendet hat."

827 Im Ergebnis ähnlich (ohne nähere Begründung) *Yang, Dong/Huang, Yinxu*, Journal of Soochow University (Philosophy & Social Science Edition) 2019/1, S. 67.

828 Vgl. ausführlich oben Kap. 1 A. II. 2. b).

herangezogen werden, da das Problem trotz des begrifflichen Unterschieds dasselbe ist.

b) Rechtsnatur des Anspruchs gemäß § 57 Abs. 2 HS 1: Schadensersatz- oder Erstattungsanspruch des Nutzers?

Neben dem Tatbestand, dass die Zahlung nicht autorisiert wird, setzt die Anwendung des § 57 Abs. 2 HS 1 E-Commerce-Gesetz ferner voraus, dass ein Schaden durch die nicht autorisierte Zahlung verursacht wurde. Als Rechtsfolge muss der Anbieter elektronischer Zahlungsdienste den Schaden tragen. Diese Formulierung erweckt den Eindruck, dass es sich bei dieser Vorschrift um einen Schadensersatzanspruch des Nutzers gegen den Anbieter elektronischer Zahlungsdienste handle. Die überwiegenden Ansichten in der Literatur haben tatsächlich auch diesen Weg eingeschlagen.[829] Eine Ansicht sieht in § 57 Abs. 2 HS 1 E-Commerce-Gesetz eine verschuldensunabhängige Haftung des Anbieters elektronischer Zahlungsdienste.[830] Demgegenüber qualifiziert eine andere Ansicht die Vorschrift in Verbindung mit HS 2 als eine verschuldensabhängige Haftung und sieht das Verschulden des Anbieters elektronischer Zahlungsdienste als vermutet an.[831]

Zunächst ist die zweite Ansicht abzulehnen, denn § 57 Abs. 2 HS 2 E-Commerce-Gesetz spricht vom Verschulden *des Nutzers*, nicht des Anbieters elektronischer Zahlungsdienste, so dass dem ausdrücklichen Wortlaut des § 57 Abs. 2 E-Commerce-Gesetz nach überhaupt kein Verschuldenselement für die Haftung des Anbieters elektronischer Zahlungsdienste erforderlich ist. Infolgedessen fehlt es der Annahme eines vermuteten Verschuldens seitens des Anbieters elektronischer Zahlungsdienste an einer gesetzlichen Grundlage.

Auch die erste Ansicht sowie die Qualifikation als Schadensersatzanspruch treffen nicht zu, da, wie oben bereits ausführlich dargestellt,[832] der Nutzer keinen

829 Vgl. *Gesetzgebungsausschuss des E-Commerce-Gesetzes* (Hrsg.), Kommentar zum E-Commerce-Gesetz, S. 184; *Yang, Dong/Huang, Yinxu*, Journal of Soochow University (Philosophy & Social Science Edition) 2019/1, S. 66; *Yang, Lixin*, Academic Journal of Zhongzhou 2019/2, S. 53; *Zhao, Xudong* (Hrsg.), Kommentar zum E-Commerce-Gesetz, S. 445.

830 Vgl. *Gesetzgebungsausschuss des E-Commerce-Gesetzes* (Hrsg.), Kommentar zum E-Commerce-Gesetz, S. 185; *Yang, Dong/Huang, Yinxu*, Journal of Soochow University (Philosophy & Social Science Edition) 2019/1, S. 66.

831 Vgl. *Yang, Lixin*, Academic Journal of Zhongzhou 2019/2, S. 47, 53; *Zhao, Xudong* (Hrsg.), Kommentar zum E-Commerce-Gesetz, S. 445.

832 Vgl. oben Kap. 3 C. I. 4. b) aa).

Schaden wegen der nicht autorisierten Zahlung erlitten hat. Vielmehr steht dem Nutzer im Missbrauchsfall ein geschäftsbesorgungsrechtlicher Herausgabeanspruch gemäß § 404 VG zu.[833] Dass § 57 Abs. 2 HS 1 E-Commerce-Gesetz von einem „Schaden" spricht, ist deshalb missverständlich. Zur Korrektur ist es wünschenswert, § 57 Abs. 2 HS 1 E-Commerce-Gesetz in Anlehnung an § 675u S. 2 BGB wie folgend neu zu formulieren: „Den Zahlungsbetrag, der dem Zahlungskonto des Nutzers durch die nicht autorisierte Zahlung belastet worden ist, hat der Anbieter elektronischer Zahlungsdienste dem Nutzer zu erstatten."

2. *§ 57 Abs. 2 HS 2: Ausschluss der Haftung oder Schadensersatzanspruch des Anbieters elektronischer Zahlungsdienste?*

a) *§ 57 Abs. 2 HS 2 E-Commerce-Gesetz als Ausschluss der Haftung des Anbieters elektronischer Zahlungsdienste?*

Gemäß § 57 Abs. 2 HS 2 E-Commerce-Gesetz wird die Haftung des Anbieters elektronischer Zahlungsdienste für die nicht autorisierte Zahlung ausgeschlossen, wenn er nachweisen kann, dass die nicht autorisierte Zahlung durch das Verschulden des Nutzers verursacht wurde. Diese Vorgabe der Haftungsbefreiung infolge Verschuldens des Nutzers ist dogmatisch erst sinnvoll, wenn man davon ausgeht, dass § 57 Abs. 2 HS 1 E-Commerce-Gesetz eine *Schadensersatzpflicht* des Anbieters elektronischer Zahlungsdienste vorgesehen hat.[834] Sieht man in § 57 Abs. 2 HS 1 E-Commerce-Gesetz – wie die vorliegende Arbeit – einen Herausgabe- oder Erstattungsanspruch des Nutzers, kann das Verschulden des Nutzers diesen Anspruch nicht beeinflussen, weil er an das Nichtvorliegen der Autorisierung der Zahlung anknüpft, wofür das Verschulden des Nutzers keine Rolle spielt. Selbst wenn man sich einer Schadensersatzpflicht anschließt, ist § 57 Abs. 2 HS 2 E-Commerce-Gesetz insoweit fehlerhaft, als er im Fall des Verschuldens des Nutzers die Haftung des Anbieters elektronischer Zahlungsdienste *völlig ausschließt*, nicht aber unter Berücksichtigung des Grads des Verschuldens *mindert*. Eine solche Regelung ist zweifelhaft, denn sie stimmt zum einen mit der allgemeinen Regelung des Mitverschuldens nicht überein. Zum anderen befindet sich der Anbieter elektronischer Zahlungsdienste im Vergleich zum allgemeinen Schuldner – welcher im Fall des Mitverschuldens des Gläubigers seine Haftung grundsätzlich

---

833 Vgl. oben Kap. 3 C. I. 3.

834 Dahingehend *Yang, Dong*/*Huang, Yinxu*, Journal of Soochow University (Philosophy & Social Science Edition) 2019/1, S. 66.

nur mindern kann – in einer günstigeren Rechtsstellung, was sich nicht ohne Weiteres rechtfertigen lässt.

b) § 57 Abs. 2 HS 2 E-Commerce-Gesetz als Schadensersatzanspruch des Anbieters elektronischer Zahlungsdienste

aa) Verschuldensabhängiger Schadensersatzanspruch

Lehnt man die Ansicht, dass § 57 Abs. 2 HS 2 E-Commerce-Gesetz einen Haftungsausschlussgrund vorsieht, ab, stellt sich die Frage, wie diese Vorschrift auszulegen ist. Aus der ausdrücklichen Rechtsfolge ist abzuleiten, dass der Gesetzgeber durch diese Vorschrift tatsächlich eine „Haftungsbefreiungswirkung“ insoweit bezweckt, als der Anbieter elektronischer Zahlungsdienste die infolge der nicht autorisierten Zahlung entstandenen Verluste – da ihm in diesem Fall kein Aufwendungsersatzanspruch zusteht – nicht endgültig tragen soll, wenn das Verhalten des Nutzers schuldhaft zur nicht autorisierten Zahlung geführt hat. Dieser Sinn und Zweck lässt sich reibungslos dadurch erreichen, dass dem Anbieter elektronischer Zahlungsdienste in einem solchen Fall ein Schadensersatzanspruch gegen den Nutzer zusteht.[835] § 57 Abs. 2 HS 2 E-Commerce-Gesetz sollte deshalb als eine Vorschrift verstanden werden, die den Schadensersatzanspruch des Anbieters elektronischer Zahlungsdienste im Missbrauchsfall regelt. Aufgrund dieses Gedankens sollte die durch § 57 Abs. 2 HS 2 E-Commerce-Gesetz vorgesehene Haftungsbefreiung als Rechtsfolge durch einen Schadensersatzanspruch ersetzt werden. Dies kann wie folgend formuliert werden: „Der Anbieter elektronischer Zahlungsdienste *kann Ersatz des Schadens verlangen*, wenn er nachweisen kann, dass die nicht autorisierte Zahlung durch das Verschulden des Nutzers verursacht wurde.“ Diese Auslegung entspricht zum einen dem Sinn und Zweck des § 57 Abs. 2 HS 2 E-Commerce-Gesetz, ohne die durch ihn vorgesehenen Voraussetzungen zu ändern. Zum anderen stimmt sie mit der dogmatischen Konstruktion des Schadensersatzanspruchs des Anbieters elektronischer Zahlungsdienste im Missbrauchsfall nach den allgemeinen Regelungen[836] im Wesentlichen überein.

Der Schadensersatzanspruch des Anbieters elektronischer Zahlungsdienste gemäß § 57 Abs. 2 HS 2 E-Commerce-Gesetz stellt ausdrücklich auf das Verschulden des Nutzers ab. Dies untermauert auch die Ansicht der vorliegenden Untersuchung, dass der Schadensersatzanspruch der Bank im Missbrauchsfall

---

835 Vgl. oben Kap. 3 C. III. 1.

836 Vgl. oben Kap. 3 C. III. 1. b) und c).

nach allgemeinen gesetzlichen Regelungen grundsätzlich verschuldensabhängig ist.[837] Das Verschulden des Nutzers steht mit seiner Pflichtverletzung im engen Zusammenhang. Im Folgenden sind die Pflichten des Nutzers, die durch das E-Commerce-Gesetz spezialisiert geregelt sind, zu skizzieren.

bb) Pflichten des Nutzers

Vom E-Commerce-Gesetz sind dem Nutzer Überprüfungs- (§ 55 Abs. 1), Aufbewahrungs- (§ 57 Abs. 1 S. 1) und Anzeigepflichten (§ 57 Abs. 1 S. 2) auferlegt. Gemäß § 55 Abs. 1 E-Commerce-Gesetz hat der Nutzer vor Erteilung einer Zahlungsanweisung die in ihr enthaltenen Informationen wie etwa den Zahlungsbetrag und den Zahlungsempfänger zu überprüfen (Überprüfungspflicht). Dies kann zur effektiven Verhinderung der technischen Manipulation wie etwa des Man-in-the-Middle-Angriffs dienen.[838] Zudem ist der Nutzer nach § 57 Abs. 1 S. 1 E-Commerce-Gesetz verpflichtet, die Sicherheitsinstrumente wie etwa die Transaktionskennwörter und die Daten elektronischer Signaturen zweckmäßig aufzubewahren (Aufbewahrungspflicht). Schließlich muss er dem Anbieter elektronischer Zahlungsdienste unverzüglich anzeigen, nachdem er vom Verlust oder von der missbräuchlichen Verwendung der Sicherheitsinstrumente oder von nicht autorisierten Zahlungen Kenntnis erlangt hat (Anzeigepflicht). In der Praxis sind die Überprüfungs- und Anzeigepflicht regelmäßig auch Inhalte der AGB der Banken; dazu kann auf die obige Darstellung verwiesen werden.[839]

cc) Ausschluss der Haftung des Nutzers

Gemäß § 57 Abs. 3 E-Commerce-Gesetz[840] hat der Anbieter elektronischer Zahlungsdienste unverzüglich Maßnahmen zur Verhinderung der Ausweitung des Schadens zu ergreifen, nachdem er von der nicht autorisierten

---

837 Vgl. oben Kap. 3 C. III. 1. c).

838 Vgl. oben Kap. 1 D. III. 2.

839 Vgl. oben Kap. 3 C. III. 1. c).

840 § 57 Abs. 3 E-Commerce-Gesetz: „Erlangt der Anbieter elektronischer Zahlungsdienste Kenntnis davon, dass die Zahlungsanweisung nicht autorisiert wird, oder erhält er die Anzeige des Nutzers, dass die Zahlungsanweisung nicht autorisiert wird, muss er unverzüglich Maßnahmen ergreifen, um eine Ausweitung des Schadens zu verhindern. Ergreift der Anbieter elektronischer Zahlungsdienste nicht unverzüglich diese Maßnahmen, so dass sich der Schaden ausweitet, trägt er für den ausgeweiteten Schaden die Haftung.“

Zahlung Kenntnis erlangt oder die Anzeige des Nutzers hiervon erhalten hat; anderenfalls muss er für den ausgeweiteten Schaden haften. Diese Vorschrift entspricht im Wesentlichen der AGB-Klausel der Banken in der Praxis, nach der der Kunde keine Haftung für die Transaktionen trägt, die nach der Verlustmeldung erfolgen,[841] da die Bank in der Lage ist, durch Sperrung des Kontos des Kunden weitere missbräuchliche Transaktionen zu verhindern. Die durch § 57 Abs. 3 S. 2 E-Commerce-Gesetz vorgesehene Rechtsfolge – der Anbieter elektronischer Zahlungsdienste trägt die Haftung für den ausgeweiteten Schaden – sollte als *Ausschluss der Haftung des Nutzers/des Schadensersatzanspruchs des Anbieters elektronischer Zahlungsdienste*, nicht als Begründung der Haftung des Anbieters elektronischer Zahlungsdienste ausgelegt werden, denn nach der Annahme der vorliegenden Arbeit bezieht sich § 57 Abs. 2 HS 2 E-Commerce-Gesetz auf den Schadensersatzanspruch des Anbieters elektronischer Zahlungsdienste,[842] welcher im Fall des § 57 Abs. 3 E-Commerce-Gesetz ausgeschlossen sein soll.[843]

841 Vgl. oben Kap. 3 C. III. 3.

842 Vgl. oben Kap. 3 D. II. 2. b) aa).

843 § 57 Abs. 3 E-Commerce-Gesetz ist im Wesentlichen eine spezialisierte Anwendung des § 119 Abs. 1 VG im Rahmen der elektronischen Zahlungsdienste; § 119 Abs. 1 HS 2 VG bringt die Rechtsfolge des Ausschlusses des Schadensersatzanspruchs klar zum Ausdruck. § 119 Abs. 1 VG sieht vor: „Wenn eine Partei den Vertrag verletzt hat, muss die andere Seite angemessene Maßnahmen ergreifen, um eine Ausweitung des Schadens zu verhindern; wenn sie keine angemessenen Maßnahmen ergreift, um eine Ausweitung des Schadens zu verhindern, so dass sich der Schaden ausweitet, kann sie dafür keinen Ersatz verlangen."

Kapitel 4 Vorschläge einer spezialgesetzlichen Regelung der Risikoverteilung beim Missbrauch von Zahlungsinstrumenten in der VR China

A. Notwendigkeit einer spezialgesetzlichen Regelung der Risikoverteilung in der VR China im Lichte des deutschen Rechts

Im Vergleich zum deutschen Recht wird die Risikoverteilung beim Missbrauch von Zahlungsinstrumenten in der chinesischen Rechtsprechung durch die Eingleisigkeit, die auf dem Fokus auf einen Schadensersatzanspruch des Kunden gegen die Bank beruht, charakterisiert.[844] Eine solche rein schadensersatzrechtlich konzipierte Risikoverteilung sieht sich mit Schwächen sowohl der dogmatischen Begründung[845] als auch des Interessenausgleiches[846] konfrontiert. Zur Überwindung dieser Schwächen muss auf die allgemeinen (geschäftsbesorgungsvertraglichen) Reglungen zurückgegriffen werden. Zentralnorm der Risikoverteilung wird dann der Herausgabeanspruch des Kunden gemäß § 404 VG.[847] Als Ausgangspunkt hat hierbei der Grundsatz zu gelten: Ohne Anweisung kein Aufwendungsersatzanspruch des Zahlungsdienstleisters.[848] Demnach muss der Zahlungsdienstleister grundsätzlich das Missbrauchsrisiko tragen. Unter Umständen hat der Zahlungsdienstleister jedoch einen Aufwendungsersatzanspruch aufgrund einer Rechtsscheinvollmacht des Kunden[849] sowie einen Schadensersatzanspruch[850]. Dieses Zusammenspiel des Aufwendungsersatzanspruchs aufgrund einer Anweisung oder einer Rechtsscheinvollmacht und des Schadensersatzanspruchs liegt auch der Verteilung des Missbrauchsrisikos

844 Vgl. oben Kap. 3 B. II.
845 Vgl. oben Kap. 3 C. I. 4. b) aa).
846 Vgl. oben Kap. 3 C. I. 4. b) bb).
847 Vgl. oben Kap. 3 C. I. 4. c).
848 Vgl. oben Kap. 3 C. I. 2.
849 Vgl. oben Kap. 3 C. II.
850 Vgl. oben Kap. 3 C. III.

im deutschen Recht zugrunde.[851] Insoweit zeigen beide Rechtsordnungen eine grundlegende Ähnlichkeit. Vor diesem Hintergrund stellt sich die Frage, ob nach dem deutschen Vorbild auch in der VR China eine spezialgesetzliche Regelung der Risikoverteilung beim Missbrauch von Zahlungsinstrumenten geschaffen werden muss.

Als Ausgangspunkt ist zuzugeben, dass die aufgezeigten Mängel der chinesischen Rechtsprechung hinsichtlich der Risikoverteilung auch behoben werden könnten, wenn man die geltenden allgemeinen gesetzlichen Regelungen richtig anwendete. Dies ist jedoch kein einfacher Weg für die chinesische Rechtspraxis; anderenfalls wiese die bisherige chinesische Rechtsprechung keine solche Schwäche hinsichtlich der Risikoverteilung auf. Zur Anwendung der allgemeinen Regelungen – hier der geschäftsbesorgungsvertraglichen Regelungen im Vertragsgesetz – auf den Missbrauchsfall von Zahlungsinstrumenten muss man zunächst die Rechtsnatur des Vertrags zwischen dem Kunden und der Bank ermitteln und diesen Vertrag als Geschäftsbesorgungsvertrag i. S. d. § 396 VG qualifizieren können. Dass die chinesische Rechtsprechung – zumindest die typischen Fälle im AOVG[852] – die geschäftsbesorgungsvertraglichen Regelungen völlig aus dem Auge verliert, deutet gerade auf das Fehlen dieser Fähigkeit hin (*Qualifizierungsproblem*). Wenn man das Rechtsverhältnis zwischen dem Kunden und der Bank als Geschäftsbesorgungsvertrag einordnet, muss man die geschäftsbesorgungsvertraglichen Regelungen den Zahlungsinstrumenten anpassen, denn die §§ 396 ff. VG sind allgemeine, auf vielfältige Geschäftsbesorgungen anwendbare Regelungen (*Anpassungsproblem*). Das Anpassungsproblem betrifft auch allgemeine Regelungen wie etwa die Rechtsscheinvollmacht, wenn die Kriterien des Rechtsscheins auf den Sicherheitsstandard des bargeldlosen Zahlungsverkehrs abgestimmt werden sollen.[853]

Das Qualifizierungs- und Anpassungsproblem wird gewissermaßen durch das E-Commerce-Gesetz gelöst, soweit es spezielle Regelungen der Risikoverteilung für elektronische Zahlungsdienste enthält. Allerdings bringt das E-Commerce-Gesetz neue Probleme hervor, da sich dessen Anwendungsbereich auf den Bereich des E-Commerce beschränkt (§ 2 Abs. 1 E-Commerce-Gesetz). Die elektronischen Zahlungsdienste, die nicht auf E-Commerce i. S. d. § 2 Abs. 2 E-Commerce-Gesetz ausgerichtet sind, unterliegen dann nicht den spezialisierten

851 Vgl. oben Kap. 2.
852 Vgl. oben Kap. 3 B. I.
853 Vgl. oben Kap. 3 C. II. 2. a).

Reglungen dieses Gesetzes, so dass hinsichtlich der Risikoverteilung mit unterschiedlichen Rechtsrahmen zu rechnen ist (*Fragmentierungsproblem*).

Ein Lösungsansatz für das Qualifizierungs-, Anpassungs- und Fragmentierungsproblem ist, nach dem deutschen bzw. europäischen Vorbild spezielle und einheitliche Regelungen zu schaffen, die die Risikoverteilung beim Missbrauch von Zahlungsinstrumenten ausdrücklich regeln. Diesen Weg geht nunmehr das chinesische OVG, welches einen Konsultationsentwurf vorgelegt hat. Dieser Entwurf ist im Folgenden näher zu beleuchten.

B. Regelungen der Risikoverteilung im Konsultationsentwurf der Interpretationen des OVG 2018

Im Jahre 2018 legte das OVG der VR China einen Konsultationsentwurf für die Bestimmungen des Obersten Volksgerichts zu einigen Fragen der Behandlung von zivilen Streitfällen zu Bankkarten[854] (im Folgenden Bankkarten-Entwurf genannt) vor. Mit dem Bankkarten-Entwurf versucht das OVG erstmals, die Rechtsverhältnisse zwischen dem Kunden und seinem Zahlungsdienstleister durch eine grundlegende, abstrakt-generelle justizielle Interpretation[855] einheitlich und spezialisiert zu regeln. Die Regelungen im Bankkarten-Entwurf wären ohne Zweifel von großer praktischer Bedeutung, wenn dieser Entwurf vom OVG verabschiedet werden könnte.[856] Der Bankkarten-Entwurf gilt für zivile Streitigkeiten zwischen Karteninhabern und kartenausgebenden Banken, Nicht-Bank-Zahlungsinstituten, Vertragshändlern und anderen einschlägigen Parteien, welche wegen Beantragung und Verwendung von Bankkarten usw. entstehen (§ 1 Abs. 1 Bankkarten-Entwurf). Den Schwerpunkt des Bankkarten-Entwurfs bilden neben den Regeln zur Überziehung von Kreditkarten die Regeln der Risikoverteilung beim Missbrauch von Zahlungsinstrumenten. Diese Regeln sind im Folgenden näher zu beleuchten.

854 Abrufbar unter <http://www.court.gov.cn/zixun-xiangqing-100362.html> (zuletzt überprüft am 09.01.2020).

855 Die abstrakt-generellen justiziellen Interpretationen des OVG der VR China werden als funktionale Gesetzgebung beschrieben, vgl. *Pißler*, RabelsZ 80 (2016), 372, 376 ff.

856 Bislang gibt es keinen Zeitplan mit einer Angabe, wann eine Verabschiedung des Bankkarten-Entwurfs vorgesehen ist.

I. Risikoverteilung bei Transaktionen mit gefälschten Bankkarten

1. Allgemeines

Bezüglich der Risikoverteilung im Missbrauchsfall unterscheidet der Bankkarten-Entwurf zwischen „Transaktionen mit gefälschten Bankkarten" und „Online-Betrugszahlungen", welche jeweils im dritten und vierten Abschnitt geregelt werden.

Gemäß § 5 Bankkarten-Entwurf bezeichnet der Begriff „Transaktionen mit gefälschten Bankkarten" die Handlungen, bei denen eine gefälschte Bankkarte von einem anderen zum Abheben von Bargeld, zum Konsum oder zur Überweisung usw. verwendet wird, was zu einer Verringerung der Geldmittel oder zu einer Erhöhung des Überziehungsbetrags auf dem Bankkartenkonto des Karteninhabers führt. Unglücklicherweise wird der Begriff der Transaktionen mit „gefälschten" Bankkarten gewählt, was den Anwendungsbereich der §§ 5–14 Bankkarten-Entwurf auf die Fälle beschränkt, in denen eine *gefälschte Bankkarte* eingesetzt wird. Dieser enge Anwendungsbereich deckt lediglich einen Teil der Missbrauchsfälle ab, da andere Missbrauchsfälle, in denen eine *echte Bankkarte* eingesetzt wird, ebenfalls denkbar sind. Ein Missbrauch mit einer echten Bankkarte kann beispielsweise dadurch erfolgen, dass eine verloren gegangene, gestohlene[857] oder geraubte[858] echte Bankkarte durch einen Dritten missbräuchlich verwendet wird. Die Beschränkung auf die gefälschte Bankkarte lässt sich mithin nicht ohne Weiteres rechtfertigen. Richtigerweise sollte man bei der Schaffung von Regelungen über die Risikoverteilung im Missbrauchsfall auf das (Nicht-)Vorliegen der Autorisierung, also der Zahlungsanweisung, des Zahlers/Kunden abstellen. Damit rückten der Aufwendungsersatzanspruchs des Zahlungsdienstleisters oder der Herausgabeanspruchs des Zahlers/Kunden ins Zentrum.[859]

Für die Risikoverteilung bei Transaktionen mit gefälschten Bankkarten enthält der Bankkarten-Entwurf zwar zwei Regeln, nämlich § 10[860] und

857 Vgl. Fall 3 (AOVG 2006/2).

858 Vgl. Fall 5 (AOVG 2010/12).

859 Vgl. oben Kap. 3 C. I. 2. und 3.

860 § 10 Bankkarten-Entwurf: „Wenn im Falle der Transaktionen mit gefälschten Debitkarten der Karteninhaber von der kartenausgebenden Bank fordert, das Kapital mit Zinsen gemäß dem Debitkartenvertrag an ihn zu zahlen, muss das Volksgericht [dies] unterstützen (Abs. 1). Wenn die kartenausgebende Bank durch Beweisantritt nachweist, dass der Karteninhaber die Betrugstransaktionen mit gefälschten Debitkarten

§ 11[861], die jeweils für Debit- bzw. Kreditkarten gelten. Die Regelungsinhalte beider Regeln sind jedoch im Wesentlichen gleich. Sowohl § 10 als auch § 11 Bankkarten-Entwurf setzt unglücklicherweise eine Transaktion mit gefälschten Bankkarten – jeweils Debitkarten und Kreditkarten – voraus. Wie oben bereits gezeigt wurde, geht dies in die falsche Richtung; stattdessen sollte man auf das Nichtvorliegen der Autorisierung/Zahlungsanweisung des Zahlers/Kunden abstellen.

2. *Regelungsinhalte*

§ 11 Abs. 1 S. 1 Bankkarten-Entwurf stellt klar, dass im Falle von Transaktionen mit gefälschten Kreditkarten der kartenausgebenden Bank kein Rückzahlungsanspruch auf den Überziehungsbetrag mit Zinsen zusteht. Dies bringt den Grundsatz „Ohne Anweisung kein Aufwendungsersatzanspruch"[862] deutlich zum Ausdruck. Eine entsprechende Regel findet man allerdings in § 10 Bankkarten-Entwurf nicht. Diese unterschiedliche Behandlung ist wenig überzeugend, da

---

schuldhaft verursacht hat, muss das Volksgericht unterstützen, wenn [die kartenausgebende Bank] geltend macht, dass ihre Haftung im Rahmen des Verschuldens des Karteninhabers gemindert oder ausgeschlossen wird (Abs. 2). Wenn der Karteninhaber nicht unverzüglich Maßnahmen ergreift, um eine Ausweitung des Schadens zu verhindern, muss das Volksgericht unterstützen, wenn die kartenausgebende Bank geltend macht, dass der Karteninhaber selbst die Haftung für den ausgeweiteten Schaden trägt (Abs. 3)."

861 § 11 Bankkarten-Entwurf: „Wenn im Falle der Transaktionen mit gefälschten Kreditkarten die kartenausgebenden Bank vom Karteninhaber fordert, das Kapital des Überziehungsbetrags mit Zinsen nach der Vereinbarung des Vertrags zurückzuerstatten, unterstützt das Volksgericht [dies] nicht. Wenn der Karteninhaber von der kartenausgebenden Bank fordert, das Kapital und die Zinsen der überzogenen Bankkarte zurückzugeben und den Schaden zu ersetzen, muss das Volksgericht [dies] unterstützen (Abs. 1). Wenn die kartenausgebende Bank durch Beweisantritt nachweist, dass der Karteninhaber die Betrugstransaktionen mit gefälschten Kreditkarten schuldhaft verursacht hat, muss das Volksgericht unterstützen, wenn [die kartenausgebende Bank] geltend macht, dass ihre Haftung im Rahmen des Verschuldens des Karteninhabers gemindert oder ausgeschlossen wird (Abs. 2). Wenn der Karteninhaber nicht unverzüglich Maßnahmen ergreift, um eine Ausweitung des Schadens zu verhindern, muss das Volksgericht unterstützen, wenn die kartenausgebende Bank geltend macht, dass der Karteninhaber selbst die Haftung für den ausgeweiteten Schaden trägt (Abs. 3)."

862 Vgl. oben Kap. 3 C. I. 2.

im Falle von Transaktionen mit gefälschten Debitkarten der kartenausgebenden Bank ebenfalls kein Aufwendungsersatzanspruch zusteht.

§ 10 Abs. 1 und § 11 Abs. 1 S. 2 Bankkarten-Entwurf sieht den Erstattungsanspruch des Karteninhabers im Falle der Transaktionen mit gefälschten Debit-/Kreditkarten vor. Danach kann der Karteninhaber von der kartenausgebenden Bank die Rückzahlung des Betrags fordern, wenn er bereits Aufwendungsersatz geleistet hat. Beide Regeln stellen ferner klar, dass dem Karteninhaber sowohl das Kapital als auch die Zinsen zurückzuzahlen sind. Bei der Debitkarte beziehen sich die zurückzuzahlenden Zinsen auf die dem Karteninhaber entgangenen Habenzinsen; bei der Kreditkarte beziehen sie sich auf die bereits vom Karteninhaber gezahlten Sollzinsen. Eine Besonderheit enthält § 11 Abs. 1 S. 2 Bankkarten-Entwurf, der vorsieht, dass der Kreditkarteninhaber über den Überziehungsbetrag und die Sollzinsen hinaus auch Schadensersatz von der Bank verlangen kann. Es ist wenig klar, was darunter zu verstehen ist. Eine plausible Erklärung könnte darin bestehen, dass es sich dabei um Folgeschäden handelt, etwa dass der Kreditkarteninhaber einen Schaden außerhalb des Deckungsverhältnisses zwischen ihm und seiner Bank erlitten hat. Dasselbe Problem betrifft jedoch auch die Debitkarte sowie andere Zahlungsinstrumente, weshalb der Schadensersatz nicht in § 11 Abs. 1 S. 2 Bankkarten-Entwurf, welcher nur auf die Kreditkarte anwendbar ist, vorgesehen werden sollte. Zudem knüpft der Erstattungsanspruch des Karteninhabers gemäß § 11 Abs. 1 S. 2 Bankkarten-Entwurf nur an den Tatbestand der Transaktionen mit gefälschten Kreditkarten in S. 1 an, während der Schadensersatzanspruch des Karteninhabers als Auftraggeber gemäß § 406 Abs. 1 VG zusätzliche Tatbestandsvoraussetzungen wie etwa das Verschulden des Auftragnehmers aufweist. Deshalb ist die Anordnung des Schadensersatzes in § 11 Abs. 1 S. 2 Bankkarten-Entwurf nicht geeignet und fehlerhaft.

§ 10 Abs. 2 sowie § 11 Abs. 2 Bankkarten-Entwurf führen grundsätzlich den Mangel des § 57 Abs. 2 HS 2 E-Commerce-Gesetz[863] weiter, soweit sie als Rechtsfolge die Minderung oder den Ausschluss der Haftung der kartenausgebenden Bank vorsehen, wenn die Transaktionen mit gefälschten Bankkarten vom Karteninhaber schuldhaft verursacht wurden. Richtigerweise sollte es sich hierbei wie bei § 57 Abs. 2 HS 2 E-Commerce-Gesetz um den Schadensersatzanspruch der Bank handeln.[864] Anstelle der Minderung oder des Ausschlusses der Haftung der kartenausgebenden Bank sollte man deshalb den Schadensersatzanspruch

863 Vgl. oben Kap. 3 D. II. 2 a).
864 Vgl. oben Kap. 3 D. II. 2 b) aa).

der kartenausgebenden Bank als Rechtsfolge in § 10 Abs. 2 sowie in 11 Abs. 2 Bankkarten-Entwurf vorsehen.

Gemäß § 10 Abs. 3 und § 11 Abs. 3 Bankkarten-Entwurf haftet der Karteninhaber selbst für den ausgeweiteten Schaden, wenn er nicht unverzüglich Maßnahmen ergreift, um eine Ausweitung des Schadens zu verhindern. Diese Vorgaben sind missverständlich, denn zum einen überschneiden sie sich insoweit mit § 10 Abs. 2 und § 11 Abs. 2 Bankkarten-Entwurf, als der Karteninhaber regelmäßig schuldhaft handelt, wenn er nicht unverzüglich Maßnahmen zur Verhinderung der Ausweitung des Schadens ergreift, so dass sie wegen der Anwendbarkeit der § 10 Abs. 2 und § 11 Abs. 2 Bankkarten-Entwurf überflüssig sind. Dies ist beispielsweise der Fall, wenn der Karteninhaber nicht unverzüglich den Verlust seiner Bankkarte meldet. Zum anderen sollte im Anschluss an § 10 Abs. 2 und § 11 Abs. 2 Bankkarten-Entwurf – welche richtigerweise den Schadensersatzanspruch der kartenausgebenden Bank vorgesehen haben sollten – gerade die Rechtsfolge für den umgekehrten Fall geregelt werden, nämlich wenn die kartenausgebende Bank anstellte des Karteninhabers nicht unverzüglich Maßnahmen zur Verhinderung der Ausweitung des Schadens ergreift, etwa wenn sie trotz der Sperranzeige des Karteninhabers das Bankkonto nicht sperrt. Diesbezüglich ist § 57 Abs. 3 E-Commerce-Gesetz ungeachtet seiner missverständlichen Formulierung beispielhaft.[865]

II. Risikoverteilung bei Online-Betrugszahlungen

§§ 15–22 Bankkarten-Entwurf sind den Online-Betrugszahlungen gewidmet. Im Folgenden sind sie zu skizzieren.

1. Anwendungsbereich

§ 15 Bankkarten-Entwurf definiert Online-Betrugszahlungen als Handlungen, bei denen ein anderer unter dem Namen des Karteninhabers oder unter Verwendung von Authentifizierungsinformationen des Karteninhabers für Internet-Transaktionen eine Internet-Transaktion vornimmt, was zu einer Verringerung der Geldmittel oder zu einer Erhöhung des Überziehungsbetrags auf dem Bankkartenkonto des Karteninhabers führt. Dieser Definition nach beziehen sich Online-Betrugszahlungen auf solche Internet-Transaktionen, bei denen der Einsatz einer physischen Bankkarte nicht erforderlich ist. In diesem Punkt

865 Vgl. oben Kap. 3 D. II. 2 b) cc).

unterscheiden sie sich von den Transaktionen mit gefälschten Bankkarten i. S. d. § 5 Bankkarten-Entwurf.

Der Wortlaut des § 15 Bankkarten-Entwurf macht klar, dass bei den Online-Betrugszahlungen ein Bankkartenkonto verwendet wurde. Das ist zweifellos beim Online-Banking der Fall. Wenn ein Nicht-Bank-Zahlungsinstitut eingeschaltet wird, ist dem Wortlaut des § 15 Bankkarten-Entwurf zu entnehmen, dass Online-Betrugszahlungen nur diejenige Fälle einschließen, in denen das Nicht-Bank-Zahlungsinstitut die Zahlungsdienste auf der Grundlage des Bankkartenkontos des Karteninhabers bereitstellt.[866] Dies ist im Wesentlichen mit dem Zahlungsauslösedienst gemäß § 1 Abs. 33 ZAG[867] vergleichbar, bei dem der Zahlungsauslösedienstleister einen Zahlungsauftrag auslöst, welcher sich auf ein bei einem anderen Zahlungsdienstleister geführtes Konto bezieht.[868] Im Gegensatz dazu umfasst § 15 Bankkarten-Entwurf nicht die Fälle, in denen kein Bankkartenkonto eingesetzt wird. Beispielsweise hat das Nicht-Bank-Zahlungsinstitut selbst ein Konto[869] für die Kunden eröffnet und auf der Grundlage dieses Kontos Zahlungstransaktionen abgewickelt.[870] Diese Zahlungsdienste entsprechen grundsätzlich dem E-Geld-Geschäft gemäß § 1 Abs. 2 S. 2 ZAG im deutschen Recht. Warum das E-Geld-Geschäft vom Anwendungsbereich der §§ 15 ff. Bankkarten-Entwurf ausgeschlossen ist, ist schwer verständlich. Das E-Geld-Geschäft ist ebenfalls mit dem Missbrauchsrisiko konfrontiert, weshalb es wie die anderen Zahlungsformen geregelt werden sollte.

866 Diese Art von Zahlungsdienst wird durch § 3 Abs. 1 Alt. 1 Verwaltungsmaßnahmen für Online-Zahlungsgeschäfte von Nicht-Bank-Zahlungsinstituten (非银行支付机构网络支付业务管理办法) vorgesehen.

867 Wird wohl fehlerhaft als Zahlungsauslösungsdienst bezeichnet.

868 Vgl. § 3 Abs. 1 Alt. 1 Verwaltungsmaßnahmen für Online-Zahlungsgeschäfte von Nicht-Bank-Zahlungsinstituten (非银行支付机构网络支付业务管理办法), wonach das Nicht-Bank-Zahlungsinstitut die Zahlungsgeschäfte auf der Grundlage des „Bankkontos des Kunden" abwickeln kann.

869 Dieses vom Nicht-Bank-Zahlungsinstitut eröffnete Konto wird im chinesischen Recht als „Zahlungskonto" (支付账户) bezeichnet, vgl. § 3 Abs. 1 Alt. 2 Verwaltungsmaßnahmen für Online-Zahlungsgeschäfte von Nicht-Bank-Zahlungsinstituten (非银行支付机构网络支付业务管理办法).

870 Diese Art von Zahlungsdienst wird durch § 3 Abs. 1 Alt. 2 Verwaltungsmaßnahmen für Online-Zahlungsgeschäfte von Nicht-Bank-Zahlungsinstituten (非银行支付机构网络支付业务管理办法) vorgesehen.

2. Erstattungsanspruch des Kunden

Bezüglich des Erstattungsanspruchs des Kunden im Falle der Online-Betrugszahlungen enthalten die §§ 15 ff. Bankkarten-Entwurf keine unmittelbare Regelung. Gemäß § 19 Bankkarten-Entwurf kann der Karteninhaber im Falle der Online-Betrugszahlungen Entschädigung im Voraus verlangen, wenn die kartenausgebende Bank oder das Nicht-Bank-Zahlungsinstitut dies versprochen hat. Diese Vorgabe ist jedoch überflüssig, da ihr kein Anspruch des Kunden im Missbrauchsfall entnommen werden kann, wenn ein Versprechen der kartenausgebenden Bank oder des Nicht-Bank-Zahlungsinstituts fehlt.

Nach § 22 Bankkarten-Entwurf sind neben den Vorschriften für Online-Betrugszahlungen die einschlägigen Regeln für Transaktionen mit gefälschten Bankkarten entsprechend anwendbar, wenn die kartenausgebende Bank die Haftung für Vertragsverletzungen aufgrund von Online-Betrugszahlungen gegen den Karteninhaber zu tragen hat. Relevante Regeln sind insbesondere § 10 Abs. 1 und § 11 Abs. 1 S. 2 Bankkarten-Entwurf, welche den Erstattungsanspruch des Karteninhabers vorsehen.[871] Dies gilt unproblematisch für das Online-Banking-Verfahren. Wenn ein Nicht-Bank-Zahlungsinstitut als Anbieter der Zahlungsauslösedienste eingeschaltet wird, ist es zweifelhaft, ob im Falle der Online-Betrugszahlungen § 10 Abs. 1 und § 11 Abs. 1 S. 2 i. V. m. § 22 Bankkarten-Entwurf weiterhin gelten, so dass die kartenausgebende Bank statt des Nicht-Bank-Zahlungsinstituts zur Erstattung verpflichtet ist. Diesbezüglich ist § 675u S. 5 BGB, der Art. 73 Abs. 2 UAbs. 1 PSD2 umsetzt, vorbildlich, nach dem im Missbrauchsfall zum Schutz des Zahlers der kontoführende Zahlungsdienstleister statt des Zahlungsauslösedienstleisters zur Erstattung verpflichtet ist,[872] da es für den Zahler grundsätzlich weder erkennbar noch nachweisbar ist, in wessen Verantwortungsbereich die Ursache für den Missbrauch liegt.[873] Zum Ausgleich steht dem kontoführenden Zahlungsdienstleister unter Umständen ein Regressanspruch gemäß § 676a Abs. 1 BGB gegen den Zahlungsauslösedienstleister zu.[874]

---

871 Vgl. oben Kap. 4 B. I. 2.

872 *Omlor*, ZIP 2016, 558, 562.

873 BT-Drs. 18/11495, S. 164; Erwägungsgrund 73 Satz 3 PSD2.

874 BT-Drs. 18/11495, S. 164; *Omlor*, ZIP 2016, 558, 562; Palandt/*Sprau*, § 675u Rn. 7.

3. *Schadensersatzanspruch des Kunden?*

Nicht von den §§ 15 ff. Bankkarten-Entwurf geregelt ist der Schadensersatzanspruch der kartenausgebenden Bank gegen den Karteninhaber im Falle der Online-Betrugszahlungen. Im Gegensatz dazu wird der Schadensersatzanspruch des Karteninhabers mehrfach geregelt.

Nach § 18 Bankkarten-Entwurf kann der Karteninhaber einen Schadensersatzanspruch gegen das Nicht-Bank-Zahlungsinstitut geltend machen, wenn die vom Nicht-Bank-Zahlungsinstitut festgelegte Authentifizierungsmethode für die Internet-Zahlung oder die von ihm verwendeten Internet-Zahlungssysteme oder Geräte usw. Sicherheitslücken aufweisen, was zu Betrugstransaktionen mit Bankkarten führt. Die Beziehung des Erstattungsanspruchs des Karteninhabers im Missbrauchsfall zum Schadensersatzanspruch in dieser Vorschrift bedarf der Erklärung. Diese Vorschrift darf nicht als eine Anspruchsgrundlage für den Erstattungsanspruch des Karteninhabers verstanden werden, weil die hier vorgesehenen Voraussetzungen für den Erstattungsanspruch – welcher an die nicht autorisierte Zahlungstransaktion anknüpft – nicht von Bedeutung sind. Von ihr geregelt könnten die wegen Missbrauchs vom Karteninhaber erlittenen Folgenschäden sein, etwa der Verzugsschaden des Karteninhabers im Valutaverhältnis zu seinem Gläubiger.

§ 20 Bankkarten-Entwurf sieht den Anspruch des Karteninhabers auf Ersatz des entsprechenden Schadens gegen den Telekommunikationsbetreiber vor, wenn der Telekommunikationsbetreiber aufgrund nicht sorgfältiger Überprüfung die SIM-Karte des Mobiltelefons des Karteninhabers auf Verlangen eines unter dem Namen des Karteninhabers handelnden Dritten ersetzt hatte, so dass der Karteninhaber die SMS-Benachrichtigung über die Änderung des Bankkartenkontos nicht empfangen hat. Da sich der Karteninhaber oft durch die SMS-Benachrichtigung über die Änderung seines Bankkontos informiert, kann er im Fall fehlender SMS-Benachrichtigung mithin keine Kenntnis von den eventuellen Missbrauchsfällen erlangen, um die Missbrauchsfälle zu melden. Demzufolge kann das Bankkonto nicht unverzüglich gesperrt werden, um weitere Missbrauchsfälle zu verhindern. In diesem Fall steht zum einen dem Karteninhaber der Erstattungsanspruch zu, weil es sich hier um nicht autorisierte Zahlungstransaktionen handelt. Zum anderen ist der Karteninhaber auch nicht wegen Unterlassung der Anmeldung des Missbrauchsfalls gegenüber dem Zahlungsdienstleister zum Schadensersatz verpflichtet, da er überhaupt keine Kenntnis vom Missbrauchsfall erlangt hat, so dass weder eine Pflichtverletzung noch Fahrlässigkeit des Karteninhabers vorliegt. Im Ergebnis hat der Zahlungsdienstleister einen Schaden erlitten, weshalb gegebenenfalls ihm anstelle des

Karteninhabers ein Regressanspruch gegen den Telekommunikationsbetreiber zustehen sollte. Diesbezüglich ist § 20 Bankkarten-Entwurf fehlerhaft und bedarf einer Korrektur.

III. Verbesserungsvorschläge

1. Einheitliche Regelung

Mit dem Bankkarten-Entwurf versucht das OVG erstmals, spezielle Regelungen für die Risikoverteilung beim Missbrauch von Zahlungsinstrumenten in China zu schaffen. Allerdings sind die bisherigen Regelungen im Bankkarten-Entwurf fragmentiert, da sie auf der einen Seite zwischen Transaktionen mit gefälschten Bankkarten und Online-Betrugszahlungen, auf der anderen Seite zwischen Debitkarten und Kreditkarten hinsichtlich Transaktionen mit gefälschten Bankkarten unterscheiden und dementsprechend unterschiedliche Regeln schaffen. Diese Differenzierung auf der Grundlage der Zahlungsinstrumente ist jedoch unnötig, weil ungeachtet der verschiedenen Zahlungsinstrumente dieselben Regelungen der Risikoverteilung im Missbrauchsfall gelten sollten. Dies ist sowohl im chinesischen[875] als auch im deutschen Recht[876] der Fall. Deshalb sollte der Bankkarten-Entwurf eine einheitliche Regelung der Risikoverteilung im Missbrauchsfall, die für verschiedene Zahlungsinstrumente gilt, schaffen.

Da § 10 und § 11 Bankkarten-Entwurf die grundlegenden Regelungen der Risikoverteilung im Missbrauchsfall sind, sollten auf deren Grundlage einheitliche Regelungen vorgesehen werden. Zum einen sollten § 10 und § 11 Bankkarten-Entwurf in einer Vorschrift zusammengeführt werden. Zum anderen sollte sich der Anwendungsbereich der § 10 und § 11 Bankkarten-Entwurf auf die Online-Betrugszahlungen erstrecken. Im Ergebnis wäre dann die Risikoverteilung im Missbrauchsfall für verschiedene Zahlungsinstrumente trotz ihrer Unterschiedlichkeit einheitlich geregelt.

2. Autorisierung als Ausgangspunkt

Wie oben bereits gezeigt wurde, gilt als Ausgangspunkt für die Risikoverteilung im Missbrauchsfall sowohl im deutschen[877] als auch im chinesischen Recht[878] der Grundsatz: Ohne Autorisierung/Anweisung kein Aufwendungsersatzanspruch

875 Vgl. oben Kap. 3 C.
876 §§ 675u f. BGB differenzieren nicht zwischen verschiedenen Zahlungsinstrumenten.
877 Vgl. oben Kap. 2 A. I.
878 Vgl. oben Kap. 3 C. I. 2.

des Zahlungsdienstleisters. Die Autorisierung/Anweisung ist von zentraler Bedeutung für die Risikoverteilung. Allerdings knüpft der Bankkarten-Entwurf bedauerlicherweise nicht an die Terminologie der Autorisierung/Anweisung an, sondern geht von Transaktionen mit gefälschten Bankkarten und Online-Betrugszahlungen aus. Besonders problematisch ist die Definition der Transaktion mit gefälschten Bankkarten (§ 5 Bankkarten-Entwurf), da sie nicht autorisierte Transaktionen mit echten Bankkarten ungerechtfertigterweise ausschließt.[879] Zur Verbesserung ist es wünschenswert, dass der Bankkarten-Entwurf die Terminologie und das Konzept der Autorisierung übernimmt und diese ins Zentrum der Risikoverteilung stellt.

3. *Erstattungsanspruch des Kunden und Schadensersatzanspruch des Zahlungsdienstleisters*

Für die materiell-rechtliche Regelung der Risikoverteilung beim Missbrauch von Zahlungsinstrumenten sollte China in Zukunft von der Eingleisigkeit der Risikoverteilung in der Rechtsprechung Abschied nehmen.[880] Stattdessen sollte man auf die Zweigleisigkeit der Risikoverteilung[881] – Erstattungsanspruch des Kunden auf der einen Seite und Schadensersatzanspruch des Zahlungsdienstleisters auf der anderen Seite – abstellen.[882] Diesbezüglich sind die Regelungen im deutschen Recht (§ 675u[883] und § 675v BGB[884]) vorbildlich. Die einschlägigen Regelungen im Bankkarten-Entwurf bedürfen noch der Verbesserung.

§ 10 Abs. 1 und § 11 Abs. 1 S. 2 Bankkarten-Entwurf regeln den Erstattungsanspruch des Kunden. Die Inhalte der § 10 Abs. 1 und § 11 Abs. 1 S. 2 Bankkarten-Entwurf sollten grundsätzlich beibehalten werden. Der Schadensersatzanspruch des Karteninhabers i. S. d. § 11 Abs. 1 S. 2 Bankkarten-Entwurf sollte jedoch gestrichen werden, da er gegebenenfalls zusätzliche Voraussetzungen erfordert,[885] weshalb er nicht mit dem Erstattungsanspruch des Karteninhabers in demselben Satz parallel geregelt werden sollte.

Ein schwerwiegender Mangel des Bankkarten-Entwurfs besteht darin, dass der Schadensersatzanspruch des Zahlungsdienstleisters gegen den Kunden

---

879 Vgl. oben Kap. 4 B. I. 1.
880 Vgl. oben Kap. 4 A.
881 Diesen Terminus verwendet *Omlor*, ZfRV 2013, 80, 86.
882 Vgl. ausführlich oben Kap. 3 C. I., II. und III.
883 Vgl. ausführlich oben Kap. 2 A.
884 Vgl. ausführlich oben Kap. 2 C.
885 Vgl. oben Kap. 4 B. I. 2.

nicht oder zumindest nicht richtig geregelt wird. § 10 Abs. 2 und § 11 Abs. 2 Bankkarten-Entwurf sollten klarmachen, dass der Karteninhaber zum Schadensersatz verpflichtet ist, wenn seine schuldhafte Pflichtverletzung zur nicht autorisierten Zahlungstransaktion geführt hat.[886] § 10 Abs. 3 und § 11 Abs. 3 Bankkarten-Entwurf sollten nach dem Vorbild des § 57 Abs. 3 E-Commerce-Gesetz – ungeachtet seiner missverständlichen Formulierung[887] – die Fälle benennen, in denen die kartenausgebende Bank Maßnahmen zur Verhinderung der Ausweitung des Schadens ergreifen soll. Unterlässt es die kartenausgebende Bank, solche Maßnahmen zu ergreifen, ist die Schadensersatzpflicht des Kunden entsprechend ausgeschlossen.[888]

Die nach dem Vorschlag dieser Arbeit neu formulierten § 10 und § 11 Bankkarten-Entwurf sollten grundsätzlich auch für Online-Betrugszahlungen gelten.[889]

886 Vgl. oben Kap. 4 B. I. 2.

887 Vgl. oben Kap. 3 D. II. 2 b) cc).

888 Vgl. oben Kap. 3 D. II. 2 b) cc).

889 Das ist kein Problem für das Online-Banking. Wird bei der Zahlungstransaktion das Nicht-Bank-Zahlungsinstitut als Anbieter der Zahlungsauslösedienste eingeschaltet, ist es aus Gründen des Kundenschutzes empfehlenswert, dem Vorbild des § 675u S. 5 BGB zu folgen, wonach im Missbrauchsfall die kartenausgebende Bank der Anspruchsgegner des Kunden ist; unter Umständen steht der kartenausgebenden Bank ein Regressanspruch gegen das Nicht-Bank-Zahlungsinstitut als Anbieter der Zahlungsauslösedienste zu, vgl. oben Kap. 4 B. II. 2. Schließlich sollte auch das E-Geld-Geschäft durch den Bankkarten-Entwurf geregelt werden. Für den Zweck der vorliegenden Arbeit ist darauf nicht weiter einzugehen.

Zusammenfassung der Ergebnisse

I. Die Risikoverteilung beim Missbrauch von Zahlungsinstrumenten in Deutschland wird grundsätzlich durch die einheitlichen Regelungen der §§ 675u ff. BGB geregelt. Als Ausgangspunkt der Risikoverteilung gilt der Grundsatz „ohne Autorisierung kein Aufwendungsersatzanspruch des Zahlungsdienstleisters", so dass grundsätzlich der Zahlungsdienstleister das Missbrauchsrisiko zu tragen hat, da es im Missbrauchsfall an der Autorisierung des Zahlers fehlt. Unter Umständen könnte dem Zahlungsdienstleister ein Aufwendungsersatzanspruch durch Rechtsscheintatbestände zustehen. Die Rechtsscheinhaftung ist zwar grundsätzlich auf das Zahlungsdiensterecht, das die PSD2 umsetzt, anwendbar, deren Tatbestände müssen dennoch an das Zahlungsdiensterecht angepasst werden. Zum einen ist für den Maßstab der Zurechenbarkeit bei Rechtsscheingrundsätzen auf den Verschuldensmaßstab in § 675v Abs. 3 BGB abzustellen. Zum anderen ist die Frage, ob bei verschiedenen Zahlungsinstrumenten ein hinreichender Rechtsschein vorliegt, anhand des Kriteriums der starken Kundenauthentifizierung zu beurteilen. Wenn im Missbrauchsfall der Aufwendungsersatzanspruch des Zahlungsdienstleisters weder durch Autorisierung des Zahlers noch durch Rechtsscheintatbestände begründet wird, kommt schließlich der Schadensersatzanspruch gemäß § 675v Abs. 1 und Abs. 3 BGB in Betracht, welcher durch § 675v Abs. 4 und Abs. 5 BGB ausgeschlossen werden kann. Gemäß § 675v Abs. 1 BGB haftet der Zahler im Missbrauchsfall verschuldensunabhängig; diese Haftung wird jedoch zum einen auf 50 Euro beschränkt und kann zum anderen gemäß § 675v Abs. 2 BGB ausgeschlossen werden. § 675v Abs. 3 BGB sieht die unbeschränkte Haftung des Zahlers für nicht autorisierte Zahlungsvorgänge vor und setzt die grobe Fahrlässigkeit des Zahlers voraus. Ob der Zahler im Missbrauchsfall grob fahrlässig gehandelt hat, muss man im Einzelfall unter Berücksichtigung der konkreten Pflichten des Zahlers, die sich bei verschiedenen Zahlungsinstrumenten unterschiedlich darstellen, beurteilen.

II. Im Vergleich zum deutschen Recht wird die Risikoverteilung beim Missbrauch von Zahlungsinstrumenten im chinesischen Recht nicht durch spezialgesetzliche Regelungen einheitlich geregelt. Die chinesische Rechtsprechung zeichnet sich durch die Eingleisigkeit bezüglich der Risikoverteilung im Missbrauchsfall aus, da sie sich allein auf einen

Schadensersatzanspruch des Kunden gegen die Bank fokussiert. Diese Behandlung steht mit dem Risikoverteilungssystem nach den allgemeinen zivilrechtlichen Regelungen nicht im Einklang. Gemäß § 404 VG gilt als Ausgangspunkt für die Risikoverteilung im Missbrauchsfall in der VR China ebenfalls der Grundsatz „ohne Anweisung kein Aufwendungsersatzanspruch des Zahlungsdienstleisters". Zudem ist die Rechtsscheinvollmacht anstelle der sog. „Leistung an den Quasi-Besitzer einer Forderung" auf die Fälle des Missbrauchs von Zahlungsinstrumenten anwendbar, so dass der Bank gegebenenfalls ein Aufwendungsersatzanspruch durch Rechtsscheinvollmacht zusteht. Schließlich kann die Bank sich auf einen Schadensersatzanspruch wegen Vertragsverletzung des Kunden berufen, welcher grundsätzlich vom Verschulden des Kunden abhängig ist. Die Haftung des Kunden kann in bestimmten Fällen gemindert oder ausgeschlossen werden, etwa wenn ein Mitverschulden der Bank angenommen wird oder der Kunde vereinbarungsgemäß eine Verlustmeldung abgegeben hat.

Das E-Commerce-Gesetz hat zwar spezielle Regelungen der Risikoverteilung für elektronische Zahlungsdienste eingeführt, diese Regelungen sind allerdings nur auf den Bereich des E-Commerce anwendbar. Zudem sind die im E-Commerce-Gesetz enthaltenen Regelungen insoweit missverständlich, als § 57 Abs. 2 HS 1 E-Commerce-Gesetz den Erstattungsanspruch des Nutzers im Fall der nicht autorisierten Zahlung und § 57 Abs. 2 HS 2 E-Commerce-Gesetz den Schadensersatzanspruch des Anbieters elektronischer Zahlungsdienste nicht deutlich zum Ausdruck bringt.

III. Bezüglich der Risikoverteilung beim Missbrauch von Zahlungsinstrumenten sind die geltenden Regelungen und die Rechtspraxis in der VR China weder konsistent noch einheitlich. Das OVG der VR China versucht, durch spezielle Interpretationen, nämlich den Bankkarten-Entwurf, einheitliche Regelungen zu schaffen. Allerdings sind mehrere Regelungen im Bankkarten-Entwurf fehlerhaft und verbesserungsbedürftig. Erstens sollte der Bankkarten-Entwurf einheitliche Regelungen der Risikoverteilung einführen, welche für verschiedene Zahlungsarten gleich gelten, nämlich unabhängig davon, ob es sich um Debitkarte, Kreditkarte oder Online-Betrugszahlungen handelt. Zudem sollte der Bankkarten-Entwurf ausdrücklich an die Terminologie der Autorisierung oder der Anweisung des Zahlers anknüpfen und für die Risikoverteilung im Missbrauchsfall davon ausgehen, ob die jeweilige Autorisierung oder Anweisung des Zahlers vorliegt. Schließlich sollte der Bankkarten-Entwurf die Zweigleisigkeit der

Risikoverteilung im Missbrauchsfall deutlich machen, indem der Erstattungsanspruch des Kunden auf der einen Seite und der Schadensersatzanspruch des Zahlungsdienstleisters auf der anderen Seite klar voneinander differenziert werden.

Anhänge

1. Entsprechungstabelle

Allgemeiner Teil des Zivilrechts der VR China[890]	**Zivilgesetzbuch der VR China**[891]
§ 172	§ 172
Vertragsgesetz der VR China[892]	**Zivilgesetzbuch der VR China**
§ 39 Abs. 1	§ 496 Abs. 2 S. 1
§ 39 Abs. 2	§ 496 Abs. 1
§ 40	§ 497
§ 41	§ 498
§ 42	§ 500
§ 49	§ 172
§ 52	§§ 146, 153, 154
§ 53	§ 506
§ 60	§ 509 Abs. 1, Abs. 2
§ 62	§ 511
§ 107	§ 577
§ 113 Abs. 1	§ 584
§ 119	§ 591
§ 120	§ 592 Abs. 1
§ 174	§ 646
§ 222	§ 714
§ 374	§ 897
§ 378	§ 901
§ 396	§ 919
§ 398	§ 921
§ 399	§ 922
§ 404	§ 927

890 Aufgehoben durch § 1260 Zivilgesetzbuch der VR China.

891 Deutsche Übersetzung, Paragrafenüberschriften in eckigen Klammer und Anmerkungen von *DING Yijie*, *Peter Leibküchler*, *Nils Klages* und *Knut Benjamin Pißler*, ZChinR 2020, 207 ff.

892 Aufgehoben durch § 1260 Zivilgesetzbuch der VR China.

Vertragsgesetz der VR China	**Zivilgesetzbuch der VR China**
§ 406	§ 929
§ 407	§ 930
Erläuterungen des Obersten Volksgerichts zu einigen Fragen des Vertragsgesetzes der Volksrepublik China (Teil 2) (Fashi [2009] Nr. 5)[893]	**Zivilgesetzbuch der VR China**
§ 9	§ 496 Abs. 2 S. 2
Erläuterungen des Obersten Volksgerichts zu Fragen der Rechtsanwendung bei der Behandlung von Streitfällen zu Kaufverträgen a. F.	**Zivilgesetzbuch der VR China**
(Fashi [2012] Nr. 7)	
§ 30	§ 592 Abs. 2

893 Aufgehoben durch Bestimmungen des Obersten Volksgerichts zur Aufhebung einiger justizieller Interpretationen und relevanter normierender Rechtsschriftstücke vom 29.12.2020 (Fashi [2020] Nr. 16) (最高人民法院关于废止部分司法解释及相关规范性文件的决定，法释〔2020〕16号).

2. Bankkarten-Entwurf des OVG der VR China

最高人民法院 关于审理银行卡民事纠纷案件若干问题的规定 （征求意见稿）[节选]	**Bestimmungen des Obersten Volksgerichts zu einigen Fragen der Behandlung von zivilen Streitfällen zu Bankkarten (Konsultationsentwurf) [Auszug]**
为正确审理银行卡民事纠纷案件，保护各方当事人的合法权益，依照《中华人民共和国商业银行法》《中华人民共和国合同法》《中华人民共和国侵权责任法》等有关法律规定，结合司法实践，制定本规定。	Um zivile Streitfälle zu Bankkarten korrekt zu behandeln und die legalen Rechtsinteressen der einschlägigen Parteien zu schützen, werden diese Bestimmungen auf Grundlage des „Geschäftsbankgesetzes der VR China", des „Vertragsgesetzes der VR China", des „Gesetzes der VR China über die Haftung für die Verletzung von Rechten" und weiteren gesetzlichen Bestimmungen unter Berücksichtigung der Rechtsprechungspraxis festgelegt.
一、适用范围	**1. Abschnitt: Anwendungsbereich**
第一条（适用范围）持卡人与发卡行、非银行支付机构、特约商户等相关主体之间因申领、使用银行卡等行为产生的民事纠纷，适用本规定。 本规定所称银行卡民事纠纷，包括借记卡纠纷和信用卡纠纷。	**§ 1 [Anwendungsbereich]** Diese Bestimmungen gelten für zivile Streitigkeiten zwischen Karteninhabern und kartenausgebenden Banken, Nicht-Bank-Zahlungsinstituten und Vertragshändlern und anderen einschlägigen Parteien, die sich aus der Beantragung und Verwendung von Bankkarten und anderen Handlungen ergeben. Die zivilen Streitigkeiten zu Bankkarten umfassen in diesen Bestimmungen Streitigkeiten zu Debitkarten und zu Kreditkarten.

最高人民法院 关于审理银行卡民事纠纷案件若干问题的规定 （征求意见稿）［节选］	**Bestimmungen des Obersten Volksgerichts zu einigen Fragen der Behandlung von zivilen Streitfällen zu Bankkarten (Konsultationsentwurf) [Auszug]**
二、信用卡透支	**2. Abschnitt: Kreditkartenüberziehung**
第二至第四条 （*省略*）	**§§ 2–4** (*hier nicht wiedergegeben*)
三、伪卡交易	**3. Abschnitt: Transaktionen mit gefälschten Bankkarten**
第五条（伪卡交易的概念） 本规定所称伪卡交易，是指他人伪造银行卡刷卡进行取现、消费、转账等，导致持卡人银行卡账户资金减少或者透支数额增加的行为。	**§ 5 [Begriff der Transaktionen mit gefälschten Bankkarten]** Transaktionen mit gefälschten Bankkarten bezeichnen in diesen Bestimmungen die Handlungen, bei denen eine gefälschte Bankkarte von einem anderen zum Abheben von Bargeld, zum Konsum oder zur Überweisung usw. verwendet wird, was zu einer Verringerung der Geldmittel oder zu einer Erhöhung des Überziehungsbetrags auf dem Bankkartenkonto des Karteninhabers führt.
第六条（举证责任及事实认定） 持卡人主张存在伪卡交易事实的，可以提供刑事判决、案涉银行卡交易时其持有的真卡、案涉银行卡交易时及其前后银行卡账户交易明细、报警记录、挂失记录等证据进行证明。 发卡行主张争议交易为持卡人本人交易或者持卡人授权交易的，应承担举证证明责任。	**§ 6 [Beweislast und Feststellung der Tatsachen]** Behauptet der Karteninhaber, dass Transaktionen mit gefälschten Bankkarten vorliegen, kann er zum Nachweis Beweise wie etwa strafrechtliche Verurteilungen, die echte Bankkarte, die er zum Zeitpunkt der Transaktion mit der einschlägigen Bankkarte besitzt, die Transaktionsdetails des

最高人民法院 关于审理银行卡民事纠纷案件若干问题的规定 （征求意见稿）［节选］	**Bestimmungen des Obersten Volksgerichts zu einigen Fragen der Behandlung von zivilen Streitfällen zu Bankkarten (Konsultationsentwurf) [Auszug]**
人民法院应当全面审查当事人双方提交的证据，结合交易行为地与真卡所在地距离、交易时间和报案时间、持卡人身份、持卡人用卡习惯、持卡人在银行卡被盗刷后的表现等事实，根据高度盖然性证明标准和优势证据规则，综合判断是否存在伪卡交易事实。	Bankkartenkontos zum Zeitpunkt der Transaktion sowie vor und nach der Transaktion mit der einschlägigen Bankkarte, die Aufzeichnung der Strafanzeige oder die der Verlustmeldung einreichen. Behauptet die kartenausgebende Bank, dass die streitige Transaktion eine eigene Transaktion des Karteninhabers oder eine autorisierte Transaktion des Karteninhabers ist, trägt sie die Beweislast[894]. Das Volksgericht muss die von beiden Parteien eingereichten Beweise umfassend überprüfen, [und] nach dem Beweismaß der hohen Wahrscheinlichkeit und den Regeln der überwiegenden Beweise[895] unter Berücksichtigung aller Umstände, einschließlich Tatsachen wie etwa der Entfernung zwischen dem Ort der Transaktion und dem der echten Bankkarte, der Transaktionszeit und der Strafanzeigezeit, der Identität des Karteninhabers, der Verhaltensgewohnheiten des Karteninhabers und des Verhaltens des Karteninhabers nach der Transaktion mit der gefälschten Bankkarte, beurteilen, ob eine Transaktion mit einer gefälschten Bankkarte vorliegt.

894 Chin. „举证证明责任“; wörtlich „die Verantwortung für den Nachweis durch Beweisantritt“.

895 Chin. „优势证据规则“.

最高人民法院
关于审理银行卡民事纠纷案件若干问题的规定
（征求意见稿）［节选］

第七条（发卡行的通知义务）

【方案一】因发卡行未即时告知持卡人银行卡账户交易变动情况，导致无法查明伪卡交易事实的，发卡行应承担举证不能的法律后果。发卡行以持卡人未购买有偿手机短信通知服务为由主张不负有手机短信通知义务的，人民法院不予支持，持卡人没有手机或者双方约定采用其他方式通知的情形除外。

发卡行有证据证明其已即时发出通知，该通知已到达或者非因发卡行原因应到达而未实际到达持卡人的，应认定发卡行尽到通知义务。

【方案二】因发卡行未即时告知持卡人银行卡账户的变动情况，导致无法查明伪卡交易事实的，发卡行应承担举证不能的法律后果。发卡行以持卡人未对单笔交易额超过200元的银行卡交易购买有偿手机短信通知服务为由主张不负有该通知义务的，人民法院不予支持，持卡人没有手机或者双方约定采用其他方式通知的情形除外。

发卡行有证据证明其已即时发出通知，该通知已到达或者非因发卡行原因应到达而未实际到达持卡人的，应认定发卡行尽到通知义务。

Bestimmungen des Obersten Volksgerichts zu einigen Fragen der Behandlung von zivilen Streitfällen zu Bankkarten (Konsultationsentwurf) [Auszug]

§ 7 [Mitteilungspflicht der kartenausgebenden Bank]

[Plan 1 des Konsultationsentwurfs] Informiert die kartenausgebende Bank den Karteninhaber nicht unverzüglich über die Änderung seines Bankkartenkontos, so dass das Vorliegen von Transaktionen mit gefälschten Bankkarten nicht ermittelt werden kann, muss die kartenausgebende Bank die Rechtsfolge tragen, dass sie den Beweis nicht antreten kann. Macht die kartenausgebende Bank geltend, dass sie deshalb nicht zur Mitteilung durch SMS verpflichtet war, weil der Karteninhaber keinen entgeltlichen SMS-Benachrichtigungsservice vereinbart hat, unterstützt das Volksgericht [dies] nicht, es sei denn, dass der Karteninhaber kein Mobiltelefon hat oder beide Parteien eine andere Mitteilungsmethode vereinbart haben.

Weist die kartenausgebende Bank nach, dass sie eine unverzügliche Mitteilung abgesendet hat, muss festgestellt werden, dass sie ihre Mitteilungspflicht erfüllt hat, wenn dem Karteninhaber die Mitteilung zugegangen oder aus Gründen außerhalb des Verantwortungsbereichs der kartenausgebenden Bank nicht zugegangen ist.

最高人民法院 关于审理银行卡民事纠纷案件若干问题的规定 （征求意见稿）［节选］	**Bestimmungen des Obersten Volksgerichts zu einigen Fragen der Behandlung von zivilen Streitfällen zu Bankkarten (Konsultationsentwurf) [Auszug]**
	[Plan 2 des Konsultationsentwurfs] Informiert die kartenausgebende Bank den Karteninhaber nicht unverzüglich über die Änderung seines Bankkartenkontos, so dass das Vorliegen von Transaktionen mit gefälschten Bankkarten nicht ermittelt werden kann, muss die kartenausgebende Bank die Rechtsfolge tragen, dass sie den Beweis nicht antreten kann. Macht die kartenausgebende Bank geltend, dass sie deshalb nicht zur Mitteilung durch SMS verpflichtet war, weil der Karteninhaber für die über 200 CNY hinausgehenden einzelnen Bankkartentransaktionen keinen entgeltlichen SMS-Benachrichtigungsservice vereinbart hat, unterstützt das Volksgericht [dies] nicht, es sei denn, dass der Karteninhaber kein Mobiltelefon hat oder beide Parteien eine andere Mitteilungsmethode vereinbart haben. Weist die kartenausgebende Bank nach, dass sie eine unverzügliche Mitteilung abgesendet hat, muss festgestellt werden, dass sie ihre Mitteilungspflicht erfüllt hat, wenn dem Karteninhaber die Mitteilung zugegangen oder aus Gründen außerhalb des Verantwortungsbereichs der kartenausgebenden Bank nicht zugegangen ist.

最高人民法院 关于审理银行卡民事纠纷案件若干问题的规定 （征求意见稿）［节选］	**Bestimmungen des Obersten Volksgerichts zu einigen Fragen der Behandlung von zivilen Streitfällen zu Bankkarten (Konsultationsentwurf) [Auszug]**
第八条（持卡人的告知、报警或挂失义务）持卡人在知道或者应当知道发卡行发送了银行卡账户交易变动的通知后，未及时告知发卡行存在伪卡交易事实、挂失或报警，导致无法查明伪卡交易事实的，应承担举证不能的法律后果。	**§ 8 [Mitteilungs-, Strafanzeige- oder Verlustmeldungspflicht des Karteninhabers]** Informiert der Karteninhaber die kartenausgebende Bank nicht unverzüglich über das Vorliegen von Transaktionen mit gefälschten Bankkarten, [oder] meldet er den Verlust oder erstattet er die Strafanzeige nicht unverzüglich, sobald er weiß oder wissen muss, dass die kartenausgebende Bank eine Benachrichtigung über die Änderung des Bankkartenkontos wegen Transaktionen gesendet hatte, so dass das Vorliegen von Transaktionen mit gefälschten Bankkarten nicht ermittelt werden kann, muss er die Rechtsfolge tragen, dass er den Beweis nicht antreten kann.
第九条（发卡行的核实、保全证据义务）发卡行在持卡人告知伪卡交易后，未及时向持卡人核实银行卡的持有及使用情况，无合理理由未及时提供对账单或监控录像等证据，导致有关证据无法取得的，应承担举证不能的法律后果。	**§ 9 [Überprüfungspflicht und Pflicht zur Beweissicherung der kartenausgebenden Bank]** Überprüft die kartenausgebende Bank nicht unverzüglich die Umstände des Besitzes und der Verwendung beim Karteninhaber, [oder] legt sie ohne berechtigten Grund nicht unverzüglich den Beweis wie etwa den Kontoauszug oder das Überwachungsvideo vor, nachdem der Karteninhaber sie über die Transaktionen mit gefälschten Bankkarten informiert hat, so dass die relevanten Beweise nicht erhoben werden können, muss sie die Rechtsfolge tragen, dass sie den Beweis nicht antreten kann.

最高人民法院 关于审理银行卡民事纠纷案件若干问题的规定 （征求意见稿）［节选］	**Bestimmungen des Obersten Volksgerichts zu einigen Fragen der Behandlung von zivilen Streitfällen zu Bankkarten (Konsultationsentwurf) [Auszug]**
第十条（借记卡的伪卡交易责任）发生借记卡伪卡交易，持卡人请求发卡行依照借记卡合同的约定，向其支付本金和利息的，人民法院应予支持。 发卡行举证证明持卡人对借记卡伪卡盗刷具有过错，主张在持卡人的过错范围内减轻或者免除发卡行责任的，人民法院应予支持。 持卡人未及时采取措施防止损失扩大，发卡行主张持卡人应自行承担扩大损失责任的，人民法院应予支持。	**§ 10 [Haftung bei Transaktionen mit gefälschten Debitkarten]** Wenn im Falle der Transaktionen mit gefälschten Debitkarten der Karteninhaber von der kartenausgebenden Bank fordert, das Kapital mit Zinsen gemäß dem Debitkartenvertrag an ihn zu zahlen, muss das Volksgericht [dies] unterstützen. Wenn die kartenausgebende Bank durch Beweisantritt nachweist, dass der Karteninhaber die Betrugstransaktionen mit gefälschten Debitkarten schuldhaft verursacht hat, muss das Volksgericht unterstützen, wenn [die kartenausgebende Bank] geltend macht, dass ihre Haftung im Rahmen des Verschuldens des Karteninhabers gemindert oder ausgeschlossen wird. Wenn der Karteninhaber nicht unverzüglich Maßnahmen ergreift, um eine Ausweitung des Schadens zu verhindern, muss das Volksgericht unterstützen, wenn die kartenausgebende Bank geltend macht, dass der Karteninhaber selbst die Haftung für den ausgeweiteten Schaden trägt.

最高人民法院 关于审理银行卡民事纠纷案件若干问题的规定 （征求意见稿）[节选]	**Bestimmungen des Obersten Volksgerichts zu einigen Fragen der Behandlung von zivilen Streitfällen zu Bankkarten (Konsultationsentwurf) [Auszug]**
第十一条（信用卡的伪卡交易）发生信用卡伪卡交易，发卡行请求持卡人根据合同的约定偿还透支款及利息的，人民法院不予支持。持卡人请求发卡行返还扣划的银行卡透支款本息并赔偿损失的，人民法院应予支持。	**§ 11 [Haftung bei Transaktionen mit gefälschten Kreditkarten]** Wenn im Falle der Transaktionen mit gefälschten Kreditkarten die kartenausgebenden Bank vom Karteninhaber fordert, das Kapital des Überziehungsbetrags mit Zinsen nach der Vereinbarung des Vertrags zurückzuerstatten, unterstützt das Volksgericht [dies] nicht. Wenn der Karteninhaber von der kartenausgebenden Bank fordert, das Kapital und die Zinsen der überzogenen Bankkarte zurückzugeben und den Schaden zu ersetzen, muss das Volksgericht [dies] unterstützen.
发卡行举证证明持卡人对信用卡伪卡盗刷具有过错，主张在持卡人的过错范围内减轻或者免除发卡行责任的，人民法院应予支持。	Wenn die kartenausgebende Bank durch Beweisantritt nachweist, dass der Karteninhaber die Betrugstransaktionen mit gefälschten Kreditkarten schuldhaft verursacht hat, muss das Volksgericht unterstützen, wenn [die kartenausgebende Bank] geltend macht, dass ihre Haftung im Rahmen des Verschuldens des Karteninhabers gemindert oder ausgeschlossen wird.
持卡人未及时采取措施防止损失扩大，发卡行主张持卡人应自行承担扩大损失责任的，人民法院应予支持。	Wenn der Karteninhaber nicht unverzüglich Maßnahmen ergreift, um eine Ausweitung des Schadens zu verhindern, muss das Volksgericht unterstützen, wenn die kartenausgebende Bank geltend macht, dass der Karteninhaber selbst die Haftung für den ausgeweiteten Schaden trägt.

最高人民法院 关于审理银行卡民事纠纷案件若干问题的规定 （征求意见稿）[节选]	**Bestimmungen des Obersten Volksgerichts zu einigen Fragen der Behandlung von zivilen Streitfällen zu Bankkarten (Konsultationsentwurf) [Auszug]**
第十二条（发卡行的求偿权）因收单机构、特约商户等主体未尽审核义务导致伪卡盗刷，持卡人诉请发卡行承担违约责任，发卡行承担责任后向存在过错的收单机构、特约商户追偿的，人民法院应予支持。	**§ 12 [Ausgleichsanspruch der kartenausgebenden Bank]** Kommen der Acquirer, der Vertragshändler oder andere Parteien der Überprüfungspflicht nicht vollständig nach, so dass Transaktionen mit gefälschten Bankkarten verursacht werden, [und] klagt der Karteninhaber gegen die kartenausgebende Bank auf Übernahme der Haftung für die Vertragsverletzung, muss das Volksgericht unterstützen, wenn die kartenausgebende Bank vom schuldhaft handelnden Acquirer oder vom Vertragshändler Regress verlangt, nachdem sie die Haftung [gegenüber dem Karteninhaber] getragen hat.
第十三条（伪卡盗刷人的侵权责任）发卡行承担违约责任后，依法请求伪卡盗刷人承担赔偿责任，或者收单机构、特约商户承担责任后，依法请求伪卡盗刷人承担赔偿责任的，人民法院应予支持。	**§ 13 [Deliktshaftung des Kartendubletten-Betrügers]** Fordert die kartenausgebende Bank vom Kartendubletten-Betrüger, die Schadensersatzhaftung zu tragen, nachdem sie die Haftung für die Vertragsverletzung übernommen hat, oder fordert der Acquirer oder Vertragshändler vom Kartendubletten-Betrüger, die Schadensersatzhaftung zu tragen, nachdem er die Haftung übernommen hat, muss das Volksgericht [dies] unterstützen.

最高人民法院 关于审理银行卡民事纠纷案件若干问题的规定 （征求意见稿）[节选]	**Bestimmungen des Obersten Volksgerichts zu einigen Fragen der Behandlung von zivilen Streitfällen zu Bankkarten (Konsultationsentwurf) [Auszug]**
第十四条（不良征信记录禁止）发卡行知道或者应当知道存在伪卡交易争议、在伪卡交易责任确定之前或在确定持卡人不应对伪卡交易承担责任的情形下，对持卡人做不良征信记录，持卡人请求发卡行撤销该不良征信记录的，人民法院应予支持。	**§ 14 [Verbot des negativen Bonitätseintrags]** Weiß oder muss die kartenausgebende Bank wissen, dass ein Streit über Transaktionen mit gefälschten Bankkarten vorliegt, [und] nimmt sie einen negativen Bonitätseintrag für den Karteninhaber vor, bevor die Haftung für die Transaktionen mit gefälschten Bankkarten festgestellt wird, oder festgestellt wird, dass der Karteninhaber keine Haftung für die Transaktionen mit gefälschten Bankkarten tragen sollte, muss das Volksgericht unterstützen, wenn der Karteninhaber von der kartenausgebenden Bank fordert, diesen negativen Bonitätseintrag zu löschen.
四、网络盗刷	**4. Abschnitt: Online-Betrugszahlungen**
第十五条（网络盗刷的概念）本规定所称网络盗刷，是指他人冒用持卡人名义、使用持卡人网络交易身份认证信息进行网络交易，导致持卡人银行卡账户资金减少或者透支金额增加的行为。	**§ 15 [Begriff der Online-Betrugszahlungen]** Online-Betrugszahlungen bezeichnen in diesen Bestimmungen die Handlungen, bei denen ein anderer unter dem Namen des Karteninhabers [oder] unter Verwendung von Authentifizierungsinformationen des Karteninhabers für Internet-Transaktionen eine Internet-Transaktion vornimmt, was zu einer Verringerung der Geldmittel oder zu einer Erhöhung des Überziehungsbetrags auf dem Bankkartenkonto des Karteninhabers führt.

最高人民法院 关于审理银行卡民事纠纷案件若干问题的规定 （征求意见稿）［节选］	**Bestimmungen des Obersten Volksgerichts zu einigen Fragen der Behandlung von zivilen Streitfällen zu Bankkarten (Konsultationsentwurf) [Auszug]**
第十六条（举证责任及事实认定）持卡人主张存在网络盗刷事实的，可以提供刑事判决、案涉时间及其前后其持有银行卡以及其未进行网络交易、其与收款人没有基础法律关系、其持有银行卡所在地地址与网上交易IP地址不同、网络异常交易记录、报警记录、挂失记录等证据进行证明。 发卡行、非银行支付机构主张争议交易为持卡人本人交易或者持卡人授权交易的，应承担举证证明责任。发卡行、非银行支付机构应提交由其持有的案涉交易行为发生时的电子交易记录等证据，无合理理由拒不提供的，应承担举证不能的法律后果。	**§ 16 [Beweislast und Feststellung der Tatsachen]** Behauptet der Karteninhaber das Vorliegen von Online-Betrugszahlungen, kann er zum Nachweis Beweise wie etwa strafrechtliche Verurteilungen, die echte Bankkarte, die er zum Zeitpunkt der Transaktion sowie vor und nach der einschlägigen Transaktion besitzt, und die Nichtvornahme der Internet-Transaktion, das Nichtbestehen des zugrundeliegenden Rechtsverhältnisses zwischen ihm und dem Zahlungsempfänger, den Unterschied zwischen dem Ort der von ihm besessenen Bankkarte und der IP-Adresse der Internet-Transaktion, die Aufzeichnung der ungewöhnlichen Internet-Transaktion, die Strafanzeige oder die Verlustmeldung einreichen. Behauptet die kartenausgebende Bank [oder] das Nicht-Bank-Zahlungsinstitut, dass die streitige Transaktion die eigene Transaktion des Karteninhabers oder die autorisierte Transaktion des Karteninhabers ist, muss sie/es die Beweislast[896] tragen. Die kartenausgebende Bank [oder] das Nicht-Bank-Zahlungsinstitut muss die Beweise wie etwa die Aufzeichnung der elektronischen Transaktion zum Zeitpunkt der einschlägigen Transaktion einreichen; sie/es muss die Rechtsfolge tragen, dass sie/es den Beweis nicht antreten kann, wenn sie/es ohne berechtigten Grund diese Beweise nicht einreicht.

896 Chin. „举证证明责任"; wörtlich „die Verantwortung für den Nachweis durch Beweisantritt".

最高人民法院
关于审理银行卡民事纠纷案件若干问题的规定
（征求意见稿）[节选]

第十七条（发卡行、非银行支付机构的信息披露义务）发卡行与持卡人签订银行卡合同时，未告知持卡人银行卡具有网络支付功能，或者未告知发卡行与非银行支付机构合作开展通过非银行支付机构支付平台关联银行卡交易等信息，持卡人以其未与发卡行就上述网络支付条款达成合意为由，主张不承担银行卡网络盗刷责任的，人民法院应予支持，但持卡人知道或者应当知道该网络支付功能存在并同意使用的情形除外。

发卡行虽告知银行卡具有某一种网络支付功能，但未全面告知和明确说明该网络支付业务的持卡人身份认证方式、相关交易规则、未提示该业务的法律风险、未告知风险防范措施等影响持卡人决定是否使用该网络支付功能的信息，因该网络支付功能的使用导致银行卡被盗刷，持卡人请求发卡行承担相应赔偿损失责任的，人民法院应予支持。

前述情形，发卡行有证据证明持卡人对网络盗刷具有过错的，发卡行在持卡人过错范围内减轻责任。

非银行支付机构与持卡人签订网络支付服 务合同时，未向持卡人履行前两款信息披露义务的，参照前三款规定处理。

Bestimmungen des Obersten Volksgerichts zu einigen Fragen der Behandlung von zivilen Streitfällen zu Bankkarten (Konsultationsentwurf) [Auszug]

§ 17 [Informationspflicht der kartenausgebenden Bank und des Nicht-Bank-Zahlungsinstituts] Hat die kartenausgebende Bank beim Abschluss des Bankkartenvertrags mit dem Karteninhaber dem Karteninhaber die Online-Zahlungsfunktion der Bankkarte und andere Informationen, etwa dass sie und das Nicht-Bank-Zahlungsinstitut zusammenarbeiten, um die Bankkartentransaktion mit der Zahlungsplattform des Nicht-Bank-Zahlungsinstituts zu verbinden, nicht mitgeteilt, muss das Volksgericht unterstützen, wenn der Karteninhaber geltend macht, dass er deshalb keine Haftung für die Online-Betrugszahlungen trägt, weil er über die oben genannten Online-Zahlungsklauseln keine Einigung mit der kartenausgebenden Bank erzielt hat, es sei denn, der Karteninhaber weiß oder muss wissen, dass die Online-Zahlungsfunktion vorhanden ist, und er ist damit einverstanden, sie zu verwenden.

Hat die kartenausgebende Bank zwar mitgeteilt, dass die Bankkarte eine bestimmte Online-Zahlungsfunktion hat, hat sie aber die Authentifizierungsmethode des Karteninhabers bezüglich dieses Online-Zahlungsgeschäfts und die relevanten Transaktionsregeln nicht vollständig mitgeteilt oder nicht ausdrücklich erklärt, [oder] nicht auf die rechtlichen Risiken dieses Geschäfts hingewiesen, [oder] die

最高人民法院 关于审理银行卡民事纠纷案件若干问题的规定 （征求意见稿）［节选］	**Bestimmungen des Obersten Volksgerichts zu einigen Fragen der Behandlung von zivilen Streitfällen zu Bankkarten (Konsultationsentwurf) [Auszug]**
	Risikopräventionsmaßnahmen sowie andere Informationen, die sich auf die Entscheidung des Karteninhabers für die Verwendung dieser Online-Zahlungsfunktion auswirken, nicht mitgeteilt, so dass die Verwendung dieser Online-Zahlungsfunktion zum Bankkartenbetrug geführt hat, muss das Volksgericht unterstützen, wenn der Karteninhaber von der kartenausgebenden Bank fordert, entsprechend Schadensersatzhaftung zu tragen. Wenn in den oben genannten Fällen die kartenausgebende Bank nachweist, dass der Karteninhaber die Online-Betrugszahlungen schuldhaft verursacht hat, wird die Haftung der kartenausgebenden Bank im Rahmen des Verschuldens des Karteninhabers gemindert. Wenn das Nicht-Bank-Zahlungsinstitut beim Abschluss des Online-Zahlungsdienstvertrags mit dem Karteninhaber die Informationspflichten nach den ersten beiden Absätzen gegenüber dem Karteninhaber nicht erfüllt, werden die drei vorhergehenden Absätze entsprechend angewendet.

最高人民法院 关于审理银行卡民事纠纷案件若干问题的规定 （征求意见稿）[节选]	**Bestimmungen des Obersten Volksgerichts zu einigen Fragen der Behandlung von zivilen Streitfällen zu Bankkarten (Konsultationsentwurf) [Auszug]**
第十八条（非银行支付机构保障持卡人用卡安全义务）非银行支付机构设定的网络支付身份认证方式、使用的网络支付系统、设备等具有安全缺陷导致银行卡被盗刷，持卡人据此请求非银行支付机构承担赔偿损失责任的，人民法院应予支持。	**§ 18 [Pflicht des Nicht-Bank-Zahlungsinstituts zur Gewährleistung der Sicherheit bezüglich der Verwendung der Bankkarte]** Weisen die Authentifizierungsmethode für die Internet-Zahlung, die vom Nicht-Bank-Zahlungsinstitut festgelegt wird, oder die von ihm verwendeten Internet-Zahlungssysteme oder Geräte usw. Sicherheitslücken auf, so dass Betrugstransaktionen mit Bankkarten verursacht werden, muss das Volksgericht unterstützen, wenn der Karteninhaber demnach vom Nicht-Bank-Zahlungsinstitut fordert, die Schadensersatzhaftung zu tragen.
第十九条（先行赔付责任）非银行支付机构或者发卡行承诺先行赔付持卡人银行卡网络盗刷损失，持卡人据此请求其承担先行赔付责任的，人民法院应予支持。	**§ 19 [Haftung auf Entschädigung im Voraus]** Verspricht das Nicht-Bank-Zahlungsinstitut oder die kartenausgebende Bank, den Karteninhaber für den Schaden aufgrund von Online-Betrugszahlungen mit Bankkarten im Voraus zu entschädigen, muss das Volksgericht unterstützen, wenn der Karteninhaber demnach von ihm/ihr fordert, die Haftung zur Entschädigung im Voraus zu tragen.

最高人民法院 关于审理银行卡民事纠纷案件若干问题的规定 （征求意见稿）［节选］	**Bestimmungen des Obersten Volksgerichts zu einigen Fragen der Behandlung von zivilen Streitfällen zu Bankkarten (Konsultationsentwurf) [Auszug]**
第二十条（电信运营商的责任）他人冒用持卡人的名义更换手机用户身份识别卡，电信运营商未尽审慎审核义务予以更换，导致持卡人未能收到银行卡账户变动手机短信通知，持卡人请求电信运营商赔偿相应损失的，人民法院应予支持。	**§ 20 [Haftung des Telekommunikationsbetreibers]** Ersetzt ein anderer unter dem Namen des Karteninhabers die SIM-Karte des Mobiltelefonbenutzers, [und] erfüllt der Telekommunikationsbetreiber nicht die sorgfältige Überprüfungspflicht und ersetzt [die SIM-Karte], was dazu führt, dass der Karteninhaber die SMS-Benachrichtigung über die Änderung des Bankkartenkontos nicht empfängt, muss das Volksgericht unterstützen, wenn der Karteninhaber vom Telekommunikationsbetreiber fordert, den Schaden entsprechend zu ersetzen.
第二十一条（责任竞合）因同一网络盗刷行为，持卡人向发卡行、非银行支付机构等任一主体请求赔偿，已经获得赔偿的部分，再向其他主体请求赔偿的，人民法院不予支持。	**§ 21 [Haftungskonkurrenz]** Fordert der Karteninhaber aufgrund des gleichen Online-Zahlungsbetrugs den Schadensersatz von der kartenausgebenden Bank, vom Nicht-Bank-Zahlungsinstitut oder von einer anderen Partei, [und] hat er einen Teil der Entschädigung erhalten, unterstützt das Volksgericht die [Forderung in Höhe der] bereits erhaltenen Entschädigung nicht, wenn der Karteninhaber weiter Schadensersatz von der anderen Partei fordert.

最高人民法院 关于审理银行卡民事纠纷案件若干问题的规定 （征求意见稿）[节选]	**Bestimmungen des Obersten Volksgerichts zu einigen Fragen der Behandlung von zivilen Streitfällen zu Bankkarten (Konsultationsentwurf) [Auszug]**
第二十二条（参照适用条款）除前述已规定内容外，发卡行因网络盗刷应对持卡人承担违约责任的，参照伪卡交易的有关规定处理。	**§ 22 [Vorschrift bezüglich der entsprechenden Anwendung]** Wenn die kartenausgebende Bank die Haftung für Vertragsverletzungen aufgrund von Online-Betrugszahlungen gegen den Karteninhaber zu tragen hat, werden zusätzlich zu den vorstehenden Bestimmungen die einschlägigen Bestimmungen für Transaktionen mit gefälschten Bankkarten entsprechend angewendet.
五、其他问题	**5. Abschnitt: Andere Fragen**
第二十三至二十七条（*省略*）	**§§ 23–27** (*hier nicht wiedergegeben*)

Literaturverzeichnis

1. Deutsch- und englischsprachige Titel

Ahl, Björn, Neue Maßnahmen zur Vereinheitlichung der Rechtsprechung in China, ZChinR 2012, 1–16

Baas, Volker/Buck-Heeb, Petra/Werner, Stefan (Hrsg.), Anlegerschutzgesetze, Kunden- und Anlegerschutz im Bank- und Investmentrecht: Kommentar, Berlin/Bosten 2019 (zitiert: Baas/Buck-Heeb/Werner/*Bearbeiter*)

BaFin, Anwendung der Starken Kundenauthentifizierung bei Lastschriften im Internet (17.04.2019), abrufbar unter (https://www.bafin.de/SharedDocs/Veroeffentlichungen/DE/Verbrauchermitteilung/weitere/2019/meldung_190417_PSD2_ZAG_Kundenauthentifizierung.html) (zuletzt überprüft am 14.01.2021)

BeckOGK, siehe: *Gsell, Beate/Krüger, Wolfgang/Lorenz, Stephan/Reymann, Christoph* (Gesamthrsg.)

Binder, Jens-Hinrich, Gesetzliche Form, Formnichtigkeit und Blankett im bürgerlichen Recht, AcP 207 (2007), 155–197

BKA, Cybercrime: Bundeslagebild 2017, abrufbar unter (https://www.bka.de/SharedDocs/Downloads/DE/Publikationen/JahresberichteUndLagebilder/Cybercrime/cybercrimeBundeslagebild2017.html?nn=28110) (zuletzt überprüft am 14.01.2021)

dass., Cybercrime: Bundeslagebild 2018, abrufbar unter (https://www.bka.de/SharedDocs/Downloads/DE/Publikationen/JahresberichteUndLagebilder/Cybercrime/cybercrimeBundeslagebild2018.html?nn=28110) (zuletzt überprüft am 14.01.2021)

Böger, Ole, Neue Rechtsregeln für den Zahlungsverkehr. Zahlungskontengesetz und Zahlungsdiensterichtlinie II, in: Groß, Volker/Grüneberg, Christian/Habersack, Mathias/Metz, Rainer/Mülbert, Peter O. (Hrsg.), Bankrechtstag 2016, Berlin/Boston 2017, S. 193–300

Borges, Georg, Rechtsfragen des Phishing Ein Überblick, NJW 2005, 3313–3317

ders., Rechtsscheinhaftung im Internet, NJW 2011, 2400–2403

ders., Identitätsmissbrauch im Online-Banking und die neue Zahlungsdiensterichtlinie (PSD2), ZBB 2016, 249–259

Borges, Georg/Schwenk, Jörg/Stuckenberg, Carl-Friedrich/Wegener, Christoph, Identitätsdiebstahl und Identitätsmissbrauch im Internet. Rechtliche und technische Aspekte, Berlin/Heidelberg 2011

Bork, Reinhard, Allgemeiner Teil des Bürgerlichen Gesetzbuchs, 4. Aufl., Tübingen 2016 (zitiert: *Bork*, BGB AT)

Bronk, Benjamin/Gerlach, Finn, Grobe Fahrlässigkeit bei unterlassener Prüfung der Überweisungsdaten im Online Banking, GWR 2019, 50

BSI, Die Lage der IT-Sicherheit in Deutschland 2018, abrufbar unter (https://www.bsi.bund.de/SharedDocs/Downloads/DE/BSI/Publikationen/Lageberichte/Lagebericht2018.pdf;jsessionid=7C521D5E36856CB9CDE2BD0271149ECA.2_cid341?__blob=publicationFile&v=6) (zuletzt überprüft am 14.01.2021)

Bu, Yuanshi, Die Rezeption des ausländischen Rechts in China, in: dies. (Hrsg.), Deutsche und europäische Elemente des chinesischen Rechts: Untersuchungen aus zivilrechtlicher und öffentlich-rechtlicher Perspektive, Berlin 2012, S. 1–17

dies., Hintergrund, Bestandsaufnahme und Anmerkungen zum BT ZGB – mit dem Vertrags- und Erbrecht im Fokus, in: dies. (Hrsg.), Der Besondere Teil der chinesischen Zivilrechtskodifikation: Berichte zum ersten und zweiten offiziellen Entwurf, Tübingen 2019, S. 3–43

dies., Chinese Civil Code: The General Part, München 2019 (zitiert: *Bu, Yuanshi*, Chinese Civil Code)

Bürger, Raimund, Die Tatbestandsvoraussetzungen der Anscheins- und Duldungsvollmacht. Insbesondere zur "Häufigkeit des Auftretens". Eine Analyse der höchstrichterlichen Rechtsprechung, 1992

Canaris, Claus-Wilhelm, Die Vertrauenshaftung im deutschen Privatrecht, München 1971

ders., Die Vertrauenshaftung im Lichte der Rechtsprechung des Bundesgerichtshofs, in: Canaris, Claus-Wilhelm/Heldrich, Andreas/Hopt, Klaus J./Roxin, Claus/Schmidt, Karsten/Widmaier, Gunter (Hrsg.), 50 Jahre Bundesgerichtshof. Festgabe aus der Wissenschaft, Band I. Bürgerliches Recht, München 2000, S. 129–197 (zitiert: *Canaris*, FG BGH)

ders., Bankvertragsrecht, Erster Teil, in: Staub, HGB, Großkommentar, Band 5, 4. Aufl., Berlin 2005

Casper, Matthias/Pfeifle, Theresa, Missbrauch der Kreditkarte im Präsenz- und Mail-Order-Verfahren nach neuem Recht, WM 2009, 2343–2350

Casper, Matthias/Terlau, Matthias (Hrsg.), Zahlungsdiensteaufsichtsgesetz, Das Aufsichtsrecht des Zahlungsverkehrs und des E-Geldes, Kommentar, München 2014 (zitiert: Casper/Terlau/*Bearbeiter*, ZAG)

EBA, Discussion Paper on future Draft Regulatory Technical Standards on strong customer authentication and secure communication under the revised Payment Services Directive (PSD2) (EBA/DP/2015/03, 8 December

2015), abrufbar unter (https://eba.europa.eu/regulation-and-policy/payment-services-and-electronic-money/regulatory-technical-standards-on-strong-customer-authentication-and-secure-communication-under-psd2#pane-new-3b8719c7-91d7-4481-9a98-901c0064c857) (zuletzt überprüft am 14.01.2021)

dies., Consultation Paper on the draft Regulatory Technical Standards specifying the requirements on strong customer authentication and common and secure communication under PSD2 (EBA-CP-2016-11, 12 August 2016), abrufbar unter (https://eba.europa.eu/regulation-and-policy/payment-services-and-electronic-money/regulatory-technical-standards-on-strong-customer-authentication-and-secure-communication-under-psd2#pane-new-7bdd87fb-e02f-492a-99d6-129449e3cf9d) (zuletzt überprüft am 14.01.2021)

dies., Final Report. Draft Regulatory Technical Standards on Strong Customer Authentication and common and secure communication under Article 98 of Directive 2015/2366 (PSD2) (EBA/RTS/2017/02, 23 February 2017), abrufbar unter (https://eba.europa.eu/sites/default/documents/files/documents/10180/1761863/314bd4d5-ccad-47f8-bb11-84933e863944/Final%20draft%20RTS%20on%20SCA%20and%20CSC%20under%20PSD2%20%28EBA-RTS-2017-02%29.pdf) (zuletzt überprüft am 14.01.2021)

dies., Opinion of the European Banking Authority on the European Commission's intention to partially endorse and amend the EBA's final draft regulatory technical standards on strong customer authentication and common and secure communication under PSD2 (EBA/Op/2017/09, 29 June 2017), abrufbar unter (https://eba.europa.eu/sites/default/documents/files/documents/10180/1894900/df60c6ac-a284-4772-b1d5-66c7073d28af/EBA%20Opinion%20on%20the%20amended%20text%20of%20the%20RTS%20on%20SCA%20and%20CSC%20%28EBA-Op-2017-09%29.pdf) (zuletzt überprüft am 14.01.2021)

dies., Opinion of the European Banking Authority on the implementation of the RTS on SCA and CSC (EBA-Op-2018-04, 13 June 2018), abrufbar unter (https://eba.europa.eu/eba-publishes-opinion-on-the-implementation-of-the-rts-on-strong-customer-authentication-and-common-and-secure-communication) (zuletzt überprüft am 14.01.2021)

dies., Opinion of the European Banking Authority on the elements of strong customer authentication under PSD2 (EBA-Op-2019-06, 21 June 2019), abrufbar unter (https://eba.europa.eu/eba-publishes-an-opinion-on-the-elements-of-strong-customer-authentication-under-psd2) (zuletzt überprüft am 14.01.2021)

Eckert, Claudia, IT-Sicherheit. Konzepte – Verfahren – Protokolle, 10. Aufl., Berlin/Boston 2018

Einsele, Dorothee, Bank- und Kapitalmarktrecht. Nationale und internationale Bankgeschäfte, 4. Aufl., Tübingen 2018

Ellenberger, Jürgen/Findeisen, Michael/Nobbe, Gerd (Hrsg.), Kommentar zum Zahlungsverkehrsrecht. Praxiskommentar zum Zivil- und Aufsichtsrecht des Zahlungsverkehrs, 2. Aufl., Heidelberg 2013 (zitiert: Ellenberger/Findeisen/Nobbe/*Bearbeiter*)

Emmenegger, Susan, Unautorisierte Transaktionen im Zusammenhang mit Dritten Zahlungsdienstleistern, in: dies. (Hrsg.), Zahlungsverkehr, Basel 2018, S. 87–116

EPC, 2018 Payment Threats and Fraud Trends Report (EPC211–18/Version 1.0/Date of Issue:1 December 2018), abrufbar unter (https://www.europeanpaymentscouncil.eu/sites/default/files/kb/file/2018-11/EPC211-18v1.0%20 2018%20Payment%20Threats%20and%20Fraud%20Trends%20Report.pdf) (zuletzt überprüft am 14.01.2021)

ders., 2019 Payment Threats and Fraud Trends Report (EPC302–19/Version 1.0/ Date issued: 9 December 2019), abrufbar unter (https://www.europeanpaymentscouncil.eu/sites/default/files/kb/file/2019-12/EPC302-19%20v1.0%20 2019%20Payments%20Threats%20and%20Fraud%20Trends%20Report.pdf) (zuletzt überprüft am 14.01.2021)

Erfurth, René, Haftung für Missbrauch von Legitimationsdaten durch Dritte beim Online-Banking, WM 2006, 2198–2207

Erman, Walter (Begr.)/*Grunewald, Barbara/Maier-Reimer, Georg/Westermann, Harm Peter* (Hrsg.), BGB. Kommentar, 15. Aufl., Köln 2017 (Aktualisierung 2019, Online aktualisierte Kommentierung der §§ 675a ff. BGB in der Fassung des Gesetzes zur Umsetzung der Zweiten Zahlungsdiensterichtlinie vom 17.7.2017, BGBl. I 2017, 2446) (zitiert: Erman/*Bearbeiter*)

Ferid, Murad, Das Französische Zivilrecht, Erster Band, Allgemeine Lehren, Recht der Schuldverhältnisse, Frankfurt am Main/Berlin 1971

Fikentscher, Wolfgang/Heinemann, Andreas, Schuldrecht. Allgemeiner und Besonderer Teil, 11. Aufl., Berlin/Boston 2017

Flume, Werner, Allgemeiner Teil des Bürgerlichen Rechts, Zweiter Band, Das Rechtsgeschäft, Vierte, unveränderte Aufl., Berlin/Heidelberg 1992 (zitiert: *Flume*, AT II)

Gebauer, Martin/Wiedmann, Thomas (Hrsg.), Zivilrecht unter europäischem Einfluss. Die richtlinienkonforme Auslegung des BGB und anderer Gesetze – Kommentierung der wichtigsten EU-Verordnungen, 2 Aufl., Stuttgart/

München/Hannover/Berlin/Weimar/Dresden 2010 (zitiert: Gebauer/Wiedmann/*Bearbeiter*)

Geusen, Manfred, Das Handeln unter fremdem Namen im Zivilrecht, Köln 1966

Grundmann, Stefan, Das neue Recht des Zahlungsverkehrs – Teil I: Grundsatzüberlegungen und Überweisungsrecht, WM 2009, 1109–1117

ders., Das neue Recht des Zahlungsverkehrs – Teil II: Lastschrift, Kartenzahlung und Ausblick, WM 2009, 1157–1164

Gsell, Beate/Krüger, Wolfgang/Lorenz, Stephan/Reymann, Christoph (Gesamthrsg.), beck-online. GROSSKOMMENTAR für das Zivilrecht, München (zitiert: BeckOGK/*Bearbeiter*)

Haertlein, Lutz, Prozessuale Fragen des Zahlungsdienstevertrags, ZZP 130 (2017), 357–374

Hajut, Alla, Handeln unter fremder Identität. Die Verantwortlichkeit des Identitätsinhabers, Berlin 2016

Han, Shiyuan, The Performance Interest in Chinese Contract Law: Monetary Awards, in: Chen-Wishart, Mindy/Loke, Alexander/Ong, Burton (Hrsg.): Studies in the Contract Laws of Asia: Remedies for Breach of Contract, Oxford 2016, S. 40–58

Hanau, Max Ulrich, Handeln unter fremder Nummer, Karlsruhe 2004

ders., Handeln unter fremder Nummer, VersR 2005, 1215–1220

Hauck, Ronny, Handeln unter fremdem Namen, JuS 2011, 967–970

Herresthal, Carsten, Haftung bei Account-Überlassung und Account-Missbrauch im Bürgerlichen Recht, K&R 2008, 705–711

ders., Anmerkung zum Urteil des BGH vom 11.5.2011, VIII ZR 289/09 (Haftung für unbefugte Nutzung eines fremden eBay-Mitgliedskontos), JZ 2011, 1171–1174

ders., Anscheinsbeweis und Rechtsscheinhaftung beim Online-Banking. Zugleich Besprechung von BGH, Urteil v. 26.1.2016 – XI ZR 91/14, JZ 2017, 28–35

ders., Die Neustimmung der Kreditkartenzahlung und die Reichweite der Haftung des Acquirers beim Kreditkartenmissbrauch, ZBB 2019, 353–368

HKK, siehe: *Schmoeckel, Mathias/Rückert, Joachim/Zimmermann, Reinhard* (Hrsg.)

Hoeren, Thomas/Kairies, Maria, Anscheinsbeweis und chipTAN, ZBB 2015, 35–40

Hoffmann, Jochen, Kundenhaftung unter der Neufassung der Zahlungsdiensterichtlinie, VuR 2016, 243–254

Hoffmann, Jochen/Haupert, Vincent/Freiling, Felix, Anscheinsbeweis und Kundenhaftung beim Online-Banking, ZHR 181 (2017), 780–815

Hofmann, Christian, Haftung im Zahlungsverkehr, BKR 2014, 105–112

ders., Das neue Haftungsrecht im Zahlungsverkehr, BKR 2018, 62–69

Hu, Jian, Haftung für Erfüllungsgehilfen nach deutschem und chinesischem Recht, eine rechtsvergleichende Sicht im Spiegel der Lehre und Rechtsprechung, abrufbar unter (https://edoc.hu-berlin.de/bitstream/handle/18452/20773/Dissertation_Hu_Jian%20.pdf?sequence=4&isAllowed=y) (zuletzt überprüft am 14.01.2021) (zitiert: *Hu, Jian*, Haftung für Erfüllungsgehilfen)

Huang, Hui, Das Rechtssystem des Banküberweisungsverkehrs in der VR China, Berlin 2005

Ihnen, Hans-Jürgen, Das Handeln unter fremdem Namen, Göttingen 1989

Jansen, Nils/Zimmermann, Reinhard (Hrsg.), Commentaries on European Contract Laws, Oxford 2018 (zitiert: Jansen/Zimmermann/*Bearbeiter*)

Jünemann, Michael, Neuheiten im elektronischen Zahlungsverkehr, DB 2017, 1952–1956

Jungmann, Carsten, Das System von Haftung beim missbräuchlichen Kreditkarteneinsatz ohne starke Kundenauthentifizierung. Ein Beitrag zum Verständnis von § 675v Abs. 4 BGB, ZBB 2020, 1–9

Köbrich, Thomas, Phishing 2.0 – Ein Überblick über die zivilrechtlichen Streitstände, VuR 2015, 9–14

Koch, Matthias, Missbrauch von Zahlungsauthentifizierungsinstrumenten. Haftungsverteilung zwischen Zahlungsdienstleister und Zahlungsdienstnutzer, Baden-Baden 2012

Köndgen, Johannes, Das neue Recht des Zahlungsverkehrs, JuS 2011, 481–489

Kriebel, Lennart, Die AGB-Kontrolle in der VR China, 2015, abrufbar unter (https://www.jura.uni-freiburg.de/de/institute/asien/Homepage/online-publikationen/kriebel) (zuletzt überprüft am 14.01.2021)

Kuhn, Matthias, Rechtshandlungen mittels EDV und Telekommunikation. Zurechenbarkeit und Haftung, München 1991

Kümpel, Siegfried (Begr.)/*Mülbert, Peter O./Früh, Andreas/Seyfried, Thorsten* (Hrsg.), Bank- und Kapitalmarktrecht, 5. Aufl., Köln 2019 (zitiert: Kümpel/Mülbert/Früh/Seyfried/*Bearbeiter*)

Langenbucher, Katja, Die Risikozuordnung im bargeldlosen Zahlungsverkehr, München 2001

dies., Sein und Schein im Überweisungsrecht – Zur Geltung von Rechtsscheingrundsätzen bei der Autorisierung des Überweisungsauftrags sowie im Bereicherungsausgleich –, in: Casper, Matthias/Klöhn, Lars/Roth, Wulf-Henning/

Schmies, Christian (Hrsg.), Festschrift für Johannes Köndgen zum 70. Geburtstag, Köln 2016, S. 383–396

Langenbucher, Katja/Bliesener, Dirk H./Spindler, Gerald (Hrsg.): Bankrechts-Kommentar, 2. Aufl., München 2016 (zitiert: Langenbucher/Bliesener/Spindler/*Bearbeiter*)

Larenz, Karl, Lehrbuch des Schuldrechts, Erster Band. Allgemeiner Teil, 14. Aufl., München 1987 (zitiert: *Larenz*, Schuldrecht I)

Letter from Olivier Guersent, on the Commission intention to amend the draft regulatory technical standards on strong customer authentication and common and secure open standards of communication submitted by the EBA in accordance with Article 98(4) PSD2 (24 May 2017), abrufbar unter (https://eba.europa.eu/sites/default/documents/files/documents/10180/1863077/efbf06e1-b0e9-4481-88e5-b70daa663cb9/%28EBA-2017-E-1315%29%20Letter%20from%20O%20Guersent%2C%20FISMA%20re%20Commission%20intention%20to%20amend%20the%20draft%20RTS%20on%20SCA%20and%20CSC%20-Ares%282017%292639906.pdf) (zuletzt überprüft am 14.01.2021)

Li, Yunyang, Rücksichtnahmepflichten und Haftung für deren Verletzung im chinesischen und deutschen Recht. Eine rechtsvergleichende Untersuchung, Baden-Baden 2019 (zitiert: *Li, Yunyang*, Rücksichtnahmepflichten)

Liesecke, Rudolf, Das Bankguthaben in Gesetzgebung und Rechtsprechung, Teil II: Kontoführung, Liquidität des Bankguthabens, Bankgeheimnis, WM 1975, 238–248

Linardatos, Dimitrios, Handeln unter fremdem Namen und Rechtsscheinhaftung bei Nutzung eines fremden eBay-Accounts, JURA 2012, 53–55

ders., Das Haftungssystem im bargeldlosen Zahlungsverkehr nach Umsetzung der Zahlungsdiensterichtlinie, Baden-Baden 2013.

ders., Die Rechtsscheinhaftung im Zahlungsdiensterecht – Zugleich eine Anm. zu LG Darmstadt, Urt. v. 28.8.2014 - 28 O 36/14, BKR 2015, 96–100

Looschelders, Dirk, Schuldrecht. Allgemeiner Teil, 17. Aufl., München 2019 (zitiert: *Looschelders*, Schuldrecht AT)

Lu, Pei, Die Wahrung der Rechtseinheit in Deutschland und der VR China. Eine vergleichende Untersuchung unter besonderer Berücksichtigung der Funktion des jeweiligen obersten Gerichts, Baden-Baden 2016

Lu, Yen-Pin, Die Risikoverteilung im bargeldlosen Zahlungsverkehr bei Fehlen eines Zahlungsauftrags im deutschen und im taiwanesischen Recht, Frankfurt am Main 2016 (zitiert: *Lu, Yen-Pin*, Die Risikoverteilung im bargeldlosen Zahlungsverkehr)

Mack, Jan-Niklas, Die „rechtsscheinbare" Autorisierung von Zahlungsvorgängen. Rechtsscheingrundsätze im europarechtlich determinierten Zahlungsdiensterecht, Berlin 2018

Medicus, Dieter/Lorenz, Stephan, Schuldrecht I. Allgemeiner Teil, 21. Aufl., München 2015 (zitiert: *Medicus/Lorenz*, Schuldrecht AT)

Merkt, Hanno, Die dogmatische Zuordnung der Duldungsvollmacht zwischen Rechtsgeschäft und Rechtsscheintatbestand, AcP 204 (2004), 638–659

Meyer, Julia, Identität und virtuelle Identität natürlicher Personen im Internet, Baden-Baden 2011

Münchener Kommentar zum Bürgerlichen Gesetzbuch (zitiert: MüKoBGB/*Bearbeiter*)

Band 1: Allgemeiner Teil, §§ 1–240, AllgPersönlR, ProstG, AGG, 8. Aufl., München 2018

Band 2: Schuldrecht Allgemeiner Teil I, §§ 241–310, 8. Aufl., München 2019

Band 4: Schuldrecht Besonderer Teil II, §§ 611–704, EFZG, TzBfG, KSchG, 6. Aufl., München 2012 (zitiert: MüKoBGB/*Bearbeiter*, 6. Aufl.)

Band 5/2: Schuldrecht Besonderer Teil III/2, §§ 651a–704, 7. Aufl., München 2017 (zitiert: MüKoBGB/*Bearbeiter*, 7. Aufl.)

Band 6: Schuldrecht Besonderer Teil III, §§ 631–704, 8. Aufl., München 2020

Münchener Kommentar zum Handelsgesetzbuch

Band 6: Bankvertragsrecht. Recht des Zahlungsverkehrs, Kapitalmarkt- und Wertpapiergeschäft, Ottawa Übereinkommen über Internationales Factoring, 4. Aufl., München 2019 (zitiert: MüKoHGB/*Bearbeiter*, Bankvertragsrecht)

Müller-Brockhausen, Michael, Haftung für den Missbrauch von Zugangsdaten im Internet, Baden-Baden 2014

Oechsler, Jürgen, Die Bedeutung des § 172 Abs. 1 BGB beim Handeln unter fremdem Namen im Internet, AcP 208 (2008), 565–583

ders., Die Haftung nach § 675v BGB im kreditkartengestützten Mailorderverfahren, WM 2010, 1381–1387

ders., Haftung beim Missbrauch eines eBay-Mitgliedskontos. Verantwortung für die freiwillige Überlassung und das Ausspähen von Verbindungsdaten, MMR 2011, 631–633

ders., Der Allgemeine Teil des Bürgerlichen Gesetzbuchs und das Internet (3. Teil), IV. Der Missbrauch eines Mitgliedskontos: Handeln unter fremdem Namen und verkörperte Innenvollmacht, JURA 2012, 581–585

von Olshausen, Ralph, Die SEPA Lastschrift: Erfüllung – Aufrechnung – Insolvenz, Tübingen 2015

Omlor, Sebastian, Risikoallokation bei Kreditkartenmissbrauch in den USA und Deutschland, ZfRV 2013, 80–88

ders., Zahlungsauftrag, Zahlungsinstrument, Zahlungsauthentifizierungsinstrument und personalisiertes Sicherheitsmerkmal – eine begriffliche Quadratur des Kreises? Zugleich Anmerkung zu EuGH, Urteil vom 9.4.2014, Rs. C-616/11 – *T-Mobile Austria*, GPR 2014, 282–284

ders., Die zweite Zahlungsdiensterichtlinie: Revolution oder Evolution im Bankvertragsrecht?, ZIP 2016, 558–564

ders., Anmerkung zu BGH, Urteil vom 26.01.2016 – XI ZR 91/14 (Anscheinsbeweis und Drittmissbrauch im Online-Banking), LMK 2016, 378373

ders., Online-Banking unter Geltung der Zweiten Zahlungsdiensterichtlinie (PSD II), BKR 2019, 105–114

Palandt, Otto (Begr.), Bürgerliches Gesetzbuch mit Nebengesetzen, 74. Aufl., München 2015 (zitiert: Palandt/*Bearbeiter*, 74. Aufl.)

ders. (Begr.), Bürgerliches Gesetzbuch mit Nebengesetzen, 79. Aufl., München 2020 (zitiert: Palandt/*Bearbeiter*)

Pißler, Knut Benjamin, Das Oberste Volksgericht interpretiert das chinesische Vertragsgesetz im Zeichen der Finanzkrise: Ein Zwischenbericht, ZChinR 2009, 262–275

ders., Höchstrichterliche Interpretationen als Mittel der Rechtsfortbildung in der Volksrepublik China, RabelsZ 80 (2016), 372–398

Piekenbrock, Andreas, Das Recht der Zahlungsdienste zwischen Unions- und nationalem Recht, WM 2015, 797–804

Rieder, Markus S., Die Rechtsscheinhaftung im elektronischen Geschäftsverkehr. Eine rechtsvergleichende Untersuchung nach dem Recht der Bundesrepublik Deutschland, der Vereinigten Staaten von Amerika und Regelwerken internationaler Organisationen, Berlin 2004

Scheibengruber, Christian, Zur Zulässigkeit und Sinnhaftigkeit der Verlagerung des Missbrauchsrisikos bei Zahlungsdiensten auf die Nutzer. Ein Beitrag zur Analyse der Umsetzung der Zahlungsdiensterichtlinie in das BGB und die AGB der Banken, BKR 2010, 15–23

Shen, Weixing, Die Rezeption der deutschen juristischen Methodenlehre in China und deren Einfluss auf die chinesische Zivilrechtswissenschaft, in: Yuanshi, Bu (Hrsg.), Juristische Methodenlehre in China und Ostasien, Tübingen 2016, S. 105–129

Schimansky, Herbert/Bunte, Hermann-Josef/Lwowski, Hans Jürgen (Hrsg.), Bankrechts-Handbuch, 5. Aufl., München 2017 (zitiert: Schimansky/Bunte/Lwowski/*Bearbeiter*)

Schinkels, Boris, Die Verteilung des Haftungsrisikos für Drittmissbrauch von Medien des bargeldlosen Zahlungsverkehrs. Eine Betrachtung von Scheck, Kreditkarte, Debetkarte und Geldkarte, Berlin 2001

ders., Anmerkung zu BGH, Urteil vom 11.05.2011 – VIII ZR 289/09 (Rechtsscheinszurechnung des Handelns unter fremder eBay-Nutzerkennung (Account-Missbrauch)), LMK 2011, 320461

Schlechtriem, Peter (Begr.)/*Schwenzer, Ingeborg*/*Schroeter, Ulrich G.* (Hrsg.), Kommentar zum UN-Kaufrecht (CISG), 7. Aufl., München 2019 (zitiert: Schlechtriem/Schwenzer/Schroeter/*Bearbeiter*)

Schmoeckel, Mathias/*Rückert, Joachim*/*Zimmermann, Reinhard* (Hrsg.), Historisch-kritischer Kommentar zum BGB, Band I: Allgemeiner Teil, §§ 1–240, Tübingen 2003 (zitiert: HKK/*Bearbeiter*)

Schulte am Hülse, Ulrich//*Klabunde, Sebastian*, Abgreifen von Bankzugangsdaten im Onlinebanking. Vorgehensweise der Täter und neue zivilrechtliche Haftungsfragen des BGB, MMR 2010, 84–90

Schulteis, Thomas, Kein Erstattungsanspruch des Bankkunden für Schaden durch Phishing wegen grob fahrlässigen Verhaltens (Anmerkung zu OLG Oldenburg, Beschl. v. 21.08.2018 – 8 U 163/17 (LG Oldenburg)), EWiR 2019, 193–194

Schütte, Julian, NFC? Aber sicher. Wie sicher ist das kontaktlose Bezahlen? DuD 2014, 20–24

Schwintowski, Hans-Peter (Hrsg.), Bankrecht, 5. Aufl., Köln 2018 (zitiert: Schwintowski/*Bearbeiter*)

Soergel, Hans Th. (Begr.), Bürgerliches Gesetzbuch mit Einführungsgesetz und Nebengesetzen

Band 2: Allgemeiner Teil 2, §§ 104–240, 13 Aufl., Stuttgart 1999

Band 10: Schuldrecht 8, §§ 652–704, 13. Aufl., Stuttgart 2012

Sonnentag, Michael, Vertragliche Haftung bei Handeln unter fremdem Namen im Internet, WM 2012, 1614–1620

Sorg, Benjamin, Die zivilrechtliche Haftung im bargeldlosen Zahlungsverkehr. Eine Untersuchung der Umsetzung des zivilrechtlichen Teils der Zahlungsdiensterichtlinie (2007/64/EG) ins deutsche Recht, Berlin 2015

Spitzer, Albert, Gesetz zur Umsetzung der Zweiten Zahlungsdiensterichtlinie. Die Neuregelungen im Zivilrecht zum Verbraucherschutz bei der Erbringung von Zahlungsdiensten, MDR 2018, 561–568

Staub, Hermann (Begr.), Handelsgesetzbuch. Großkommentar, Zehnter Band, Bankvertragsrecht, Zweiter Teilband, Commercial Banking: Zahlungs- und Kreditgeschäft, 5 Aufl., Berlin/München/Boston 2015

von Staudinger, Julius (Begr.), J. von Staudingers Kommentar zum Bürgerlichen Gesetzbuch mit Einführungsgesetz und Nebengesetzen

Buch 1: Allgemeiner Teil, §§ 164–240 (Allgemeiner Teil 5), Neubearbeitung 2014, Berlin 2014

Buch 2: Recht der Schuldverhältnisse, §§ 249–254 (Schadensersatzrecht), Neubearbeitung 2017, Berlin 2017

Buch 2: Recht der Schuldverhältnisse, §§ 662–675b (Auftrag und Geschäftsbesorgung), Neubearbeitung 2017, Berlin 2017

Buch 2: Recht der Schuldverhältnisse, §§ 675c–676c (Zahlungsdiensterecht), Neubearbeitung 2012, Berlin 2012

Stöber, Michael, Die analoge Anwendung der §§ 171, 172 BGB am Beispiel der unbefugten Benutzung fremder Internet- oder Telekommunikationszugänge, JR 2012, 225–231

Taupitz, Jochen, Zivilrechtliche Haftung bei Kreditkartenmißbrauch, Frankfurt am Main 1995

Terlau, Matthias, Die zweite Zahlungsdiensterichtlinie – zwischen technischer Innovation und Ausdehnung des Aufsichtsrechts, ZBB 2016, 122–137

ders., SEPA Instant Payment – POS- und eCommerce-Abwicklung über Zahlungsauslösedienste und technische Dienstleister nach der Zweiten Zahlungsdiensterichtlinie (Payment Services Directive 2, PSD2), jurisPR-BKR 2/2016 Anm. 1

UNIDROIT, UNIDROIT Principles of International Commercial Contracts 2016, Rome 2016, abrufbar unter (https://www.unidroit.org/instruments/commercial-contracts/unidroit-principles-2016) (zuletzt überprüft am 14.01.2021) (zitiert: *UNIDROIT*, PICC 2016)

Veil, Rüdiger, Aufsichtskonvergenz durch „Questions and Answers" der ESMA. Rechtsnatur von Q&A und Implementierung in die nationale Aufsichtspraxis, ZBB 2018, 151–166

Werner, Stefan, Wesentliche Änderungen des Rechts der Zahlungsdienste durch Umsetzung der Zweiten EU-Zahlungsdiensterichtlinie in deutsches Recht, WM 2018, 449–455

Wolf, Manfred/Neuner, Jörg, Allgemeiner Teil des Bürgerlichen Rechts, 11. Aufl., München 2016 (zitiert: *Wolf/Neuner*, BGB AT)

Wolters, P.T.J./Jacobs, B.P.F., The security of access to accounts under the PSD2, Computer Law & Security Review 35 (2019), 29–41

Zahrte, Kai, Haftungsverteilung im Zahlungsdiensterecht beim CEO-Fraud – zugleich eine Besprechung von LG Düsseldorf BKR 2019, 154 und LG Karlsruhe BKR 2019, 151, BKR 2019, 126–131

Zhu, *Yan*, Rechtsvergleich der Inhaltskontrolle von AGB in Deutschland und Formularklauseln in China. Weiterentwicklung des chinesischen Formularklausel-Rechts unter Heranziehung des deutschen AGB-Rechts, 2003, abrufbar unter (https://elib.suub.uni-bremen.de/diss/docs/E-Diss766_Zhu.pdf) (zuletzt überprüft am 14.01.2021)

2. Chinesischsprachige Titel

Chen, *Chengtang*, Eine schuldrechtliche Darlegung der Zuordnung des Eigentums der Einlage, Law Science 2016/6, S. 96–107 [陈承堂：《存款所有权归属的债法重述》，《法学》2016年第6期，第96–107页]

Chen, *Liru*, Credit Card Transactions and Its' Legal Relationship, Journal of Comparative Law 2004/5, S. 54–61 [陈莉茹：《论信用卡交易制度及其法律关系》，《比较法研究》2004年第5期，第54–61页]

Chen, *Su* (Hrsg.), Commentary on General Principles of the Civil Code, Band I und Band II, Law Press, Beijing 2017 [陈甦主编：《民法总则评注》（上、下册），法律出版社2017年版]

Cui, *Jianyuan*, Contract Law, 3. Aufl., Peking University Press, Beijing 2016 [崔建远：《合同法》（第三版），北京大学出版社2016年版]

Feng, *Hui*, On the Definition and Division of the Banks' Compensation Liabilities under the Cases of Fraudulent Payments with the Bank Cards — Based on the Classifying Analysis on the Judges, Journal of Social Sciences 2016/2, S. 87–96 [冯辉：《论银行卡盗刷案件中银行赔偿责任的认定与分配——基于司法判决的类型化分析》，《社会科学》2016年第2期，第87–96页]

Forschungsgruppe des Zweiten MVG der Stadt Beijing, Analyse des Urteilsgedankens beim Missbrauch von Bankkarten unter besonderer Berücksichtigung des Rechtsverhältnisses zwischen den betroffenen Parteien, Journal of Law Application 2017/3, S. 43–48 [北京市第二中级人民法院课题组：《银行卡盗刷案件审判思路探析——以案件相关主体间的法律关系分析为重点》，《法律适用》2017年第3期，第43–48页]

Gesetzgebungsausschuss des E-Commerce-Gesetzes (Hrsg.), Kommentar zum E-Commerce-Gesetz der VR China, Law Press, Beijing 2018 [电子商务法起草组编著：《中华人民共和国电子商务法条文释义》，法律出版社2018年版] (zitiert: *Gesetzgebungsausschuss des E-Commerce-Gesetzes* (Hrsg.), Kommentar zum E-Commerce-Gesetz)

Han, *Shiyuan*, Contract Law, Higher Education Press, Beijing 2010 [韩世远：《合同法学》，高等教育出版社2010年版]

ders., The Law of Contract, 4. Aufl., Law Press, Beijing 2018 [韩世远：《合同法总论》（第四版），法律出版社2018年版]

He, *Xuxu*, Commentary on the Latter Part of Article 40 of Contract Law (the Effects of Standard Terms), The Jurist 2018/6 [贺栩栩：《<合同法>第40条后段（格式条款效力审查）评注》，《法学家》2018年第6期，第173–190页]

Hou, *Chunlei*, Zivilrechtliche Analyse der Kreditkartentrans-aktionen, Law Press, Beijing 2010 [侯春雷：《信用卡交易的民法分析》，法律出版社2010年版]

Hu, *Kangsheng* (Hrsg.), Kommentar zum Vertragsgesetz der VR China, 3. Aufl., Law Press, Beijing 2013 [胡康生主编：《中华人民共和国合同法释义》（第3版），法律出版社2013年版] (zitiert: *Hu*, *Kangsheng* (Hrsg.), Kommentar zum Vertragsgesetz)

Jiang, *Ping* (Hrsg.), Erläuterung des Vertragsgesetzes der VR China, China University of Political Science and Law Press, Beijing 1999 [江平主编：《中华人民共和国合同法精解》，中国政法大学出版社1999年版] (zitiert: *Jiang*, *Ping* (Hrsg.), Erläuterung des Vertragsgesetzes)

Jin, *Yin*, On the Sale of Real Properties under the Name of the Registration Owner by a Third Party, Studies in Law and Business 2014/5, S. 106–114 [金印：《冒名处分他人不动产的私法效力》，《法商研究》2014年第5期，第106–114页]

ders., Legal Effects of the "Regarded as Her/himself" Clause in Credit Card Contract, Oriental Law 2015/2, S. 150–160 [金印：《论信用卡合同中"视为本人"条款的法律效力》，《东方法学》2015年第2期，第150–160页]

Li, *Jiannan*, A New Study on the Legal Nature of Deposit Act, Journal of Jinan University (Philosophy and Social Sciences) 2006/6, S. 39–43 [李健男：《存款行为法律性质新论》，《暨南学报》（哲学社会科学版）2006年第6期，第39–43页]

Li, *Jianxing*/*Shi*, *Yue*, Quartet Relations in Electronic Payment and Its Normative Framework, Zhejiang Social Sciences 2017/11, S. 52–60 [李建星、施越：《电子支付中的四方关系及其规范架构》，《浙江社会科学》2017年第11期，第52–60页]

Li, *Yongjun*/*Yi*, *Jun*, Vertragsrecht, China Legal Publishing House, Beijing 2009 [李永军、易军：《合同法》，中国法制出版社2009年版]

Li, *Yu*, Erläuterung des Allgemeinen Teils des Zivilrechts: Interpretation der Normen und Sammlung der Rechtsprechung, Law Press, Beijing 2017 [李宇：《民法总则要义：规范释论与判解集注》，法律出版社2017年版] (*Li*, *Yu*, Erläuterung des ATZR)

Liang, Huixing, Von der verschuldensabhängigen zur verschuldensunabhängigen Haftung. Zum § 76 Abs. 1 des Konsultationsentwurfs des Vertragsgesetzes, in: ders. (Hrsg.): Civil and Commercial Law Review, Vol. 8, Law Press, Beijing 1997, S. 1–7 [梁慧星：《从过错责任到严格责任——关于合同法草案征求意见稿第76条第1款》，载梁慧星主编《民商法论丛》（第8卷）, 法律出版社1997年版，第1–7页]

ders., General Theory to Civil Law, 5. Aufl., Law Press, Beijing 2017 [梁慧星：《民法总论》（第五版），法律出版社2017年版]

Liu, Kaixiang, Vertragsrecht, China Legal Publishing House, Beijing 2010 [刘凯湘：《合同法》，中国法制出版社2010年版]

Liu, Yu, Erläuterung und Anwendung der Rechtsfigur von Quasi-Besitz der Forderung, zugleich eine Anmerkung zum Fall der „betrügerischen Annahme der Einlage mit einer gefälschten Kreditkarte", Journal of Law Application 2003/1–2, S. 131–132 [刘瑜：《债权准占有制度的理解和适用——兼评"使用伪造信用卡冒领存款"案》，《法律适用》2003年第1–2期，第131–132页]

PBoC, Überblick über die Zahlungsverkehrsabwicklung 2019, abrufbar unter <http://www.pbc.gov.cn/zhifujiesuansi/128525/128545/128643/3990497/2020031714061362010.pdf> (zuletzt überprüft am 09.01.2021) [中国人民银行：《2019年支付体系运行总体情况》，载<http://www.pbc.gov.cn/zhifujiesuansi/128525/128545/128643/3990497/2020031714061362010.pdf>，2021年1月9日访问]

Peng, Bing, Allocation of Risk for Unauthorized Payment in Bank Card Transactions, Journal of Social Sciences 2013/11, S. 86–96 [彭冰：《银行卡非授权交易中的损失分担机制》，《社会科学》2013年第11期，第86–96页]

Qi, Muti, The Validity of a Debtor's Payment to a Quasi Creditor, Law Science 2013/3, S. 87–95 [其木提：《论债务人对债权准占有人清偿的效力》，《法学》2013年第3期，第87–95页]

ders., Unjust Enrichment in the Triangular Relationships of Authorized Bank Payment, Citing Error Remittance as the Object of Study, Law Science 2014/11, S. 56–64 [其木提：《委托银行付款之三角关系不当得利——以错误汇款为研究对象》，《法学》2014年第11期，第56–64页]

Ran, Keping, On Effect of a Legal Act Taken under Another Person's Name, Law Science 2014/2, S. 81–91 [冉克平：《论借名实施法律行为的效果》，《法学》2014年第2期，第81–91页]

ders., Effect of Imposed Disposal of Real Estate from Private Law, China Legal Science 2015/1, S. 169–186 [冉克平：《论冒名处分不动产的私法效果》，《中国法学》2015年第1期，第169–185页]

ders., The Reflection and Reconfiguration of Imputable Requirements of Agent by Estoppel in Person, Science of Law 2016/1, S. 72–80 [冉克平：《表见代理本人归责性要件的反思与重构》，《法律科学（西北政法大学学报）》2016年第1期，第72–80页]

Sun, Weifei, Die rechtliche Behandlung von Fällen des Wohnungsverkaufs unter dem Namen eines anderen, Journal of Law Application (Judicial Case) 2017/22, S. 71–75 [孙维飞：《冒名出售房屋案型之法律适用》，《法律适用（司法案例）》2017年第22期，第71–75页]

Wang, Chengtang, A Theory of Loss Allocation for Forged Bank Card Transactions, The Jurist 2018/5, S. 131–143 [王承堂：《伪卡交易损失的分配原理》，《法学家》2018年第5期，第131–143页]

Wang, Hongliang, The General Theory of Obligation Law, Peking University Press, Beijing 2016 [王洪亮：《债法总论》，北京大学出版社2016年版]

Wang, Jianping, Die Wirksamkeit der Rückzahlung der Einlage aus dem Spareinlagenvertrag und die Feststellung der Haftung für Vertragsverletzungen, Political Science and Law 2004/5, S. 59–66, 73 [王建平：《论储蓄合同存款兑付效力和违约责任确定》，《政治与法律》2004年第5期，第59–66、73页]

Wang, Liming, Untersuchung des Vertragsrechts, Band II, 3. Aufl., China Renmin University Press, Beijing 2015 [王利明：《合同法研究》（第二卷第三版），中国人民大学出版社2015年版]

ders., Untersuchung des Vertragsrechts, Band III, 2. Aufl., China Renmin University Press, Beijing 2015 [王利明：《合同法研究》（第三卷第二版），中国人民大学出版社2015年版]

ders., Untersuchung des Allgemeinen Teils des Zivilrechts, 3. Aufl., China Renmin University Press, Beijing 2018 [王利明：《民法总则研究》（第三版），中国人民大学出版社2018年版] (zitiert: *Wang, Liming*, Untersuchung des ATZR)

Wu, Zhipan, Einführung in das Finanzdienstleistungsrecht, 5. Aufl., Peking University Press, Beijing 2011 [吴志攀：《金融法概论》（第五版），北京大学出版社2011年版]

Xie, Gen, The Jurisprudence Behind Deposit Account Fraud Disputes: A Case Study on "Wang Yongsheng vs. Bank of China Limited Company Nanjing Hexi Branch", Zhejiang Social Sciences 2013/2, S. 80–86, 79 [解亘：《冒领存款纠纷背后的法理——王永胜诉中国银行南京河西支行储蓄存款合同纠纷案评析》，《浙江社会科学》2013年第2期，第80–86、79页]

Yang, Daixiong, The Efects of Legal Act on Behalf of Other One's Name, China Legal Science 2010/4, S. 89–99 [杨代雄：《使用他人名义实施法律行为的效果——法律行为主体的"名"与"实"》，《中国法学》2010年第4期，第89–99页]

ders., The Special Constitutive Requirements for Apparent Representation, Law Science 2013/2, S. 58–70 [杨代雄：《表见代理的特别构成要件》，《法学》2013年第2期，第58–70页]

ders., Positive Reliance Protection in the System of Legal Act. In Addition Discussing Several Issues about Formulation of the General Part of Our Country's Civil Code, Peking University Law Journal 2015/5, S. 1150–1170 [杨代雄：《法律行为制度中的积极信赖保护——兼谈我国民法典总则制定中的几个问题》，《中外法学》2015年第5期，第1150–1170页]

Yang, Dong/*Huang, Yinxu*, On the Legislative Spirit and Clause Application of Electronic Payments of E-Commerce Law, Journal of Soochow University (Philosophy & Social Science Edition) 2019/1, S. 62–69 [杨东、黄尹旭：《<电子商务法>电子支付立法精神与条文适用》，《苏州大学学报》（哲学社会科学版）2019年第1期，第62–69页]

Yang, Fang, Commentary to Article 49 of Contract Law, The Jurist 2017/6, S. 158–174 [杨芳：《<合同法>第49条（表见代理规则）评注》，《法学家》2017年第6期，第158–174页]

Yang, Lixin, Liabilities and Rules for the Damage of Electronic Payment Services in E-Commerce Transactions, Academic Journal of Zhongzhou 2019/2, S. 45–56 [杨立新：《电子商务交易中电子支付服务损害赔偿责任及其规则》，《中州学刊》2019年第2期，第45–56页]

Yang, Lixin/*Wang, Lingfang*, Liabilities for Damages Arising out of Fraudulent Use of Credit Cards unter the Rule of Payment by Quasi Possessor of Creditor's Rights, Seeking Truth 2015/1, S. 80–88 [杨立新、王玲芳：《债法视角下的信用卡冒用损害责任》，《求是学刊》2015年第1期，第80–88页]

Yang, Lixin/*Ye, Jun*, The Legal Effect of Payment to Quasi-Obligator in Practice, Peking University Law Journal 1994/3, S. 25–31 [杨立新、叶军：《论对债权之准占有人给付效力及适用》，《中外法学》1994年第3期，第25–31页]

Yin, Tian, Analytical Study of Agency by Estoppel in the Newly Enacted Contract Law, Modern Law Science 2000/5, S. 114–117 [尹田：《我国新合同法中的表见代表制度评析》，《现代法学》2000年第5期，第114–117页]

Zhang, Gu, Mitverschulden als eigene Haftung. Eine Anmerkung aus der Perspektive der strukturellen Symmetrie, Archiv für chinesisch-deutsches Privatrecht Vol. 4 (2008), S. 36–59

[张谷：《作为自己责任的与有过失——从结构对称性角度所作的评论》，《中德私法研究》2008年总第4卷，第36–59页]

Zhao, Xudong (Hrsg.), Kommentar zum E-Commerce-Gesetz der VR China und dessen Prinzipien, China Legal Publishing House, Beijing 2018 [赵旭东主编：《中华人民共和国电子商务法释义与原理》，中国法制出版社2018年版] (zitiert: *Zhao, Xudong* (Hrsg.), Kommentar zum E-Commerce-Gesetz)

Zhu, Guangxin, A Study on Principle of Liability Fixation for Breach of Contract, Tribune of Political Science and Law 2008/4, S. 76–89 [朱广新：《违约责任的归责原则探究》，《政法论坛》2008年第4期，第76–89页]

ders., Study on General Principles of Contract Law, Band II, China Renmin University Press, Beijing 2018 [朱广新：《合同法总则研究》（下册），中国人民大学出版社2018年版]

Zhu, Hu, Imputability of the Principal in Apparent Agency, Chinese Journal of Law 2017/2, S. 58–74 [朱虎：《表见代理中的被代理人可归责性》，《法学研究》2017年第2期，第58–74页]

Zhu, Qingyu, The General Theory of Civil Law, 2. Aufl., Peking University Press, Beijing 2016 [朱庆育：《民法总论》（第二版），北京大学出版社2016年版]

Zhu, Xiaozhe, Deposit Money: Its Ownership and Claim for Restitution, Chinese Journal of Law 2018/2, S. 116–135 [朱晓喆：《存款货币的权利归属与返还请求权——反思民法上货币"占有即所有"法则的司法运用》，《法学研究》2018年第2期，第116–135页]

www.ingramcontent.com/pod-product-compliance
Ingram Content Group UK Ltd.
Pitfield, Milton Keynes, MK11 3LW, UK
UKHW021933290926
8980IPUK00016B/1606

9 783631 829806